# NATIONAL GEOGRAPHIC

BARCELONA

# Inhalt

## *Das Magazin* 5
✦ Kataloniens Hauptstadt ✦ Fiesta ✦ Die katalanische Küche
✦ Eixample – der Zeit voraus ✦ Fußballwahn ✦ Straßenkunst
✦ Führende Köpfe ✦ 24 Stunden Barcelona ✦ Wussten Sie ...

## Erster Überblick 31
✦ Ankunft ✦ Unterwegs in Barcelona ✦ Übernachten
✦ Essen und Trinken ✦ Einkaufen
✦ Ausgehen

## Las Ramblas und Umgebung 43
**An einem Tag**
**Nicht verpassen!**
✦ Las Ramblas ✦ Catedral ✦ Barri Gòtic ✦ Palau Güell
**Nach Lust und Laune!** ✦ Sechs weitere Adressen zum Entdecken
**Wohin zum ...** ✦ Essen und Trinken? ✦ Einkaufen?
✦ Ausgehen?

## La Ribera und Port Olímpic 73
**An einem Tag**
**Nicht verpassen!**
✦ Palau de la Música Catalana ✦ Basílica de Santa Maria del Mar ✦ Museu Picasso
**Nach Lust und Laune!** ✦ Sieben weitere Adressen zum Entdecken
**Wohin zum ...** ✦ Essen und Trinken? ✦ Einkaufen?
✦ Ausgehen?

## Eixample 97
**An einem Tag**
**Nicht verpassen!**
✦ Manzana de la Discordia ✦ Casa Milà ✦ Gràcia
✦ Parc Güell ✦ La Sagrada Família
**Nach Lust und Laune!** Fünf weitere Adressen zum Entdecken
**Wohin zum ...** ✦ Essen und Trinken? ✦ Einkaufen?
✦ Ausgehen?

## Montjuïc und Sants 127
**An einem Tag**
**Nicht verpassen!**
✦ Museu Marítim ✦ Fundació Joan Miró ✦ MNAC
**Nach Lust und Laune!** Sechs weitere Adressen zum Entdecken
**Wohin zum ...** ✦ Essen und Trinken? ✦ Einkaufen?
✦ Ausgehen?

## Pedralbes und Tibidabo 145
**An einem Tag**
**Nicht verpassen!**
Monestir de Pedralbes ✦ Cosmo Caixa
✦ Tibidabo
**Nach Lust und Laune!** Drei weitere Adressen zum Entdecken
**Wohin zum ...** ✦ Essen und Trinken? ✦ Einkaufen?
✦ Ausgehen?

## Ausflüge 161
✦ Sitges ✦ Die Zisterzienserklöster
✦ Die Winzereien von Alt Penedès ✦ Montserrat ✦ Vic

## Spaziergänge 169
✦ **1** Barri Gòtic
✦ **2** Gràcia
✦ **3** Modernistische Meisterwerke
✦ **4** Am Wasser

## Praktisches 183
✦ Reisevorbereitung
✦ Reisezeit
✦ Das Wichtigste vor Ort
✦ Sprachführer

**Cityplan 191**
**Straßenregister 203**
**Register 209**

Autor: Andrew Benson
»Das Magazin« Teresa Fisher
»Wohin zum ... Essen und Trinken? Übernachten?« Clarissa Hyman
Redaktion: Rebecca Snelling und Tony Kelly
Lektorat: Mona King
Register: Marie Lorimer
Aktualisierung: Jackie Staddon und Hilary Weston unter Leitung von
Apostrophe S. Limited und Bookware Creative Association

Übersetzung: Jürgen Scheunemann

© MAIRDUMONT GmbH & Co. KG, Ostfildern, **5., aktualisierte Auflage 2010**

„NATIONAL GEOGRAPHIC" ist eine eingetragene Marke der
National Geographic Society. Deutsche Ausgabe lizenziert durch
NATIONAL GEOGRAPHIC DEUTSCHLAND
(G+J/RBA GmbH & Co KG), Hamburg 2008
www.nationalgeographic.de

Unsere Autoren haben nach bestem Wissen recherchiert.
Trotzdem schleichen sich manchmal Fehler ein,
für die der Verlag keine Haftung übernehmen kann. Hinweise,
Verbesserungsvorschläge und Korrekturen
sind jederzeit willkommen. Einsendungen an:
E-Mail: spirallo@nationalgeographic.de oder
NATIONAL GEOGRAPHIC SPIRALLO-Reiseführer
MAIRDUMONT GmbH & Co. KG,
Postfach 3151, D-73751 Ostfildern

Das Werk einschließlich aller seiner Teile ist urheberrechtlich
geschützt. Jede urheberrechtsrelevante Verwertung ist ohne
Zustimmung des Verlages unzulässig und strafbar.
Dies gilt insbesondere für Vervielfältigungen, Übersetzungen,
Nachahmungen, Mikroverfilmungen und die Einspeicherung und
Verarbeitung in elektronischen Systemen.

Original 4th English Edition
© AA Media Limited
Kartografie: © AA Media Limited 2007
Covergestaltung und Art der Bindung
mit freundlicher Genehmigung von AA Publishing

Herausgegeben von AA Publishing, einem Unternehmen der
AA Media Limited, Fanum House,
Basing View, Basingstoke, Hampshire RG21 4EA, UK.
Handelsregister Nr. 06112600.

Farbauszug: Keenes, Andover
Druck und Bindung: Leo Paper Products, China

A04244

*Das Magazin*

# Kataloniens

**Katalanen, besonders die Einwohner Barcelonas, versichern immer wieder, dass Katalonien und seine Hauptstadt nicht spanisch seien: Jahrhundertelang konnten die Grenzregionen Spaniens und Frankreichs gegen alle Widerstände ihre einzigartige Kultur bewahren.**

### Wilfried der Behaarte (ca. 860–898)
Graf Guifré ´el Pilós, der Gründer Kataloniens, fand in einer Schlacht gegen die Sarazenen einen frühen Tod. Der Legende zufolge legte der Kaiser seine Finger in die Wunden des Helden und strich dann über sein goldenes Schild. So enstanden die vier roten Streifen auf gelbem Grund, die die katalanische Flagge – die *Quatre Barres* – zieren. Die Legende äußert sich allerdings nicht dazu, wie Wilfried zu seinem Beinamen kam!

### Jaume I. (1213–76)
Jaume I. (rechts) war der erfolgreichste katalanische König. Er errichtete die *Corts* (das erste Parlament) und die *Generalitat* (eine Art Oberhaus) (▶ 58). Während seiner Regentschaft florierte der Handel, und nachdem er die Balearischen Inseln von den Mauren zurückerobert hatte, entwickelte sich Barcelona zu einem Machtzentrum im Mittelmeerraum. Die Region lebte in Wohlstand und entfaltete eine rege Bautätigkeit, die das Gesicht der Stadt nachhaltig prägte. Die Kathedrale Santa Maria del Mar und die Drassanes Werften zeugen davon.

6 *Das Magazin*

# Hauptstadt

Einen spanisch-katalanischen Staat gab es schon 878, als Wilfried der Behaarte (▶ Kasten) einige der nordöstlichen Provinzen vereinte, die den Grundstein für die spätere katalanische Nation bildeten. Er nannte sich selbst den ersten Grafen von Barcelona und begründete damit eine Dynastie, die das erstarkende Land bis ins 15. Jahrhundert regierte, bis es vom machthungrigen Spanien erobert wurde.

Der kastilischen Herrschaft unterstanden die Katalanen bis zum Ausbruch des spanisch-französischen Krieges 1635, als die Katalanen der Grenzregion beider Länder revoltierten und ihre Unabhängigkeit erklärten. Ihr Aufstand wurde jedoch schon bald niedergeschlagen. Barcelona kapitulierte 1652 vor der spanischen Armee. Dennoch verlor Spanien die Kontrolle über die Region auf französischer Seite. Bei der Unterzeichnung des Pyrenäen-Vertrages 1659 wurde das historisch gewachsene Katalonien geteilt.

> »Ich wäre lieber Graf von Barcelona als römischer Kaiser.«
> 
> *Karl V., Kaiser des Heiligen Römischen Reiches deutscher Nation, 1519*

## Die Renaixença

Im 18. Jahrhundert begann der Wiederaufstieg Kataloniens, und zwar dank seiner starken Landwirtschaft, des wachsenden Weinexports und des Warenumschlags in seinen Häfen. Tatsächlich setzte nach den Napoleonischen Kriegen ein solcher Boom ein, dass Barcelona zu der am schnellsten wachsenden Stadt ganz Spaniens aufstieg. Damit kündigte sich die katalanische *Renaixença* (Renaissance) Mitte des 19. Jahrhunderts an. Obwohl die katalanische Sprache im öffentlichen Leben verboten war, ist Katalanisch nie ausgestorben, und als die katalanische Literatur abermals aufblühte, wurde die Sprache auch in bürgerlichen Kreisen wieder salonfähig. Hand in Hand mit der kulturellen »Renaissance« kam der Modernismo auf (die katalanische Antwort auf den Jugendstil), der mit der Entstehung des Stadtteils Eixample (▶ 15ff) das Antlitz von Barcelona nachhaltig veränderte.

**Daten & Fakten**
Die autonome Region Katalonien umfasst 31 930 Quadratkilometer (6,3 Prozent von Spanien) und hat sieben Millionen Einwohner (15 Prozent Spaniens), von denen ca. 60 Prozent im Großraum Barcelona leben. Mit 20 Prozent des Bruttosozialproduktes ist sie Spaniens führende Wirtschaftsregion. Fast 40 Prozent aller Spanienbesucher reisen nach Katalonien.

## Der spanische Bürgerkrieg

Der Ausbruch des spanischen Bürgerkriegs 1936 läutete das dunkelste Kapitel Spaniens ein. Franco unterdrückte die katalanische Identität und Kultur. Wieder traf es die katalanische Sprache. Sie durfte nicht mehr in den Schulen, der Kirche und in der Öffentlichkeit gesprochen werden. Es flossen keine Investitionen mehr in die Region, was in Barcelona zu Streiks und Unruhen führte. Doch trotz der jahrzehntelangen kulturellen, wirtschaftlichen und politischen Unterdrückung hielt Katalonien an seiner Identität fest. Die katalanische Kirche bewahrte ihre Unabhängigkeit, Kunst und Kultur gediehen weiterhin; und Barcelona entwickelte sich zu einer führenden Verlagsstadt. Erst nach Francos Tod 1975 und mit der neuen spanischen Verfassung 1977 erhielt Katalonien ein gewisses Maß an Selbstbestimmung zurück. 1979 wurde Katalonien zur autonomen Region innerhalb Spaniens erklärt. Ein eigenständiges Regionalparlament bestimmt über das Erziehungs- und Gesundheitswesen, Industrie, Handel, Kultur, Tourismus und Landwirtschaft.

Unten: Eines der vielen Gesichter der Stadt: Palau Sant Jordi, meisterhafte moderne Architektur

## Die katalanische Hauptstadt

Die kraftvolle katalanische Identität hat sich seit Francos Tod neu entfaltet. Die Provinz ist heutzutage der wohlhabendste Teil Spaniens. Für die Einwohner von Barcelona ist die Stadt mehr als nur Spaniens zweitgrößte Stadt, sie ist vor allem die Hauptstadt Kataloniens – und außerdem europäisch. Keine andere europäische Stadt hat sich selbst so überzeugend neu erfunden wie Barcelona. Eine umfassende Schönheitsoperation vor den Olympischen Spielen 1992 machte aus der altehrwürdigen Stadt eine elegante, weltoffene Metropole. Der Impuls wirkt bis heute, Barcelona ist in Mode und Design eine führende Stadt. Barcelona ist heute zweifellos die reichste und extravaganteste Stadt Spaniens – und sie expandiert weiter. Die Stadt pulsiert, zeigt ihren Stolz und ihre Eleganz – ein Ergebnis des wiedergefundenen katalanischen Selbstbewusstseins. Die Katalanen versuchen ihre Besucher davon zu überzeugen, dass Barcelona und nicht Madrid unter Spaniens Städten an erster Stelle steht.

*Das Magazin*

### Die katalanische Sprache: »Català«

Das Wiederaufleben der katalanischen Sprache Català ist wohl das sichtbarste Zeichen der katalanischen Identität. Barcelona hat aber nach wie vor zwei offizielle Sprachen, Katalanisch und die spanische Landessprache Kastilisch. Katalanisch ist zurzeit die am zweitstärksten wachsende Sprache der Welt. In Barcelona und dem größten Teil Kataloniens hat sich Katalanisch im Alltag durchgesetzt. Wie ein Einheimischer in der Barri Gòtic Bar erklärt: „Die Sprache ist der Garant unserer katalanischen Identität."
Obgleich eine romanische Sprache, weist Katalanisch doch viele Unterschiede zum Kastilischen auf. Das Vokabular ist stärker vom Französischen und Italienischen beeinflusst, die Grammatik und Aussprache weichen merklich ab, beispielsweise werden das unbetonte »a« und »e« im Katalanischen fast verschluckt, im reinen Spanisch nicht. Das weich angestoßene kastilische »z« und »c« kennt das Katalanische nicht, man sagt »Bar-z-elona« statt »Bar-sz-elona«! Die Einheimischen freuen sich über alle Versuche der Besucher, ihre Sprache zu sprechen – man darf sich jedoch nicht wundern, wenn sie die katalanischen Sprachversuche als schlecht ausgesprochenes kastilisches Spanisch missverstehen.

Der Torres de Ávila Nachtclub (rechts) entstand im Zuge der Verschönerungen zu den Olympischen Spielen 1992

### Wichtigste katalanische Sehenswürdigkeiten
**Palau Reial de Pedralbes** (▶ 156f), frühere Residenz der Grafen von Barcelona
**Palau de la Generalitat** (▶ 58), Sitz der Regierung Kataloniens
**Parlament de Catalunya**, im Parc de la Ciudatella (▶ 86f)
**Museu d'Història de Catalunya** (▶ 88), ein modernes Museum der Geschichte Kataloniens von der Frühzeit bis heute
**Museu Nacional d'Art de Catalunya (MNAC)** (▶ 136ff), präsentiert einen erlesenen Querschnitt katalanischer Kunst von der Romanik, der Gotik und dem Barock bis zu Einrichtungsgegenständen, Gemälden sowie Skulpturen des 20. Jahrhunderts.
**Palau de la Música Catalana** (▶ 78f), prachtvoller Heimspielort katalanischer Chöre und Orchester, gestaltet vom modernistischen Architekten Domènech i Montaner.

*Das Magazin*

# Fiesta

Die Einwohner Barcelonas lieben Fiestas, über 140 verschiedene Festivals finden übers Jahr verteilt statt. Viele haben religiöse Wurzeln, aber auch ländliche Traditionen und historische Ereignisse wirken in den Fiestas fort. Hier einige Höhepunkte:

## Januar
**Neujahrstag** (1. Jan.): Um Mitternacht isst man zwölf Trauben, eine zu jedem Glockenschlag. Das bringt Glück.
**Reis Mags** (5./6. Jan.): Die Heiligen Drei Könige legen an, durchfahren die Stadt und verschenken Süßigkeiten. Unartige Kinder bekommen ein Stück Kohle!

## Februar
**Carnestoltes:** Eine Woche Karneval mit bunten Kostümen und spektakulären Feuerwerken, die am Aschermittwoch mit der symbolischen Beerdigung einer Sardine endet.

## März
**Sante Medir de Gràcia** (3. März): Umzug traditionell gekleideter Reiter aus Gràcia, die über die Collserola zum Kloster Sant Medir zu einem Bohnenfest ziehen.

## März/April
**Setmana Santa:** Gottesdienste und Prozessionen in der Karwoche.

## April
**Sant Jordi** (23. April): Am Tag des Sant Jordi (hl. Georg), Kataloniens Schutzpatron, beschenken sich Paare als Ausdruck ihrer Zuneigung: eine Rose für die Dame, ein Buch für den Herrn. Die Ramblas werden zu rosengeschmückten Buchläden unter freiem Himmel. Etwa die Hälfte des jährlichen Umsatzes an Büchern entfällt auf diesen Tag, der auch der Todestag des spanischen Schriftstellers Miguel de Saavedra Cervantes und von William Shakespeare ist.

## Mai
**Corpus Christi:** Parade der Riesen und Großköpfe (siehe Kasten). Der Springbrunnen im Kreuzgang der Kathedrale ist Ort des traditionellen *Ou com Balla* (Eiertanz), dabei

Unten: Mitmachen ist angesagt

Kostümumzüge (unten und rechts) und ein traditionelles *castell* (ganz rechts) während La Mercè

10  *Das Magazin*

### Riesen & Großköpfe
Tanzende Riesen, Drachen, *capgrossos* (Großköpfe) und Teufel spielen eine wichtige Rolle in der katalanischen Folklore. Während La Mercè finden sich die Riesen zu einem *Ball de Gegants* ein, einem Tanz der kostümierten, fünf Meter hohen Riesen und Großköpfe mit ihren grinsenden Masken, der zwischen Drassanes und Ciutadella stattfindet. Höhepunkt ist der *Corre Foc* (Feuerlauf), bei dem die Teufel und Drachen Knallkörper werfen.

lässt man ein ausgeblasenes Ei auf der Fontäne tanzen, als Symbol für Wasser und Geburt.

## Juni
**Trobada Castellera** (Mitte Juni): An diesem Tag wird die einzigartige katalanische Tradition des *castell*- (Menschenturm) Bauens zelebriert. Junge Männer bauen sich bis zu neun Stockwerke hoch in einem beeindruckenden Balanceakt zu Pyramiden auf.

## September
**Diada de Catalunya** (11. Sept.): Nationalfeiertag, an dem man der Eroberung der Stadt 1714 durch Felipe V. gedenkt. Es ist ein politischer Feiertag ohne Feiern.
**La Mercè** (4 Tage um den 24. Sept.): 1637 befreite La Mercè (Gottesmutter Maria), die Schutzpatronin der Stadt, Barcelona von einer Heuschreckenplage. Dies ist die größte Festlichkeit des Jahres – vier Tage lang gibt es Straßentanz, Paraden mit Teufeln, Drachen, Riesen und *capgrossos*, Menschenpyramiden und Feuerwerk.

## Dezember
Zu Weihnachten findet vor der Kathedrale ein Weihnachtsmarkt statt (13.–23. Dez.). Auf der Plaça Sant Jaume gibt es eine große Krippe.

# Die katalanische Küche

Der amerikanische Gourmet Coman Andes beschrieb die katalanische Küche einmal als »das letzte große kulinarische Geheimnis Europas«. Basierend auf frischen heimischen Zutaten aus den Bergen, dem Flachland und dem Meer, ist die Küche delikat, abwechselungsreich und raffiniert im Geschmack.

## Katalanische Spezialitäten

Katalonien hat eine der reichsten gastronomischen Traditionen Spaniens. Mauren, Franzosen, Sizilianer und Levantiner hinterließen ihre Spuren. Die Einwohner haben einen vielfältigen Geschmack mit Vorliebe für Pasta, besonders *canelons* (katalanische Cannelloni), *bacallà* (Stockfisch), Reisgerichte und *fidenà*, eine Paella mit Nudeln.

Vier Soßen kommen in der katalanischen Küche immer wieder vor: *samfaina* (pikante Soße aus Tomaten, Knoblauch, Auberginen, Paprika, Olivenöl und Kräutern), *picada* (Haselnüsse, Petersilie, Brot, Knoblauch und Safran), *romesco* (scharfer roter Pfeffer, Mandeln, Tomaten, Knoblauch und Öl) und *sofregit* (Zwiebeln, Knoblauch und Tomaten).

Wie bei einer Küstenregion zu erwarten, gibt es eine breite Palette verschiedener Fischsuppen – *bullabesa* und *sarsueles* mit Schalentieren und weißem Fisch in einer Soße aus Zwiebeln, Knoblauch und Tomaten gekocht. Die verschiedenen Reis-Paellas gibt es ebenfalls mit Fisch: *arròs negre* (Reis gekocht mit Tintenfisch) sollte man unbedingt versuchen.

Fleisch und Geflügel werden oft mit Früchten serviert, z. B. *conill amb prunes* (Kanin-

Fisch und Schalentiere sind wichtige Bestandteile der katalanischen Küche (oben und rechts)

Frische heimische Zutaten sind das Geheimnis der katalanischen Küche

12 *Das Magazin*

### Appetit bekommen!?

Wer gerne früh zu Abend isst, bleibt in Barcelona allein. Warum den Abend also nicht mit Tapas einläuten? Sie sind zwar nicht unbedingt Tradition in Katalonien, aber trotzdem überall erhältlich. Tapas sind Vorspeisen wie gemischte Oliven, *xoric* (würzige Salami), *fabes a la catalana* (Bohnen mit Schinken), *pa amb tomàquet* (➤ 40), *truita* (Omelette), Tintenfisch, Schnecken und Weißfisch. Früher bekam man dazu immer ein Getränk gratis, aber heute wird es mit berechnet.

Bei Tapas darf man kein Menü erwarten. Am besten schaut man, was die Einheimischen auf dem Teller haben und sucht es sich so aus. Für größere Portionen fragt man nach einer *raciò*. Die Auswahl ist endlos, die Schaukästen überladen, und die Portionen stärken einen bis 10 Uhr abends, der normalen Abendessenszeit.

**La Bodegueta** (➤ 107)
**Cal Pep** (➤ 91)
**El Rovell** (➤ 92)
**Euskal Etxea** (➤ 92)
**La Gran Bodega** (➤ 123)
**Quimet & Quimet** (➤ 142)

chen mit Pflaumen) oder *pollastre amb peres* (Hähnchen mit Birnen). Auf dem Land isst man gegrilltes Fleisch: Lamm, Schwein und Kaninchen *a la brasa*. Probieren sollte man eine *escudella*, ein Gulasch aus Rind, Schweinefüßen, Geflügel, Lamm, Wurst, Kartoffeln, Kohl und Bohnen.

Es sind vor allem die Gerichte aus *mar i muntanya* (vom Berg und vom Meer) mit ihrer Kombination aus Fisch und Fleisch, die die katalanische Küche von der des übrigen Spaniens unterscheiden. Köstliche Kombinationen sind *mar i cel* (Meer und Himmel) mit Wurst, Kaninchen, Shrimps und Fisch sowie *sípia amb mandonguilles* (Tintenfisch mit Fleischklößen). Katalanische Wurstwaren und Schinken sind hervorragend. *Botifarra* (würzige Bratwurst) und *fuet* (lange Würste aus getrocknetem Fleisch) sollte man unbedingt probieren.

Die Katalanen haben eine Vorliebe für Schnecken, Wild und Pilze, besonders die *rovellons* aus den Pyrenäen. Die Gemüsegerichte sind schmackhaft, besonders der Salat *escalivada* aus geröstetem Gemüse.

Von Januar bis März gibt es die Spezialität *calçot*. Man röstet diese verlängerten Frühlingszwiebeln und dippt sie in eine *romesco*-Soße.

**Oliven und *truita* sind einige der vielen Tapas**

*Das Magazin* 13

*Crema catalana*, nur eines der vielen Desserts auf der Speisekarte

## Desserts

Die Auswahl an katalanischen Desserts ist groß: Neben dem üblichen *flam* (Crème Caramel), *gelat* (Eis), *crema catalana* (eine Art Crème Brûlée) und *macedònia* (Obstsalat) sollte man *postre de músic* (Nachtisch aus Nüssen und Obst), *panellets* (Marzipan), *torrons* (Nougat) und *coqueas* (Gebäck mit Zucker und Pinienkernen bestreut) probieren.

Die Region produziert gute Käsesorten, z. B. *fromage de Serrat* aus Lérida, den Ziegenkäse *mató* und *recuit*, einen Weichkäse aus Schafsmilch, zu dem oft Honig gereicht wird.

## Wein

Kataloniens bester und bekanntester Wein ist der *Bodegas Torres* aus der Region Penedès (▶ 166). Weinkenner sollten den *Marqués de Alella*, *Pamat Chardonnay*, *Perelada*, die Weine aus dem Hause René Barbier und Bach sowie die gerade in Mode gekommenen *Prioratis*, *Ribera del Duero* und *Cigales* probieren. Ohne ein Glas *cava*, spanischen Sekt, probiert zu haben (▶ Kasten), darf eine Reise nicht zu Ende gehen.

### *CAVA*-KULTUR

Allmählich erlangt *cava* auch über die Grenzen Kataloniens hinaus an Bekanntheit. In Barcelona ist man überzeugt, dass *cava* besser schmeckt als französischer Champagner. Beide werden mit der gleichen Methode hergestellt. Die katalonische Produktion konzentriert sich in Sant Sadurní, im Süden Barcelonas. Freixenet ist hier größter Hersteller. Andere bekannte Marken sind Codorníu, Juvé & Camps, Torello, Mestres und Parxet.

Die Spanier trinken *cava* als Aperitif und zum ersten Gang. *Cava* wird auch viel zu Hause getrunken, besonders bei Familienfesten, aber man findet auch Bars, so genannte *xampanyeries*, die ganz auf *cava* und Champagner spezialisiert sind. In der zweiten Oktoberwoche findet in Sant Sadurní ein *cava*-Fest statt.

**Die besten *Xampanyeries***
**Can Paixano** (Reina Cristina 7), kleine gemütliche Bar, in der ständig reger Betrieb herrscht.
**El Xampanyet** (▶ 93)
**Xampú Xampany** (Gran Via Cortes Catalones 702), schicke, moderne *cava*-Bar, an Wochenenden bis 4 Uhr früh geöffnet.

14 *Das Magazin*

# Eixample – der Zeit voraus

Keine Stadt der Welt bietet mehr Sehenswürdigkeiten moderner Architektur, die zu Anfang des 20. Jahrhunderts entstand, als Barcelona. In diese Zeit fällt auch die Errichtung eines Stadtteils, des Eixample. Sein radikal neuer Stil rief unterschiedliche Reaktionen hervor. Einige sahen in den Kreationen Gaudís und seiner Weggenossen eine Kombination von Geld und Idealen – ein zweites »goldenes Zeitalter« für Katalonien. Andere nannten es die *època de mal gust*, die Ära des schlechten Geschmacks.

**DIE FÜNF WICHTIGSTEN GAUDÍ-STÄTTEN**
- La Sagrada Família (➤ 113)
- Parc Güell (➤ 110 ff)
- Casa Milà (➤ 105 ff)
- Palau Güell (➤ 60 ff)
- Casa Batlló (➤ 104)

**Elegante Straßenlaterne von Pere Falqués i Urpí auf der Passeig de Gràcia, dem Herzen von Eixample**

Länger als ein Jahrhundert schon ist Barcelona Vorreiter in Stadtplanung und Modernität. Nachdem es jahrhundertelang hinter Madrid zurückstand, hat die Stadt zu Beginn des 20. Jahrhunderts die Führung in der industriellen Entwicklung übernommen und ist zum Zentrum von Kunst und Design avanciert. Aus diesem Klima gingen Modernisten hervor wie Gaudí, Picasso und Miró. Ein Zeitalter wirtschaftlichen und demografischen Wachstums traf auf eine Welle von Optimismus. Ab 1869 wuchs die Stadt über ihre mittelalterlichen Grenzen hinaus und zeigte damit Kataloniens neuen Wohlstand – im Eixample.

Der Stadtteil Eixample war die Idee des Ingenieurs Ildefons Cerdà (➤ 24). Der neun Quadratkilometer große *barri* (Stadtteil) ist streng geometrisch angelegt, und zwar in 550 symmetrischen Quadraten – sog. *illes* (Inseln) –, alle mit abgeschnittenen Ecken – eine in Europa einzigartige visionäre Stadtplanung, die

*Das Magazin* 15

### WAS IST MODERNISMUS?

Der Modernismus (»Geschmack für das, was modern ist«) bildete sich um die Jahrhundertwende heraus und strebte den Bruch mit der Vergangenheit durch neue Kunstformen an. Die gesamte europäische Architektur war in langweiliger Routine und öden Ausdrucksformen erstarrt. Die Künstler hofften auf eine Regeneration der Architektur durch geschwungene Linienführung statt der herrschenden Symmetrie. Ein neues Formgefühl erfasste Europa, angeführt von dem Belgier Victor Horta und dem Engländer William Morris. Die Bauten wurden mit Blumen, Blättern und orientalischen Mustern verziert, Materialien wie Eisen, Keramik und Buntglas wurden in einer nie gekannten Form eingesetzt. In Frankreich als Art Nouveau und in Deutschland als Jugendstil bekannt, konzentrierte sich diese Kunstströmung auf organische Formen, kurvige Linien und Verzierungen. Der Modernismus war die katalanische Ausformung dieser Stilrichtung, dabei etwas schnörkeliger und von längerer Dauer. Vor allem dank Gaudí gewann der katalanische Modernismus größeren Einfluss und manifestierte sich in der gesamten europäischen Kunst, Architektur, Literatur und im Theater.

durch die Avinguda Diagonal noch an Originalität gewinnt. Diese verläuft, wie ihr Name bereits sagt, im Winkel von 45 Grad diagonal durch die geradlinigen Blöcke. Leider hat man die utopischen Aspekte von Cerdàs Plan – Gärten in der Mitte der Quadrate und Gebäude nur an zwei Seiten – nicht berücksichtigt, und manche kritisieren das Viertel wegen seiner Monotonie.

Als Barcelona gerade seinen neuen *barri* errichtete, erreichte der Modernismus die Stadt. Mit der neuen Stilrichtung kamen eine Reihe großartiger Künstler, die den Stadtteil mit architektonischen Glanzstücken versahen. Der führende Kopf in Barcelona war Antoni Gaudí, aber er war keineswegs der einzige Modernist, der seine Spuren im Eixample hinterließ. Zwei andere lokale Künstler sind Lluís Domènech i Montaner und Josep Puig i Cadafalch. Sie schufen Prachtbauten wie den Palau de la Música Catalana (▶ 78f), Casa Lléo Morera (▶ 102) und das Hospital de la Santa Creu i de

*Das spektakuläre Werk Lluís Domènech i Montaners: Das gläserne Dach des Palau de la Música Catalana*

16 *Das Magazin*

Sant Pau (▶ 120), das trotzig im Winkel von 45 Grad zur Straßenführung steht.

Domènech i Montaner wird von vielen als der Vater des Modernismus angesehen. Er war der erste, der den Art Nouveau-Idealen einen katalanischen Ausdruck verlieh; seine Inspiration zog er aus den regionalen Traditionen (insbesondere den reichen romanischen und gotischen Einflüssen). Anders als sein Schüler Puig i Cadafalch oder Gaudí arbeitete er oft mit Künstlerteams zusammen – Architekten, Bildhauer, Glas- und Metallhandwerker und Keramiker –, um seine verzierten, dabei jedoch stets funktionalen Gebäude zu erschaffen, die sich von den idealistischeren, phantasievollen Kreationen Gaudís unterscheiden.

In den späten Neunzigerjahren des 20. Jahrhunderts wurde der Eixample »generalüberholt«, was die reichen Verzierungen zutage förderte, die sich die Stadt im späten 19. Jahrhundert gegönnt hatte. Heute lädt Eixample nicht nur zur Betrachtung der großen Werke ein – wie etwa La Sagrada Família (▶ 113ff) mit seinen hochaufragenden Turmspitzen ein Wunderwerk –, sondern bietet auch kleine, aber feine Details: die geschmiedeten Balkongitter, die verzierten Ladenfassaden oder die Türknaufe.

## Das Genie Gaudí

Kein Besuch in Barcelona wäre vollständig, ohne Antoni Gaudí i Cornet, einem der brillantesten Architekten Spaniens, die Ehre zu erweisen. 1852 in Reus geboren, studierte er in Barcelona an der Architekturschule. Selbst sein erstes bescheidenes Werk, die Straßenlaternen auf der Plaça Reial, offenbart bereits seine architektonische Meisterschaft und seine künstlerische Individualität. Er war Nonkonformist, betrachtete seine Bauwerke als »Visionen« und entwickelte einen sehr eigenen, organischen Stil. Den Höhepunkt seines Schaffens erreichte er in der kurvenreichen, gewundenen Casa Milà (▶ 105ff) und seinem neogotischen Meisterwerk La Sagrada Família. Kein anderer Architekt hat jemals so ausdrucksvollen Gebrauch von Stein und Eisen gemacht, und kein anderer ist jemals so weit gegangen, seine Bauten mit Keramik, Glas, Holz und geschmiedetem Eisen zu verzieren. La Sagrada Família wurde ihm bald zur Obsession. Seine letzten Lebensjahre (1908–26) lebte er in einer Hütte auf der Baustelle. Der Bau hatte ihn finanziell bereits ruiniert, sodass er in Barcelona von Tür zu Tür pilgerte und

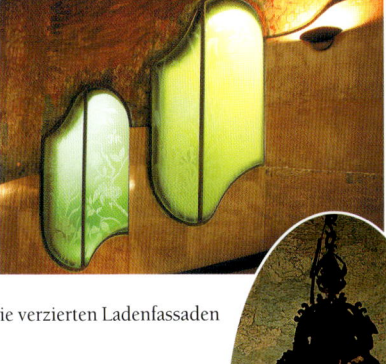

**Die modernistischen Architekten ließen sich in ihrer Formensprache von der Natur beeinflussen**

*Das Magazin* 17

Gaudís Casa Milà (oben und rechts), ein Gebäude ohne eine einzige Gerade

»Gaudí muss ein heiterer Mann gewesen sein. Er hat ein Haus an einer Hauptstraße in Wellenform erbaut, aus dessen Fenstern die Bewohner wie verzweifelte Schwimmer herausschauen.«
Wolfgang Koeppen, deutscher Schriftsteller (1906–98), über Gaudís umstrittenen Wohnblock Casa Milà.

mit Spenden sein Werk zu vollenden hoffte. Sein Traum ging bis heute nicht in Erfüllung; die originalen Baupläne sind verbrannt.

## Eine Hassliebe

Zu Lebzeiten sahen viele Katalanen Gaudí als Sonderling an. Er gab sich geheimnisvoll, lebte zurückgezogen und allein. Seine Arbeiten wurden angegriffen. Erst nach seinem Tode erhielt er die ihm gebührende Anerkennung. 1926, im Alter von 76 Jahren, wurde er von einer Straßenbahn überfahren und starb unerkannt in einem Armenkrankenhaus. Als man begriff, wer verstorben war, richtete ihm die Stadt ein aufwändiges Begräbnis aus. Seit seinem Tod stehen alle Gaudí-Gebäude auf der UNESCO-Liste des Weltkulturerbes. Er gilt als einflussreichster Architekt aller Zeiten und wurde als erster Künstler nach Fra Angelico vom Papst selig gesprochen. Seine Bauten haben Millionen Menschen Freude bereitet. Ist es mehr als nur ein Zufall, dass das katalanische Wort *Gaudí* »Freude« bedeutet?

### WENIGER BEKANNTE GAUDÍ-BAUTEN

- Pavellons de la Finca Güell (➤ 156)
- Casa Bellesguard (Carrer Bellesguard 16) – phantasievolles Stadthaus in mittelalterlichem Stil, 1900–02 erbaut (nicht zu besichtigen)
- Casa Calvet (Carrer de Casp 48) – ein Wohnblock aus den Jahren 1898–1900 mit einem eher konventionellen Äußeren, aber raffiniertem Interieur mit Gaudí-typischen Details. Gaudí konnte in diesem Fall einige Elemente einer Burg von 1410 integrieren, deren Reste damals hier standen. Im Erdgeschoss befindet sich heute ein Restaurant, und während der Mahlzeit kann man den ebenfalls von Gaudí entworfenen Dekor bestaunen.
- Casa Vicens (➤ 109) – ein frühes Werk (1883–88) mit einem runden Herrenzimmer und kunstvoll geschmiedetem Tor (nicht zu besichtigen)

*Das Magazin*

*Das Magazin* 19

# FUSSBALL-

**Drei, vier mäßig erfolgreiche Spielzeiten des FC Barcelona ließen die Stadt in eine tiefe Depression versinken. Dann kam die Rettung in Gestalt des niederländischen Trainers Rijkaard und des brasilianischen Superstars Ronaldinho: Zeichen dafür, wie wichtig es Barcelona mit dem Fußball nimmt!**

Der Slogan des Fußballvereins heißt: »Mehr als ein Verein«. Der FC Barcelona, oder Barça, ist mehr als nur ein Fußballclub: Er ist eines der größten Unternehmen in Spanien und einer der reichsten Sportclubs der Welt. Er ist Kataloniens Vorzeige-Institution und Eckpfeiler der Identität Barcelonas. Der Verein, einer der ältesten in Europa, wurde 1899 von dem Schweizer Hans Gamper gegründet. Ironischerweise waren viele Gründungsmitglieder dieses patriotischen Unterfangens Engländer oder Deutsche. Die Spieler tragen immer noch die Farben Blau und Braunrot

20  *Das Magazin*

**DIE BARÇA-HYMNE**
»Wir sind die Roten und die Blauen (*la gent blau grana*). Egal, woher wir kommen, Norden oder Süden, hier sind wir uns einig. Wir sind Brüder unter der Flagge, rot und blau im Wind. Ein Kampfesruf hat unseren Namen in der ganzen Welt bekannt gemacht – Barça, Barça, Barça.«

(*blau grana*) der Heimatregion des Gründers.

Während der Franco-Diktatur war der Verein Anlaufpunkt der Katalanen, und diese Identifikation besteht bis heute. Das erklärt, warum Barça weltweit die höchste Mitgliederzahl eines Fußballvereins hat – über 160000. Jahrzehntelang waren Spiele gegen den Erzfeind Real Madrid gleichsam Kampfhandlungen gegen die Zentralregierung. Die patriotische Verve ging so weit, dass von 1939 bis Mitte der Fünfzigerjahre im Vorstand von Barça von der Regierung bestellte Aufpasser saßen, die den Verein unter Kontrolle halten sollten.

Auf dem Höhepunkt der Franco-Diktatur waren die Spielergebnisse vorbestimmt, sodass Madrid gewinnen würde. Die Top-Spieler mussten untereinander ausgetauscht werden. Während der letzten Jahre der Unterdrückung stand der Verein als Symbol für Freiheit. Tausende von Fans kamen zusammen und schwenkten die *blau grana*-Flagge als Ersatz für die verbotene katalanische Nationalflagge. Jedes Tor bestärkte die katalanische Identität.

Die Begeisterung für Barça ist heute unverändert, das Stadion Camp Nou (▶ 157f) füllt sich bei jedem Spiel mit treuen Fans aller Altersgruppen. Wenn der Gegner Real Madrid heißt, ist ganz Spanien im Fußballfieber. Und wenn Barça gewinnt, beben die Straßen im Siegestaumel.

**TICKETVERKAUF**
Tickets für die Heimspiele (samstagabends oder sonntagnachmittags) gibt es unter der Woche am Stadion, online oder per Kreditkarte an den Servi-Caixa-Automaten in den La Caixa Banken (▶ 42). Schwarzhandel/Weiterverkauf mit Gewinn ist illegal.

**Oben: Barça-Fans in Camp Nou zeigen das Rot und Gelb der katalanischen Flagge**

*Das Magazin* 21

# STRASSEN-KUNST

Barcelona gleicht mit seinen über 400 Kunstwerken und Skulpturen einer riesigen Freiluftgalerie. Einige wurden während der Modernista-Welle im frühen 20. Jahrhundert aufgestellt, aber viele kamen in den Achtzigerjahren hinzu. Sie waren Teil eines Programms, moderne Skulpturen in die Städte und Vorstädte zu bringen, um Kristallisationspunkte zu schaffen. In den Neunzigerjahren brachte die Olympiavorbereitung und das Vorhaben »Unser Barcelona soll schöner werden« noch mehr innovative Projekte in die Stadt. Die neuesten Trends hielten auf den Straßen und Plätzen Einzug.

### Moll de la Fusta

Skulpturen säumen die Strandpromenade, den »hölzernen Kai«. Das Glanzstück darunter ist Roy Lichtensteins massiver *Barcelona Head* (am östlichen Ende, gegenüber der Hauptpost), der Gaudís Technik, Keramikscherben in Zement zu binden, virtuos einsetzt. Eigentlich für den Parc de Collserola gedacht, sodass man ihn aus der Entfernung hätte sehen können, blickt er nun auf die Passanten der Promenade.

### Parc del Clot

Dieser Park am östlichen Stadtrand entstand auf einem ehemaligen Bahngelände und integriert kunstvoll die Mauern und Bögen der alten Lokschuppen und einen alten Schornstein in den schattigen Park mit Spielplatz. Eine Fußgängerbrücke verbindet den Park mit einer grasbewachsenen künstlich angelegten Hügellandschaft. Darin befindet sich eine Reihe von Skulpturen, z. B. die kuriose *Rites of Spring* des amerikanischen Bildhauers Bryan Hunt.

### Parc de la Creueta del Coll

Die Olympia-Architekten Martorell und Mackay errichteten diesen Park 1987 in einem Steinbruch. Mit seinen dramatischen Steinwänden, einem kleinen See, hölzernen Stegen und Skulpturen ist der Park im Vorort Vallcarca im Sommer immer gut

**Roy Lichtensteins beeindruckender *Barcelona Head* am Moll de la Fusta**

*Das Magazin*

besucht. Herausragend ist die *Elogi de l'Aigua*, ein hängendes Kunstwerk des Basken Eduardo Chillida, das sich im Wasser spiegelt. Weitere Werke stammen u. a. von Ellsworth Kelly und Roy Lichtenstein.

## Am Strand
Rebecca Horns Skulptur *Homage to Barceloneta* (U-Bahn: Barceloneta) von 1992 erinnert an *chiringuitos* (Kioske für Meeresfrüchte), die man abgerissen hat, um die Flächen am Wasser neu zu gestalten. Mehrere in Bronze gegossene Hütten sind übereinander gestapelt. Am Ende des Strands (U-Bahn: Ciutadella–Vila Olímpica) hat sich der 50 Meter lange Kupferfisch des Architekten Frank Gehry als neues maritimes Symbol der Stadt etabliert.

## Parc de l'Espanya Industrial
Barcelonas umstrittenster Park entstand zwischen 1982 und 1985 auf dem Gelände einer alten Textilfabrik im Stadtteil Sants (➤ 141). Er wurde von dem baskischen Architekten Luis Pena Ganchegui als moderne Version eines römischen Bades entworfen. Der Park erstreckt sich über zwei Ebenen: unten ein See und eine Rasenfläche; steile Stufen führen hinauf zum viel kritisierten oberen Plateau, wo es zehn »Leuchttürme«, eine Serie von Wasserspeiern und die monumentale Metallskulptur *Drachen von St. George* von Andres Nagel zu sehen gibt. Es finden sich auch Skulpturen von Antoni Caro, Poau Palazuelo und anderen zeitgenössischen katalanischen Künstlern.

**Rebecca Horns *Homage to Barceloneta***

**Der Parc de l'Espanya Industrial hat wenig mit einer traditionellen Parkanlage zu tun**

*Das Magazin* 23

# FÜHRENDE KÖPFE

### Christoph Kolumbus (1451–1506)

Viele Städte am Mittelmeer beanspruchen den italienischen Entdecker Kolumbus (links) für sich, Barcelona macht da keine Ausnahme. Im 19. Jahrhundert beschloss Katalonien, dass er *ihr* Entdecker sei, da er nach seiner ersten triumphalen Reise nach Amerika 1493 nach Barcelona zurückkehrte; daher auch das Denkmal (▶ 52) zu seinen Ehren, errichtet zur Weltausstellung 1888 vor dem Marinehauptquartier Kataloniens auf der Seeseite der Ramblas. Es ist eine Ironie, dass die acht Meter hohe Kolumbusfigur auf der mächtigen Säule sich gen Italien wendet und der Neuen Welt den Rücken kehrt.

### Ildefons Cerdà (1815–76)

Keiner hatte größeren Einfluss auf das Aussehen Barcelonas als Ildefons Cerdà i Sunyer (unten links), der liberale Ingenieur und Planer des Stadtteils Eixample. In seinem radikalen *Pla de Reforma i Eixample* (Plan zur Errichtung des Eixample) löste sich Cerdà von der traditionellen spanischen Stadtplanung und schlug ein neues, innovatives Gitter-System vor (▶ 15ff). Die Arbeiten begannen 1859, und der elegante, neue Stadtteil wurde sofort vom erstarkenden Bürgertum Barcelonas als der seine akzeptiert.

### Pablo Ruiz Picasso (1881–1973)

Geboren in Málaga, verbrachte Picasso (unten) seine Jugendjahre zwischen 14 und 23 in Barcelona. Er lebte mit seinen Eltern an der Plaça de la Mercè und studierte an der Llotja-Kunsthochschule. Er hat sich selbst mehr als Katalane denn als Andalusier gesehen und wählte die Stadt 1901 für seine erste öffentliche Ausstellung, die im beliebten Restaurant

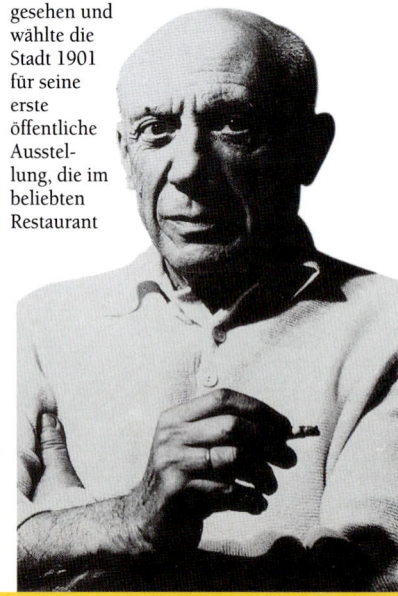

**24** Das Magazin

# FÜHRENDE KÖPFE

Els Quatre Gats (▶ 70) stattfand. Auch nachdem er 1904 nach Paris gezogen war, kehrte er regelmäßig nach Barcelona zurück, bis der Bürgerkrieg (Thema seines Triptychons *Guernica*) den Besuchen ein Ende setzte. Das Museu Picasso (▶ 82ff) im Stadtteil Ribera beherbergt eine der wichtigsten Picasso-Sammlungen der Welt mit besonderem Schwerpunkt auf seiner Schaffenszeit in Barcelona.

## Joan Miró (1893–1983)

Miró, einer der berühmtesten katalanischen Künstler, wurde in Barcelona geboren und verbrachte bis auf einen Abstecher nach Paris sein Leben in der Stadt. Hier entwickelte er seinen direkten, kindlichen Stil, der sich durch einfache Formen, kräftige Linien und intensive Farben auszeichnet. Seine Arbeiten gelten als eine der wichtigsten Verbindungslinien zwischen Surrealismus und abstrakter Kunst. Eine seiner frühen Techniken bestand darin, Farbe auf die Leinwand zu spritzen und sie dann mit dem Pinsel zu verteilen. Zwar ist seine Kunst überall in der Stadt zu finden, doch am besten lassen sich seine Werke in der Fundació Joan Miró (▶ 134f) am Montjuïc bewundern. Miró stiftete Bilder, Grafiken, Wandteppiche, Skulpturen und Keramik für diese Sammlung. 1956 zog er nach Mallorca, wo er 1983 starb.

## Antoni Gaudí (1852–1926)

Barcelonas berühmtester Sohn (oben) ist einzigartig in der Geschichte der modernen Architektur – ein unübertroffenes Genie der Modernista-Bewegung. Sein Stil bleibt bis heute unvergleichlich (▶ 17f).

*Das Magazin* 25

# FÜHRENDE KÖPFE

## Pau Casals (1876–1973)

Der gefeierte katalanische Cellist (oben), besser bekannt als Pablo Casals, stammt aus Barcelona. Ein wahres Wunderkind: Mit vier Jahren spielte er Geige, Klavier, Flöte und Orgel. Seine Karriere begann er auf selbst gemachten Instrumenten, gebastelt aus einem Besenstiel, Kürbis und Darmsaiten. Irgendwann kaufte seine Familie ihm ein vernünftiges Cello, und er begann, sich seinen Lebensunterhalt als Musikstudent in Cafés zusammenzuspielen. Sein Solodebüt in Paris 1899 brachte ihm eine Tournee-Karriere ein, die ihn weltberühmt machte. 1920 wechselte er zum Taktstock und gründete sein eigenes Orchester in Barcelona. Seine Konzerte waren für die Arbeiterklasse gedacht, und das Orchester spielte regelmäßig im Palau de la Música Catalana (▶ 78f).

## José Carreras (geb. 1946)

Der weltberühmte Tenor José Carreras (rechts) – in Barcelona Josep genannt – sang schon als Kind gerne. Als kleiner Junge sang er für die Kunden im Friseursalon seiner Mutter. Mit elf Jahren stand er auf der Bühne von Barcelonas Opernhaus, dem Gran Teatre del Liceu (▶ 64). Auf dem Höhepunkt seiner Karriere absolvierte er bis zu 70 Aufführungen im Jahr in den Opernhäusern auf der ganzen Welt, bis er 1987 an Leukämie erkrankte. Seine Überlebenschance stand eins zu zehn. Wie durch ein Wunder hat er es geschafft und seine Karriere wieder aufgenommen. Er singt jetzt mehr Konzerte als Opern. Oft veranstaltet er Benefizkonzerte für die nach ihm benannte internationale Leukämiestiftung, darunter auch die berühmten Auftritte der »Drei Tenöre«, wo er zusammen mit Placido Domingo und Luciano Pavarotti Klassik-Hits vorträgt.

26 Das Magazin

# FÜHRENDE KÖPFE

### Ferran Adrià (geb. 1962)
Adrià (oben) wurde im Vorort L'Hospitalet geboren und brachte sich das Kochen selbst bei. Er gilt als »Salvador Dalí« der Gastronomie und wurde vom *Time Magazine* zu einem der 100 kreativsten Köche der Welt gewählt. Bei ihm wurde der Traum »vom Tellerwäscher zum Millionär« Wirklichkeit. Er begann als Tellerwäscher und Smutje bei der Marine und machte in den 1980er-Jahren das El Bulli bei Roses zu seiner Bastion. Er gilt als Erfinder der »Molekulargastronomie« – am berühmtesten sind seine Tortillas im Glas – und verwandelt ganze Mahlzeiten von Caipirinhas über Paella bis zum Kaffee in schillernde Sorbets, verpackt sie in Vakuumbeutel oder macht schäumende Mousse aus ihnen. Böse Zungen halten ihn für einen Schaumschläger, doch seine Sprühflaschen stehen heute in Restaurants in aller Welt.

### Antoni Tàpies (geb. 1923)
Tàpies (rechts), in Barcelona geboren, gilt als einer der wichtigsten zeitgenössischen Künstler Kataloniens. Für viele seiner großen Werke verwendet er alltägliches Material – Zeitung, Alufolie, Pappe, Faden und Draht – und ungewöhnlicheres Material wie Ölfarbe mit Marmorsplittern. Seine Arbeiten können regelmäßig in Ausstellungen der Fundació Antoni Tàpies (▶ 118) besichtigt werden.

### Schneeflocke, der Albinogorilla (1964–2003)
Schneeflocke (Copito de Nieve oder Floquet de Neu) wurde als Baby in Äquatorialguinea entdeckt und war bald Hauptattraktion des Zoos von Barcelona und heimliches Maskottchen der Stadt. Im Alter von 39 Jahren musste der vermutlich einzige je entdeckte Albinogorilla eingeschläfert werden, weil er unheilbar an Hautkrebs erkrankt war. Seitdem trägt Barcelona Trauer. Schneeflocke hat 22 Junge mit drei Weibchen gezeugt, doch keinen einzigen Albino. Der Tod hat seinen Ruhm vergrößert: Sein Gesicht prangt auf Postkarten, er spielt in einem Roman mit, und jedes Kind in Barcelona schleppt einen weißen Plüschgorilla mit sich herum.

*Das Magazin*

## Den Sonnenaufgang genießen

Nehmen Sie die U-Bahn bis Vallcarca, und folgen Sie der Ausschilderung zum **Parc Güell** (➤ 110ff). Der Weg führt recht steil hinauf, aber man wird mit einem sensationellen Blick belohnt.

## Ein herzhaftes Frühstück

In der **Bar Salvador** (Carrer de Canvis Nous 8) serviert man original katalanisches Frühstück, etwa Brot mit Olivenöl, Knoblauch und Tomaten belegt. Von den Mengen her ist das Frühstücksbuffet im **Hotel Le Meridien Barcelona** (➤ 37) kaum zu schlagen.

## Einkaufen

Gehen Sie auf die **Passeig de Gràcia**, die **Rambla Catalunya** (Parallelstraße) und ihre Seitenstraßen. Beachtenswert sind die spanischen Designer **Adolfo Dominguez** und **Armand Basi**, der Galizier **Antonio Pernas** und das Lokaltalent **Antoni Miró**.

## Schlendern

Schlendern Sie die **Ramblas** (➤ 48ff) hinunter, das Herz der Stadt, wo Sie im Anblick der Stadtpaläste, Blumenstände, Vogelverkäufer, Straßenkünstler und -musiker schwelgen können. Auf gar keinen Fall sollten Sie **La Boqueria**, Barcelonas größten Markt, und einen Kaffee im **Café de l'Opera** (➤ 70) verpassen.

## Zu Mittag

Im atmosphärischen, alten Fischerviertel **Barceloneta** (➤ 89) finden sich die besten Fischrestaurants der Stadt. Ge-

nießen Sie eine Fischplatte im **Agua** oder **Can Ramonet** (➤ 91), dem **Can Ros** oder **El Rey de la Gamba** (➤ 92) und beschließen Sie das Mahl mit einem Strandspaziergang.

## Sehenswürdigkeiten

Ein Muss sind die **Sagrada Familia** (➤ 113ff) und das **Museu Picasso** (➤ 82ff), aber auch weniger bekannte Sehenswürdigkeiten verdienen einen Besuch – etwa die **Manzana de la Discordia** ( »Zankapfel«, ➤ 102ff), benannt nach dem uneinheitlichen Architektur-

*Das Magazin*

stil, oder das Stadion und Museum von **Camp Nou** (▶ 157f) mit der zweithöchsten Besucherzahl aller Sehenswürdigkeiten der Stadt.

### Bei Sonnenuntergang
Die **Celta Bar** (carrer de la Mercè 16) serviert Weißwein in traditionellen Keramikbechern. Das weiträumige **Schilling** (▶ 70) in einer früheren Waffenschmiede ist zurzeit am frühen Abend angesagt. Oder die extrem elegante **Goyescas** Cocktail-Bar (im Hotel Arts, ▶ 36) mit ihrem herrlichen Seeblick und dem betörenden Tapas-Sortiment.

### Dinner-Tipps
La Ribera's labyrinthische Straßenzüge beherbergen einige der besten Restaurants der Stadt. Mit seinem Weinkeller und umsichtigen Service ist das **Abac** (▶ 91) schwer zu überbieten. Bodenständigere Küche für den kleinen Geldbeutel bietet das **Senyor Parellada** (▶ 93), ein ungemein beliebtes Lokal im selben Stadtteil.

### Tanzen gehen
Seinem internationalen Ruf als »Nightlife-Metropole« wird Barcelona spielend gerecht. Wenn Sie vor dem Tanzvergnügen noch eine Kleinigkeit essen oder trin-

# BARCELONA

ken wollen, sollten Sie sich einfach rund um die Ramblas umsehen – vielleicht probieren Sie einmal das **Schilling** (▶ 70) oder das **Café de l'Opera** (▶ 70) aus, bevor Sie sich auf die Tanzfläche stürzen. Unter den Clubs der Stadt gilt das **La Terrazza** (▶ 144) als eine Art Klassiker: Ab 3 Uhr nachts ist dort richtig etwas los, und getanzt wird bis in den frühen Morgen. Tanz bis um 5 Uhr ist im **Space** (Carrer de Tarragona 141, www.spacebarcelona.com, U-Bahn: Tarragona) angesagt; gespielt wird vor allem House-Musik.

*Das Magazin*

# Wussten Sie …

… dass sich die Stadt Barcelona mit ihren 1,5 Millionen Einwohnern über eine Fläche von 100 Quadratkilometern zwischen dem Mittelmeer und dem Tibidabo-Berg erstreckt?

**… dass das Motto der Stadt lautet: Barcelona Es Teva (Barcelona gehört dir)?**

… dass Besucher, die vom Les-Canaletets-Brunnen (▶ 49) trinken, mit Sicherheit in die Stadt zurückkehren werden?

**… dass Barcelona mit über zwei Millionen Passagieren der meistfrequentierte Hafen für Kreuzfahrtschiffe in Europa und dem Mittelmeer ist?**

… dass Barcelona die teuerste Stadt ist, um Grundeigentum zu erwerben? 2009 lag der Preis bei über 134 Prozent vom Durchschnitt im Land.

**… dass die Einwohner Barcelonas Nachteulen sind? Das schillernde Nachtleben der Stadt gehört zu den besten – und längsten! – in ganz Europa. Nicht vergessen: heute Abend fängt erst morgen an!**

… dass Barcelonas vier Kilometer Sandstrand, die sich im Norden der Stadt erstrecken, künstlich angelegt sind?

**… dass Gaudís Casa Milà (▶ 105ff) Spaniens umstrittenstes Wohnhaus ist? Das siebenstöckige Gebäude weist, so sagt man, keine einzige gerade Linie und keinen rechten Winkel auf.**

… dass seit den Olympischen Spielen 1992 das Passagieraufkommen im Luftverkehr um über 200 Prozent gewachsen ist?

*Das Magazin*

# Erster Überblick

# Ankunft

## Aeroport del Prat

Barcelona hat nur einen Flughafen für nationale und internationale Flüge. Er liegt 12 Kilometer südlich der Innenstadt im Industriegebiet **El Prat de Llobregat**. Es gibt **drei Terminals**: Terminal A und B sind für internationale und Inlandsflüge, C ist für die regelmäßigen Shuttle-Flüge nach Madrid vorgesehen. Auf den Flugtickets ist die Terminalnummer ausgewiesen. Ein neues südliches Terminal und eine neue Landebahn sollen in naher Zukunft geöffnet werden.

### Flughafen-Transfer
**Mit dem Taxi**

Ein Taxi in die Innenstadt kostet mind. 27 Euro, exklusive einem Flughafenzuschlag. Das ist zwar der teuerste Weg, aber man ist in 20–30 Minuten im Hotel, wenn man nicht im Feierabendverkehr stecken bleibt.

- Die offiziellen Taxis erkennt man an ihrer **schwarz-gelben** Farbe. Sie warten an Ständen vor den Terminals. Andere Anbieter sollte man nicht nehmen.
- Taxifahrer schalten immer das Taxameter ein, man verhandelt den Preis nicht im Voraus. Jedes Gepäckstück kostet einzeln. 90 Cent pro Stück.

**Mit dem Bus**

Der großräumige, bequeme **Aerobús** (Tel. 93 415 60 20) verbindet die drei Terminals mit der Plaça de Catalunya und hält unterwegs an der Plaça d'Espanya, Gran Via de les Corts Catalanes (an der Ecke Carrer del Comte d'Urgel) und Plaça de la Universitat. Ein Einzelticket kostet 4,05 Euro.

- In der Flughafenhalle sind die **Bushaltestellen** gut ausgeschildert.
- Man kauft die **Fahrkarte** beim Busfahrer, der auch Geld wechselt. Es gibt ein verbilligtes Ticket für den Aerobús, die U-Bahn und andere Busse (▶ 34).
- Die **Fahrt** dauert etwa 30 Minuten, der Bus verkehrt alle 7–15 Minuten zwischen 6 Uhr und 1 Uhr. Im Berufsverkehr kann es länger dauern.
- **Zurück zum Flughafen** fährt der Bus von der Plaça de Catalunya (gegenüber El Corte Inglés) ab und hält unterwegs an der Avinguda de Roma (Ecke Carrer del Comte d'Urgell) und Sants-Estació (Sants Bahnhof).

**Mit dem Zug**

Der Renfe Cercanaise-Zug verkehrt zwischen Flughafen und Bahnhof Sants, die Fahrt dauert etwa 20 Minuten. Bis zur Plaça de Catalunya oder dem Arc de Triomf braucht man jeweils fünf Minuten mehr. Während der Hauptverkehrszeit ist der Zug sinnvoller als der Bus.

- Ein Fußgängerüberweg zwischen Terminal A und B bringt den Gast zur **Flughafen-Station**.
- Man kauft die **Fahrkarte** vor dem Einsteigen. Sie kostet etwa 2,50 Euro, aber man kann eine **T-10 Stadtkarte** kaufen (▶ 34).
- Die Züge verkehren von 6 bis 23 Uhr alle 30 Minuten.

## Barcelona-Sants-Bahnhof

Die meisten **nationalen und internationalen Züge** halten am Sants-Bahnhof. Hier findet man: Touristeninformation, Zimmervermittlung, Banken und Taxis.

- Obwohl der Bahnhof etwas außerhalb liegt, bringt die U-Bahn (▶ 33) **Linie 3** (grün) den Fahrgast in wenigen Minuten zu den Ramblas (Liceu Station), zur Plaça de Catalunya und zum Passeig de Gràcia (wo auch einige Züge der Hauptlinie halten). Fahren Sie in Richtung »Canyelles«.
- Achten Sie darauf, dass Sie die U-Bahn-Station Plaça de Sants nicht mit dem Hauptbahnhof Sants-Estació **verwechseln**.

# Ankunft / Unterwegs in Barcelona

# Unterwegs in Barcelona

Das moderne U-Bahn-System und die klimatisierten Busse bieten ein gutes städtisches Verkehrsnetz; Straßenbahnen und Drahtseilbahnen (➤ 182) ergänzen das Angebot und sind vor allem bei Kindern beliebt.

## Die U-Bahn

Die U-Bahn ist auf jeden Fall die beste Art, sich durch die Stadt zu bewegen. Sie ist schnell, recht modern, fährt häufig und hat Klimaanlage – bei heißem und schwülem Wetter eine Wohltat.

- Das **U-Bahn-Netz** von TMB besteht aus sechs Linien, die fast die ganze Stadt bedienen. Dazu kommen zwei Linien, betrieben von der staatlichen **Ferrocarrils de la Generalitat de Catalunya (FGC)**. Vor allem nützlich für Touristen ist die Linie U7 der FGC von der Plaça de Catalunya nach Tibidabo. U-Bahn-Pläne liegen an jeder Station aus.
- **U-Bahn** und **FGC** verkehren zwischen 5 Uhr und 23 Uhr, sonntags beginnen sie etwas später. Freitags, samstags und an Abenden vor Feiertagen fahren sie bis 2 Uhr nachts. Die Hauptverkehrszeit (7.30–9 Uhr bzw. 18–20 Uhr) sollte man meiden. TMB: www.tmb.net; FGC: www.fgc.net
- Umsteigen empfiehlt sich nicht unbedingt, da die Wege zwischen den U-Bahn-Linien recht lang sind.

### Die U-Bahn benutzen

- Die **Linien** sind nach ihrer Endstation benannt. Diese sind auf den Plänen klar markiert, die Linien sind farblich gekennzeichnet.
- **Einzelfahrscheine** müssen links in einen Schlitz am Drehkreuz geschoben werden und kommen wieder heraus. Es wird oft kontrolliert, aber man braucht das Ticket nicht, um die U-Bahn wieder zu verlassen. Bei **Mehrfach-Fahrkarten** (➤ 34) stempelt die Maschine eine Zahl auf das Ticket, die anzeigt, wie viele Fahrten noch übrig sind.
- Für die **Fahrkartenautomaten** braucht man Kleingeld, falls der Schalter geschlossen ist (häufig abends und sonntags).

## Busse

Auch die Busse sind mit Klimaanlagen ausgestattet. Die Buslinien bringen einen überall dorthin, wo die U-Bahn nicht verkehrt: auf den Montjuïc zum Beispiel, zum Parc Güell oder zum Monestir de Pedralbes.
Pläne mit allen Busrouten gibt es bei der Touristeninformation (➤ 34) und an den wichtigsten Haltestellen (Universitat, Diagonal, Sagrada Família, Sants-Estació und Catalunya).

- Generell gelten die U-Bahn-Preise und Fahrzeiten auch für Busse. Einzelfahrscheine kann man beim Fahrer kaufen, er kann auch Wechselgeld heraus geben.
- Spezielle **Nachtbusse** (*Nitbus*) verkehren von 23 Uhr bis 3 oder 5 Uhr auf bestimmten Routen.
- Der **TombBus**, ein sehr bequemer königsblauer Bus, bedient die Einkaufsstraßen auf einer Route zwischen Plaça de Catalunya und Plaça Pius XII, über Passeig de Gràcia und Avinguada Diagonal.
- Der **Bus Turístic** bietet einen besonderen Service: Offene Doppeldeckerbusse, bei denen man überall zu- und wieder aussteigen kann, fahren auf drei Strecken (rot im Norden, blau im Süden und Forumroute grün) die wichtigsten Sehenswürdigkeiten an, etwa La Sagrada Família und das Fußballstadion Camp Nou. **Tages**- oder **Zweitagestickets** (Kinderermäßigung) sind bei der Touristeninformation oder im Bus zu kaufen.

## Ermäßigte Fahrkarten

Für die öffentlichen Verkehrsmittel gibt es verschiedene Fahrscheinarten. Diese können am Schalter oder an Automaten an den Haltestellen, an Kiosken, Lotterieläden und an Servi-Caixa-Automaten (➤ 42) gekauft werden. Die für Touristen sinnvollsten sind folgende.

- Das **T-10** gilt für zehn Fahrten auf allen Bus- und Bahnlinien und ist übertragbar. Pro Person einmal stempeln. Auch als **T-50** (50 Fahrten) erhältlich.
- **T-Dia** ist ein Tagesticket für 24 Stunden. Es gibt auch **3 Dies-, 4-Dies-** und **5 Dies**-Karten für drei, vier und fünf Tage.
- Mit dem Ticket für den **Bus Turístic** (➤ 33) bekommt man ein Ermäßigungs-Scheckheft für die Sehenswürdigkeiten auf der Strecke.
- Die **Barcelona-Card** (erhältlich an der Touristeninformation oder unter www.barcelonaturisme.com) für zwei, drei oder fünf Tage gilt für das gesamte Verkehrsnetz und bietet Ermäßigungen in den meisten Museen, einigen Restaurants und Läden.

## Taxis

- Die offiziellen Taxis sind **schwarz-gelb**. Das Taxameter setzt bei 1,30/1,40 Euro ein (jeder weitere Kilometer kostet 0,74/0,96 Euro), der Preis steigt nach den ersten zwei gefahrenen Kilometern oder nach zwei Minuten je nachdem was eher eintritt. Es gibt zwei Preiskategorien, von 22–6 Uhr und von 6–22 Uhr. An Wochenenden und Feiertagen zahlt man etwa 30 Prozent mehr als sonst.
- Ein *Lliure/Libre*-Zeichen oder ein **grünes Licht** auf dem Dach zeigt an, dass das Taxi frei ist.
- **Barna Taxi** (Tel. 93 357 77 55) und **Fono Taxi** (Tel. 93 300 11 00) sind zwei verlässliche Funktaxi-Firmen.

## Auto fahren

In Barcelona selbst Auto zu fahren kann anstrengend sein. Der Verkehr ist sehr lebhaft und das Parken ein Albtraum. Wer mit dem Auto kommt, sollte es besser in der Tiefgarage des Hotels lassen.

### Autovermietung

Die großen Firmen haben Schalter am Flughafen und betreiben Büros in der Innenstadt. Lokale Firmen sind billiger als die bekannten Anbieter.

**Avis** (Tel. 93 303 10 66)     **Laser** (Tel. 93 322 90 12)
**National Atiesa** (Tel. 93 323 07 01)     **Hertz** (Tel. 93 217 80 76)

## Touristeninformation

**Hauptbüro** 192 C5, Plaça de Catalunya, gegenüber El Corte Inglés, Tel. 93 285 38 34, www.barcelonaturisme.com, tägl. 9–21 Uhr, U-Bahn: Catalunya

**Ajuntament** (Rathaus) 192 C3, Plaça de Sant Jaume, Mo–Sa 10–20 Uhr, sonn- und feiertags 10–14 Uhr, geschl. 25. Dez., 1. Jan., U-Bahn: Jaume I

**Barcelona-Sants Bahnhof** 198 C2, Juni–Sept. tägl. 8–20 Uhr, Okt.–Mai Mo–Fr 8–20 Uhr, am Wochenende und feiertags 8–14 Uhr, U-Bahn: Sants-Estació

**Catalonia Touristenbüro** 200 B2, Palau Robert, Passeig de Gràcia 107 (Tel. 93 238 80 91), www.gencat.net/probert, Mo–Sa 10–19 Uhr, So 10–14 Uhr, feiertags geschl., U-Bahn: Diagonal

## Eintrittspreise

Die Eintrittspreise zu Sehenswürdigkeiten, die im Text beschrieben werden, sind in drei Kategorien eingeteilt.

**Preiswert**: unter 4 Euro     **Mittel**: 4–8 Euro     **Teuer**: über 8 Euro

# Übernachten

Barcelona beherbergt jährlich Millionen von Besuchern und hat ein großes Angebot an Unterbringungsmöglichkeiten für alle Geschmäcker und Geldbeutel. Die Olympischen Spiele 1992 haben die Hotellerieszene verändert: Alte Paläste wurden restauriert, viele neue Hotels entstanden und ältere wurden in Schuss gebracht. Die richtigen Luxus-Hotels sind sehr teuer, aber da in der Stadt allein wegen der Messen und Kongresse ganzjährig Betrieb ist, haben sich auch Mittelklasse-Hotels etabliert. Die Kombination von Qualität und vertretbarem Preis ist nach wie vor selten, aber es gibt einige gute *Hostals* (einem preiswerten Hotel ähnlich) und Apartmenthotels für längere Aufenthalte.

## Stadtteile

Die preiswertesten Unterbringungen finden sich um das **Barri Gòtic**. Dieser lebhafte Stadtteil liegt im Herzen der Altstadt. Viele der teuren Hotels finden sich entlang der Ramblas. In Hafennähe wird die Gegend etwas schäbig, und man sollte vorsichtig sein, wenn man spät abends zum Hotel zurückkehrt. Besonders nahe der Ramblas und im Barri Gòtic kann auch Lärm ein Problem sein.

Die breiten Boulevards des **Eixample** bieten eine Reihe von Hotels der mittleren Preisklasse, aber auch hier kann es teuer werden. Manchmal geht die Erhaltung des modernistischen Stils auf Kosten moderner Einrichtung. Jenseits der Avinguada Diagonal liegt **Gràcia**, leicht erreichbar mit öffentlichen Verkehrsmitteln, aber etwas weiter entfernt von den wichtigsten Sehenswürdigkeiten.

## Reservierungen

Barcelonas steigende Beliebtheit hat den Druck auf die Hotels erhöht. **Vorausbuchung** ist sehr zu empfehlen. Falls das nicht geht, wendet man sich an das Reservierungsbüro am Flughafen, geöffnet tägl. 9–21 Uhr. Die **Haupt-Touristeninformation** an der Plaça de Catalunya (Tel. 93 285 38 34, www.barcelona turisme.com) ist ebenfalls hilfreich, hier muss ggf. eine Kaution hinterlegt werden. Das riesige Reisebüro **Halcón Viajes** (Carrer Aribau 34, Tel. 93 454 59 95) vermittelt auch Zimmer, oft im Paket mit einem Mietwagen. Der Service ist gebührenpflichtig.

## Hotelpreise

Die steigende Nachfrage der letzten Jahre hat sich auf die Preise ausgewirkt, sodass man kaum noch die früheren günstigen Wochenendraten findet. Einen nennenswerten Unterschied zwischen Haupt- und Nebensaison gibt es eigentlich nicht mehr. Man kann dennoch Glück haben, vor allem, wenn man lange sucht. Alle Hotels schlagen auf den Preis die **Mehrwertsteuer** von 7 Prozent auf. **Frühstück** ist nicht eingeschlossen, und auch die **Hotelgarage** kostet extra.

## Apartmenthotels

Kleine, abgeschlossene Apartments mit Zimmerservice eignen sich für längere Aufenthalte. Die Kosten variieren je nach Lage und Qualität. **Apartaments Calàbria** (Carrer Calàbria 129, Tel. 93 426 42 28, E-Mail: calabria@city-hotel.es) ist empfehlenswert, aber immer früh ausgebucht. Mittlere Preise zahlt man im komfortablen **Aparthotel Senator** (Via Augusta 167, Tel. 93 201 14 05, E-Mail: www.aparthotel-senator.com). Luxuriöse, modern ausgestattete Apartments bietet das **Atenea Aparthotel** (Carrer Joan Güell 207-211, Tel. 93 490 66 40, E-Mail: atenea@city-hotels.es).

## Pensionen, Privatunterkünfte
**Barcelona Allotjament** (Carrer Pelai 12, pral B, Tel. 93 268 43 57, www.barcelona-allotjament.com) vermitteln gegen Gebühr Zimmer mit Familienanschluss oder auch ganze Wohnungen. Eine andere Agentur ist **Oh-Barcelona** (Carrer Portal del Angel 42, Tel. 93 304 07 69, www.oh-barcelona.com).

## Jugendherbergen
Es gibt einige offizielle, preiswerte YHF Jugendherbergen. Nicht-Mitglieder zahlen einen Aufpreis. Die Zimmer gehen schnell weg, **Vorausbuchung** ist empfehlenswert. Zwei der besten Herbergen sind **Alberg Pere Tarres** (Carrer Numància 149–151, Tel. 93 410 23 09, www.peretarres.org) und **Alberg Mare de Déu de Montserrat** (Passeig de la Mare de Déu del Coll 41-51, Tel. 93 210 51 51, www.tu-juca.com).

## Preise
Preise für ein Doppelzimmer (ohne Steuer):
€ unter 60 Euro   €€ 60–125 Euro   €€€ 125–250 Euro   €€€€ über 250 Euro

### Hotel Actual €€€
Die Zimmer in diesem topmodernen Hotel werden dem Namen gerecht – sie sind wohlgefällig und unaufdringlich eingerichtet, haben Internetzugang und Minibars. Sie sind nicht zu groß und nicht zu klein, der Raum ist effizient genutzt. Für die Lage ist der Preis unschlagbar. Einige Zimmer sind rollstuhlgerecht.
- 200 B2  Carrer del Rosselló 238
- 93 552 05 50; www.hotelactual.com
- Diagonal

### Hotel Arts €€€€
Das turmhohe, erstklassige Ritz-Carlton inmitten eines Palmengartens in der Nähe des Strands war 1992 anlässlich der Olympischen Spiele für VIP's gebaut worden. Es hat als einziges Hotel einen Pool am Meer, verfügt über eine exquisite Inneneinrichtung mit eigens angefertigten Gemälden und eine Lobby mit kleinen Wasserfällen und Ausblicken aufs Meer. Die Preise sind ebenfalls turmhoch. Die drei oberen Etagen sind für jene handverlesenen Gäste reserviert, die besondere Ruhe und Service wünschen. Der katalanische Designer Jaume Tresserra hat diese Apartments eingerichtet.
- 197 E2  Carrer de la Marina 19-21
- 93 221 10 00; www.ritzcarlton.com/hotels
- Ciutadella

### Hotel Axel €€€
Das elegante Hotel ist in einem umgebauten modernistischen Eckhaus untergebracht. Es zieht vor allem Schwule an, die sich im Gayxample (▶ 125) tummeln wollen. Eine Cocktailbar, ein Restaurant mit wöchentlicher Drag-Show, eine Boutique für Herrenbekleidung sowie ein Fitnessclub mit Sauna und Schwimmbad ergänzen das Angebot. Die Zimmer sind luftig und geräumig, dazu mit schönen Accessoires wie Kenzo-Objekten und Alessi-Möbeln ausgestattet. Einige Zimmer haben kleine Wintergärten in den großen modernistischen Bogenfensternischen. Hotelgäste können die Bibliothek und das Konferenzzentrum mit Internetanschlüssen nutzen.
- 200 A1  Carrer d'Aribau 33
- 93 323 93 93; www.hotelaxel.com
- Passeig de Gràcia

### Hotel Banys Orientals €€
Das Hotel in kühlem Grau und Weiß bildet einen scharfen Kontrast zum angrenzenden Senyor Rarellada (▶ 93), bietet aber dieselbe makellose Qualität. Jedes der 43 Zimmer in dem historischen Gebäude ist etwas anders eingerichtet – einige mit Himmelbetten –, aber alle sind elegant und bequem und haben sehr schöne Bäder.

# Übernachten

🗺 193 E2  ✉ Carrer de l'Argenteria 37
☎ 93 268 84 60;
www.hotelbanysorientals.com
Ⓜ Jaume

## Hotel Condes de Barcelona €€€
Dieses opulente Hotel war einst eine Privatvilla aus dem 19. Jahrhundert. Es ist immer noch eine glamouröse Adresse. Die Lobby-Bar mit dem fünfeckigen Oberlicht erinnert an Art déco. Die komfortablen Zimmer haben Marmorbäder und Lärmschutzfenster. Das Hotel hat eine Dachterrasse und ein Schwimmbad. Die Zimmer im Anbau sind weniger charaktervoll als die im Hauptgebäude.

🗺 200 B1  ✉ Passeig de Grácia 75
☎ 93 445 00 00; www.hotelcondes
debarcelona.com  Ⓜ Passeig de Grácia

## Hotel España €€
Die Räume dieses beliebten Hotels in El Raval sind ein Schmuckstück modernistischen Designs. Besonders das Restaurant hat herrliche Blumenfliesen und Schnitzereien.

🗺 192 A3  ✉ Carrer de Sant Pau 9–11
☎ 93 318 17 58; www.hotelespanya.com
Ⓜ Liceu

## Hostal Jardí €€
Um hier eines der Zimmer zu bekommen, die auf einen der schönsten alten Plätze der Stadt hinausgehen, muss man sehr lange im Voraus buchen. Die Balkonzimmer sind besser ausgestattet als die übrigen, die dafür preiswerter sind. Alle Zimmer haben Telefon und Bad, doch gibt es Qualitätsunterschiede.

🗺 192 C3  ✉ Plaça de Sant Josep Oriol I
☎ 93 301 59 00
Ⓜ Liceu

## Hotel Jazz €€€
Das Hotel Jazz gehört zu einer einheimischen Hotelkette und trägt seinen Namen zu Recht, denn es ist cool, schick und lässig. Zentraler als an der Plaça de Catalunya kann man nicht wohnen. Die geräumigen, mit Designermöbeln ausgestatteten Zimmer haben zum Glück Doppelverglasungen, denn ruhig geht es draußen nicht gerade zu. Auf dem Dach gibt es einen beheizten Swimmingpool, der Ausblick von hier oben ist ein Traum.

🗺 192 B5  ✉ Carrer de Pelai 3
☎ 93 552 96 96; www.nnhotels.es
Ⓜ Catalunya

## Hostal Lausanne €
Trotz des eleganten Treppenhauses und der schmucken Veranda sind die Zimmer in diesem Hostal schlicht. Die zentrale Lage und die freundliche Bedienung wiegen das aber auf und machen dieses Haus zu einer empfehlenswerten, da preiswerten Wahl. Einige Zimmer haben einen Balkon mit Blick auf das Portal de l'Angel.

🗺 192 C4
✉ Avda del Portal de l'Angel 24
☎ 93 302 11 39
Ⓜ Catalunya

## Hostal Layetana €
Obwohl es hier auch ein paar gute, billige Zimmer gibt, sind ein paar Euro mehr gut angelegt, wenn man ein Zimmer mit Dusche, Balkon und Aussicht möchte. Die laute Lage kann abends zum Problem werden. Einige Zimmer sind behindertengerecht.

🗺 192 D3
✉ Plaça de Ramon Berenguer el Gran 2
☎ 93 319 20 12  Ⓜ Jaume I

## Hotel Le Meridien Barcelona €€€€
Dieses Hotel auf den Ramblas ist erste Wahl bei Berühmtheiten und Popstars. In klassisch modernistischem Stil gebaut, hat es eine Doppelverglasung, die den Straßenlärm dämpft. Die Zimmer sind geräumig mit großen Betten und Extras wie Fußbodenheizung im Bad. Am Abend gibt es häufig Live-Musik in der Lobby-Bar, und das Restaurant Le Patio ist wegen seine Küche empfehlenswert.

🗺 192 B4  ✉ La Rambla 111
☎ 93 318 62 00;
www.meridienbarcelona.com  Ⓜ Liceu

## Hotel Mesón Castilla €€€
Die Kombination von ruhigem, hübschem Zimmer in zentraler Lage zu annehmbarem Preis ist schwer zu

schlagen. Dieses gut geführte, mittelgroße Hotel ist reich an Art-Nouveau-Details, und einige der komfortablen Zimmer öffnen sich auf eine große Terrasse. Ein reichliches Frühstücksbüfett wird im kleinen Speisesaal oder im Innenhof angerichtet.

192 A5 ⊠ Carrer de Volldonzella 5
☎ 93 318 21 82, www.mesoncastilla.com
Ⓜ Universitat

## Hotel Neri €€€

Der gotische Palast wurde in ein todschickes Hotel umgebaut, in dem Geschmack und Komfort sich die Waage halten. Die kleine Bibliothek ist Hotelgästen vorbehalten, das ebenfalls kleine Restaurant steht mittags und abends auch anderen Leuten offen. Die luxuriösen Zimmer – einige sind Suiten – sind mit Plasmabildschirmen und CD-Playern ausgestattet. Auf dem Dach gibt es einen Swimmingpool und Sonnenliegen.

192 C3 ⊠ Carrer de Sant Sever 5
☎ 93 304 06 55; www.hotelneri.com
Ⓜ Liceu

## Hostal-Residencia Oliva €

Ein herrlich antiquierter Fahrstuhl bringt einen in den vierten Stock zu dieser *residencia* am Passeig de Gràcia. Die meisten Zimmer sind hell und luftig, einige haben Balkon. Nicht jedes hat ein Bad. Trotzdem ein guter Preis für die erstklassige Lage.

196 B5 ⊠ Passeig de Gràcia 32
☎ 93 488 01 62
Ⓜ Catalunya/Passeig de Gràcia

## Hotel Omm €€€€

Von außen wirkt das Gebäude wie ein postmoderner Verschnitt von Gaudís Casa Milà (➤ 105ff), zu der es nur ein paar Schritte sind. Im Innern hat man vor allem das Gefühl, in einem riesigen, topmodernen Palast gelandet zu sein. Jeder Teil des Hotels besticht durch klare Linien und luxuriöse Möbel, Textilien und Glasaccessoires. Die Räume sind groß, das Bad würde man nur zu gern ins eigenheim verfrachten. Das Restaurant Moo serviert eine sehr gute Auswahl an Weinen und Haute Cuisine in todschicker Atmosphäre, das Ommsession (➤ 126) darunter gehört zu den angesagtesten Nachtclubs der Stadt.

200 B2 ⊠ Carrer del Rosselló 265
☎ 93 445 40 00; www.hotelomm.es
Ⓜ Diagonal

## Hotel Palace €€€€

Gleich nach der Eröffnung im Jahr 1919 galt das Hotel Palace als »große alte Dame« von Barcelona. Zwischendurch war das luxuriöse Haus einmal ein Ritz-Hotel, doch nun hat es seinen alten Namen zurückbekommen. Die Ausstattung ist eine wahre Pracht, das mehrsprachige Personal ist auf diskrete Weise allgegenwärtig. Zu den reichen und berühmten Gästen zählte auch Salvador Dalí.

196 C5 ⊠ Gran Via de les Corts Catalanes 668 ☎ 93 510 11 30;
www.hotelpalacebarcelona.com
Ⓜ Passeig de Gràcia

## Hotel Prestige Paseo de Gracia €€€

Der Manzana de la Discordia (➤ 102ff) gegenüber steht dieses elegante Hotel mit 45 geräumigen Zimmern, einige davon mit großem Balkon. Der Name ist Programm: das minimalistische Interieur mit schicken Details, wie zum Beispiel rechteckigen Porzellanwaschbecken, wird durch Bettwäsche, Möbel und Accessoires von namhaften Designern ergänzt. Der »Frag' mich«-Service vermittelt Karten für Shows und informiert über Events.

200 B1 ⊠ Passeig de Gràcia 62
☎ 93 272 41 80;
www.prestigepaseodegracia.com
Ⓜ Passeig de Gràcia

## H10 Raco di Pii €€€

Das Hotel liegt wunderbar mitten in der Altstadt und nahe an der schönen Placa del Pi. Die 37 Zimmer sind geschmackvoll möbliert. Das Frühstück ist relativ teuer, schmeckt dafür aber köstlich. Es gibt ein Glas Sekt zur Begrüßung und tagsüber nach Belieben Kaffee und Kuchen.

192 C3 ⊠ Carrer del Pi 7
☎ 93 342 61 90; www.h10.es
Ⓜ Liceu

**Übernachten / Essen und Trinken** 39

# Essen und Trinken

Man kann in Barcelona keinen Schritt tun, ohne auf Essen zu stoßen, sei es eine Bude oder ein exklusives Restaurant. Gutes Essen gehört zum guten Ton in Barcelona, ist Teil des Lebensstils. Man ist hier sehr wählerisch, was die Qualität von Lebensmitteln und guter Küche angeht.

Katalanische Küche – die traditionelle wie auch die innovativere – ist nirgends so gut wie in Barcelona, obwohl man auch Gerichte aus anderen Regionen Spaniens bekommt. Auch der Einfluss der französischen Küche ist zu schmecken, liegt die Grenze doch sehr nahe. Die Stadt hat außerdem etliche Restaurants, die ausländische Küche bieten. Die besten Fischrestaurants Spaniens und eine auffällige Vielzahl guter vegetarischer Restaurants (➤ Kasten) finden sich in Barcelona. Man sollte auch die *tabernas catalans* (katalanische Kneipen) aufsuchen, die traditionelle Küche servieren.

## Essenszeiten

Es kann ein paar Tage dauern, bis man den Rhythmus des abendlichen Schlemmens verinnerlicht hat. Denn entweder man diniert spät oder man sitzt in einem leeren Restaurant.
- Die meisten Leute essen gegen 14 Uhr zu **Mittag**, aber oft bekommt man bis 16 Uhr Mittagsgerichte.
- Zu **Abend** isst man nicht vor 21 Uhr, das Essen wird bis Mitternacht serviert. Falls der Magen vorher knurrt, greife man zu *tapas* (➤ 13).

## Tipps rund ums Essen
- Die guten Restaurants sind immer gut besucht, besonders an Wochenenden. Eine **Reservierung** empfiehlt sich. Viele sind an Sonn- oder Feiertagen abends geschlossen, die übrigen dafür übervoll. Man sollte die lokalen Feiertage nicht vergessen; viele Restaurants bleiben auch zu Ostern und im August geschlossen.

| Die besten Fischrestaurants | Die besten vegetarischen Restaurants |
|---|---|
| Botafumeiro (➤ 122) | Biocenter (➤ 68) |
| Cal Pep (➤ 91) | Oben (➤ 92) |
| Can Ramonet (➤ 91) | L'Hortet (➤ 69) |
| Can Ros (➤ 92) | L'Illa de Gràcia (➤ 122) |
| El Rey de la Gamba (➤ 92) | |

- Wer weder Fisch noch Fleisch isst, kann auf eine gute Auswahl an Salat-, Gemüse- und Eiergerichten ausweichen. Anders als im übrigen Spanien wächst in Barcelona die Anzahl halb- und rein vegetarischer Restaurants. Probieren Sie unbedingt die katalanischen Gerichte, z. B. *espinacs Català* (Spinat mit Rosinen und Pinienkernen), *escalivada* (gegrillte Auberginen und Paprika) und, im Frühling, *calçots* (➤ 13).
- Es gibt keine feste Regel für **Trinkgelder**. Wenn man eines geben will, sind in der Regel ein bis zwei Euro mehr als genug. Die Einheimischen geben, wenn überhaupt, nur eine symbolische Summe. Sieben Prozent **Mehrwertsteuer** ist in den Preisen auf der Speisekarte enthalten.
- Wundern Sie sich nicht, wenn in traditionellen Tapas-Bars Servietten, Zahnstocher und Olivenkerne auf dem Fußboden landen. Überall wird diese Sorglosigkeit aber nicht akzeptiert. Am besten orientiert man sich an den Einheimischen.

# Erster Überblick

- Es gibt **Preisunterschiede**, je nachdem, ob man an der Theke steht oder an einem Tisch sitzt. Die höchsten Preise können für einen Tisch auf der Terrasse anfallen.

## Preiswert essen

- Zum Frühstück empfehlenswert sind *torrades* (getoastete Brötchen mit Butter oder Marmelade), *truita* (Omelette) oder *xocolata amb xurros* (Donuts mit heißer Schokolade).
- Tagsüber kann man sich mit *bocadillos* oder *entrepans* (Sandwiches), *tapas* (▶ 13) und Pizza aus Bars und Läden verköstigen.
- Lecker sind auch *llesqueries*, Sandwiches mit Käse, Aufschnitt, Sardellen oder Gemüse auf *pa amb tomàquet* (getoastetes Brot, bestrichen mit einer Mischung aus Knoblauch, Tomatenfleisch, Salz und Olivenöl). Diesen typisch katalanischen Snack probiert man am besten in La Bodegueta (▶ 107).
- In den hervorragenden Bäckerein und Konditoreien der Stadt bekommt man *ensaimades* (Hefegebäck) und andere Leckereien von der Kuchentheke. Ein Genuss sind auch die heißen *bunuelos*, Donuts mit Puderzucker vom Straßenverkäufer.
- **Fastfood** ist so allgegenwärtig wie anderswo auch. Man findet überall die bekannten Ketten. Besonders in der Altstadt haben die Imbissstände zugenommen, die Falafel und Kebab verkaufen.
- Ein *menú del dia*, ein Tagesmenü, besteht normalerweise aus drei bis vier Gängen plus Wein und ist im Preis-Leistungsverhältnis eine gute Sache. Man bekommt es oft nur mittags, aber etliche passable Restaurants bieten auch ein Abendmenü.
- Einige der preiswerten Restaurants bieten ein *plat combinat*, ein Essen, etwa Huhn mit Salat und Brot, sowie ein Getränk zu einem Festpreis.

## Getränke

Zwischen einer Bar und einem Café gibt es kaum Unterschiede; *cellars* hingegen sind spezielle Weinstuben. Anders als viele Restaurants bleiben die meisten Bars und Cafés im August geöffnet.

- Die meisten Leute trinken zu den Mahlzeiten Wein, der preiswert ist, besonders Hauswein (serviert als Flasche oder in der Karaffe). Katalonien produziert eine Reihe exzellenter Weine (▶ 14). Möchten Sie die neuesten Weine probieren, fragen Sie nach *vi novell*.
- In Barcelona gibt es viele *xampanyeries* (▶ 14). Sie sind auf Champagner und *cava* spezialisiert, den traditionellen spanischen Sekt. Man kann die verschiedenen *cavas* des Hauses glasweise probieren, entweder den süßlichen *brut* oder *brut nature*.
- In *cerveseries* bekommt man hauptsächlich Flaschenbiere wie San Miguel, Estrella oder Voll-Damm und dunkles Fassbier wie *cerveza negra*.
- *Orxateries* und *granges* bieten *orxata* an, Milch-Drinks aus Nüssen. Außerdem bekommt man *granissats* (erfrischende, gekühlte Fruchtmixgetränke), Kaffee, Kuchen, Milchshakes und *suissos* (heiße Schokolade mit Sahne).

---

### Die besten *orxateries* und *granges*
**Dulcinea** (▶ 70)
**La Pallaresa** (🟥 192 B4, Carrer Petritxol 11) – bekannt für seine *suizos*
**Orxaterie-Gelateria Sirvent** (🟥 195 E3/E4, Ronda San Pau 3, U-Bahn: Paral.lel) – einer der besten Orte, um *orxata* zu probieren
**El Tío Che** (🟥 197 bei F3, Rambla del Poble Nou 44) – betrieben seit 1912 und berühmt für seine malzigen *granissat*
**La Valenciana** (▶ 123)

**Essen und Trinken / Einkaufen** 41

# Einkaufen

Vom altmodischen Einzelhändler über modische Boutiquen bis zu glitzernden Einkaufspassagen und riesigen Kaufhäusern mit allem, was man gerade braucht oder auch nicht, Barcelona hat für jeden etwas.

## Wohin zum Einkaufen?

- **Eixample** hat die größte Dichte an Modegeschäften aufzuweisen (➤ 124f). Die **exklusiveren** Boutiquen und Läden der katalanischen, spanischen oder internationalen Modezaren reihen sich am **Passeig de Gràcia** aneinander. **Antoni Miró** ist einer der Mode-Gurus in Barcelona. Seine Kreationen vertreibt er in eigenen Läden (➤ 124), man kann sie auch sonst in einigen anderen Boutiquen finden. Auch die Designer Adolfo Domínguez und Purificación García sind auf der Edelmeile mit eigenen Läden vertreten.
- Lederwaren sucht man am besten im nördliche Teil der **Ramblas** oder in der Fußgängerzone um die **Plaça de Catalunya**. In dieser Gegend findet sich noch eine Vielzahl anderer Geschäfte und das größte Kaufhaus der Stadt, eine riesige Filiale von **El Corte Inglés**.
- **Avinguada Diagonal** ist die dritte große Einkaufsmeile. Neue Edel-Geschäfte scheinen hier wöchentlich aus dem Boden zu sprießen. Am südlichsten Ende der Diagonal (➤ 160) findet man Geschäfte international bekannter Namen sowie eine weitere Filiale von El Corte Inglés. Diagonal Mar ist ein neues Einkaufszentrum bei der U-Bahn-Station Besòs Mar.
- Wer nach **Schmuck, Glas, Textilien, Drucken** und **Bildern** sucht, dürfte in dem Straßengewirr von La Ribera und zunehmend auch El Raval fündig werden. Gràcia und Barri Gòtic sind auch einen Besuch wert. Roca (➤ 124) empfiehlt sich für Schmuck und 1748 (➤ 94) für Glas und Keramik.
- Camper's (➤ 71) ist *die* Adresse für Schuhe, Calpa (➤ 72) für Lederwaren.
- Etliche Museen in Barcelona betreiben gute Shops. Die besten sind im Museu Tèxtil i de la Indumentària (➤ 86), Fundació Joan Miró (➤ 134f), MACBA (➤ 63), CCCB (➤ 64), Fundació Antoni Tàpies (➤ 118), Museu d'Història de la Ciutat (➤ 64) und Casa Milà (➤ 105ff).
- Für ein Picknick bieten die vielen bunten Märkte der Stadt alles, was das Herz begehrt. Den **Mercat de la Boqueria** (➤ 50f) sollte man gesehen haben.
- In den **Feinkostläden** gibt es leckere Spezialitäten, etwa Wein, Olivenöl, eingelegten Fisch, Schinken, *torró* (katalanisches Nougat) und Honig. In Supermärkten ist der Einkauf preiswerter, empfehlenswert sind **Champion** auf den Ramblas (Nr. 113) oder **El Corte Inglés**.

## Öffnungszeiten

- Größere Geschäfte haben von 9 bis 21 Uhr geöffnet. Die kleineren machen über Mittag zu (*siesta* von etwa 13 bis 17.30 Uhr), schließen samstags früher und haben meist montags und eventuell den ganzen Sommer über geschlossen.
- *Fleques* (Bäcker) und *pastisseries* (Konditoreien) dürfen sonntags öffnen, ansonsten bleibt der **Sonntagseinkauf** beschränkt.

## Benimmregeln

- Die Bedienung ist in den meisten Läden unaufdringlich, lediglich in den teuren Boutiquen geht man direkt auf den Kunden zu. Das Anfassen von Obst und Gemüse wird nicht gern gesehen.
- Die traditionellen Geschäfte und Supermärkte haben eine Kasse (*caixa*), an der man ein Billet bezahlt, für das man dann seinen Einkauf ausgehändigt bekommt. In kleineren Läden wird oft gefragt, wer der Nächste ist: »Qui es l'últim?«, worauf man anwortet: »Soc io« (ich).

# Ausgehen

## Information
Informieren können Sie sich im wöchentlichen Stadtmagazin *Guia del Ocio* oder auf dessen Internetseite www.guiadelociobcn.es. *La Vanguardia*, die beste Lokalzeitung, hat auch einen Programmteil. Zwei weitere Websites empfehlen sich: www.red2000com./spain/barcelon und www.barcelonarocks.com.

## Clubs
- **Port Vell** und **Port Olímpic** (► 95f), wo Lärm keine Rolle spielt, haben sich zum Besuchermagneten unter Barcelonas Clubs gemausert; dort lässt man sich sehen, wenn es dunkel wird. Es gibt aber auch im **Eixample** und in **Gràcia** (► 125f) einige In-Clubs. Im **Born** und **El Raval** ist abends immer etwas los. Für eine typische Barcelona-Club-Nacht gehen Sie ins La Terrrazza (► 144) oder ins Torres de Avila (► 144).
- Die meisten Clubs **öffnen** zwischen 22 und 23 Uhr, vor 1 Uhr tanzt aber kaum jemand. In vielen Clubs geht es erst ab 3 Uhr richtig los.
- Einige der edleren Etablissements im Eixample oder am Wasser achten auf die **Kleidung**. In etlichen Clubs zahlen Damen keinen Eintritt.

## Oper und Musik
- Das **Gran Teatre del Liceu** (► 64) ist eines der besten Opernhäuser der Welt. Ein Abend in seinem edlen Samt- und Goldstuck-Ambiente ist ein unvergessliches Erlebnis. Der **Palau de la Música Catalana** (► 78f und 95f) bietet sowohl beeindruckende Architektur als auch erstklassige Musik. Im **L'Auditori** (► 96) treten weltbekannte Musiker auf.
- An vielen Orten in der ganzen Stadt kann man **Jazz**, **Rock**, **Pop**, **Salsa**, **Flamenco** und **Folk** hören.

## Theater, Tanz und Kino
Wenn man nicht fließend Spanisch oder Katalanisch spricht, sind die Chancen recht gering, eine Theatervorstellung wirklich genießen zu können. Viele Bühnen bieten aber auch Ballett, Tanz und Pantomime. Wer Ende Juni oder Anfang August in der Stadt ist, sollte versuchen, einer Vorstellung des Festival del Grec (► 143f) beizuwohnen.

Beim Kino sieht es anders aus. Mittlerweile zieht man in Spanien Filme mit Untertiteln den synchronisierten vor. Einige der großen Kinohäuser bringen oft englischsprachige Filme im Original. Die wichtigsten Kinos sind Meliès, Verdi und Verdi Park (► 126).

## Eintrittskarten
Zwei konkurrierende Banken, La Caixa (de Pensions) und Caixa Catalunya verkaufen Karten für Theater und andere Veranstaltungen, z. B. für das Teatre Nacional, Liceu und für das Festival del Grec. Die Verkaufsstellen heißen **Servi-Caixa** und **Tel-entrada**.

Man kann telefonisch oder per Internet bestellen und die Karten dann am Veranstaltungsort abholen. **Servi-Caixa** hat auch Ticketoutomaten neben seinen Geldautomaten, die die Tickets ausdrucken. In fast jeder Filiale der Caixa Catalunya findet sich auch ein **Tel-entrada**-Service. Einer ist auf jeden Fall im Touristenbüro an der Plaça de Catalunya. Hier werden *Last-minute*-Karten zum halben Preis gegen Barzahlung drei Stunden vor der jeweiligen Vorstellung verkauft.

**Servi-Caixa** (Tel. 902 33 22 11; www.servicaixa.com)
**Tel-entrada** (Tel. 902 10 12 12; www.telentrada.com)

# Las Ramblas und Umgebung

An einem Tag 46
Nicht verpassen! 48
Nach Lust und Laune! 63
Wohin zum ... 68

**44** Las Ramblas und Umgebung

# Erste Orientierung

Kaum eine andere Straße in der Welt ist so lebendig wie die Ramblas, ein langer Boulevard, der sich über fünf verschiedene Stadtteile erstreckt. Wenn man von der Plaça de Catalunya, Barcelonas zentralem Platz, aus in Richtung Meer schlendert, gerät man in einen nie endenden Menschenstrom.

Auf der linken Seite liegt das Barri Gòtic (Gotisches Viertel), in dem die Kathedrale einige der weltweit am besten erhaltenen mittelalterlichen Paläste und Kirchen überragt. Dahinter, im Port Vell, dem alten Hafen, beeindruckt vor allem das hochmoderne Aquarium. Es wird flankiert von hübschen Geschäften und Multiplex-Kinos. Am Ende der Ramblas, im unteren, heruntergekommenen Teil von El Raval, steht inmitten von mittelalterlichen, engen Straßen und schäbigen Gassen Antoni Gaudís schlossähnlicher Palau Güell. Der obere Teil von El Raval erfuhr dagegen eine Aufwertung und wird von dem weißen Gebäude des umstrittenen Museu d'Art Contemporàni (MACBA) beherrscht. Rund um das Museum für moderne Kunst liegen schicke Restaurants und Galerien.

**Der Straßenzug Las Ramblas erstreckt sich von der Plaça de Catalunya bis zur Kolumbus-Säule (links), von wo aus man den Hafen überblickt**

**Vorherige Seite: Der Springbrunnen in der Rambla de Canaletes**

# Erste Orientierung 45

## ★ Nicht verpassen!
- **1** Las Ramblas ➤ 48
- **4** Catedral ➤ 53
- **5** Barri Gòtic ➤ 56
- **9** Palau Güell ➤ 60

**Passeig de Colom:** Tropische Palmen verleihen der geschäftigen Küstenstraße eine exotische Atmosphäre

## Nach Lust und Laune!
- **2** El Raval ➤ 63
- **3** Gran Teatre del Liceu ➤ 64
- **6** Museu d'Història de la Ciutat ➤ 64
- **7** Museu Frederic Marès ➤ 65
- **8** Port Vell ➤ 66 L'Aquàrium de Barcelona ➤ 66
- **10** Plaça Reial ➤ 67

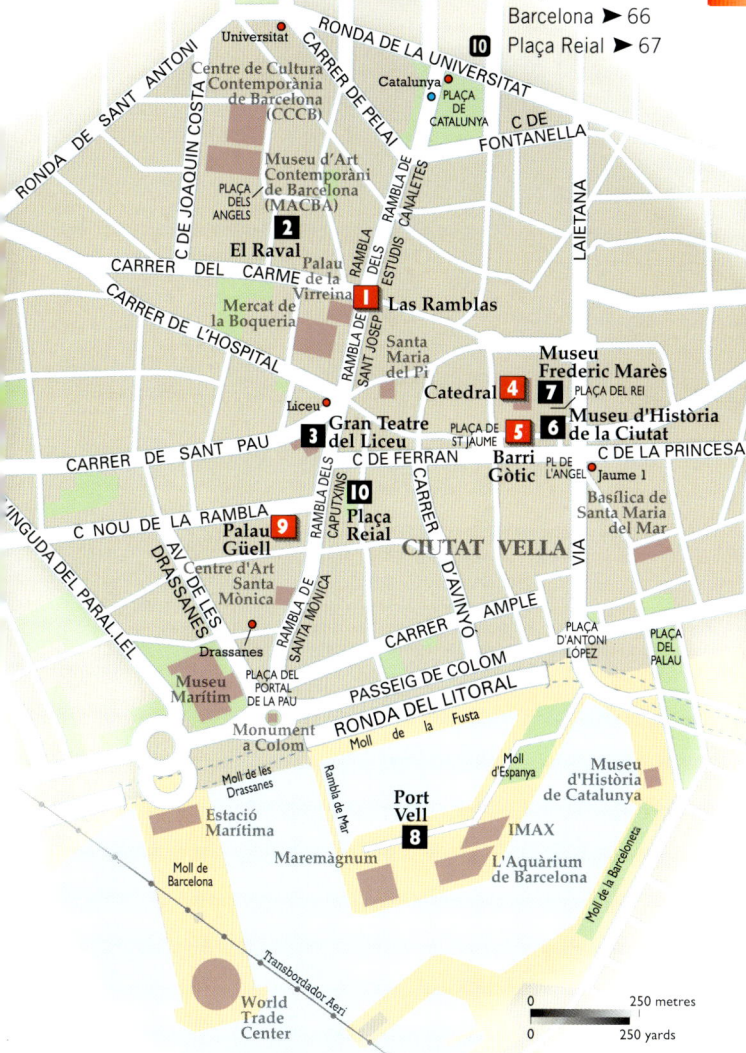

**46** Las Ramblas und Umgebung

Schlendern Sie die Ramblas entlang, entdecken Sie das Barri Gòtic mit seiner beeindruckenden Kathedrale und besuchen Sie in Port Vell das Aquarium mit seinen Wundern der Unterwasserwelt.

# Las Ramblas an einem Tag

## 9 Uhr

Brechen Sie früh auf, trinken Sie einen Kaffee im Café Zurich, einem beliebten Treffpunkt auf der Plaça de Catalunya (links). Schlendern Sie danach die um diese Tageszeit noch ruhigen ❶ **Ramblas** (➤ 48ff) hinunter bis zum ❸ **Gran Teatre del Liceu** (➤ 64). Den unteren Teil des Boulevards können Sie später erkunden.

## 10 Uhr

Der Morgen eignet sich am besten für einen Besuch in der ❹ **Kathedrale** (➤ 53ff), die Sie über die reizvolle Carrer de Portaferrissa erreichen. Nach dem Besuch der Kathedrale und der Kreuzgänge nehmen Sie den Aufzug zum Turm, um die Aussicht über das ganze Barri Gòtic zu genießen.

## 11 Uhr

Von Santa Maria del Pi aus beginnen Sie Ihre Tour durch das ❺ **Barri Gòtic** (➤ 56ff). Trinken Sie etwas in einem Café an einem der kleinen Plätze. Nach einem Abstecher zur historischen Plaça de Sant Jaume besuchen Sie die Museen an der die Plaça del Rei (➤ 56).

**An einem Tag** 47

## 13.30 Uhr

Für ein Mittagessen ist es in Barcelona zwar noch etwas früh, dafür bekommen Sie aber garantiert einen Tisch. Nehmen Sie einen Imbiss, etwa Würstchen mit Bohnen, bei La Cuineta gleich hinter der Kathedrale, oder versuchen Sie die einfache katalanische Küche im belebten Els Quatre Gats (➤ 70).

## 15 Uhr

Gehen Sie zum unteren Ende der Ramblas, um an einer Führung im ❾ **Palau Güell** (➤ 60ff; unten, bis 2008 geschl.) teilzunehmen. Gönnen Sie sich dann eine Pause an der ❿ **Plaça Reial** (➤ 67).

## 17.30 Uhr

Nun kommen Sie zum ❽ **Port Vell** (➤ 66f) am Ende der Via Laietana. Bummeln Sie durch den Yachthafen und besuchen Sie dann **L'Aquàrium de Barcelona** (oben), wo langsame Laufbänder Sie in die faszinierende Unterwasserwelt von Rochen und Haien befördern.

## 20.30 Uhr

Ein Abendessen bei Silenus (➤ 70) im schicken Raval-Viertel und ein anschließender Konzertbesuch bei **CCCB** (➤ 64) runden den Tag ab. Oder Sie nehmen vor dem Abendessen im Ca l'Isidre (➤ 68), dem Höhepunkt an Vornehmheit und Eleganz, einen weiteren Aperitif. Vielleicht werfen Sie sich auch in Schale und sehen sich im prachtvollen Gran Teatre del Liceu (➤ 64) eine Oper an.

# Las Ramblas

Wo früher ein ausgetrocknetes Flussbett lag, bewegt sich heute von morgens bis abends ein nie enden wollender Menschenstrom: Die platanenbewachsenen Ramblas haben eine magische Anziehungskraft, man kommt hierher, um zu sehen und gesehen zu werden. Man trifft sich hier auf einen Plausch, kauft Blumen ein, tauscht die neuesten Nachrichten aus, trinkt etwas oder beobachtet die Straßenkünstler. Manche schließen sich auch einfach dem Strom der Massen an, die die Ramblas hinauf- oder hinunterflanieren. Der Boulevard ist nicht nur die bekannteste Straße Barcelonas, er bietet auch ein ununterbrochenes Schauspiel.

**Las Ramblas**
- 192 B1–B5
- Catalunya, Liceu, Drassanes, FGC Catalunya
- 14, 38, 59, 91, N9, N12

**Palau de la Virreina**
- 192 B4
- 93 316 10 00; www.bcn.es/virreinaexposicions
- Di–Sa 11–20.30 Uhr, So und feiertags 11–15 Uhr
- Liceu  14, 59, 91
- Ausstellungen: preiswert

**Mercat de la Boqueria**
- 192 B4
- 93 318 25 84
- Mo–Sa 8–20.30 Uhr
- Liceu  14, 59, 91

**Monument a Colom**
- 192 A1
- 93 302 52 24
- Mai–Okt. 9–20.30, sonst 10–18.30 Uhr
- Drassanes
- 14, 36, 57, 59, 64, 91
- preiswert

**Las Ramblas** ⭐ 49

Die Ramblas führen Sie von der Plaça de Catalunya, dem größten Platz Barcelonas, bis zum Hafen, wo sich das Monument a Colom (die Kolumbus-Säule ➤ 52) wie ein riesiges Ausrufezeichen erhebt. Die Ramblas sind zwar nur wenig mehr als einen Kilometer lang, doch es gibt so viel Sehenswertes zu bestaunen, dass Sie sich viel Zeit nehmen sollten. Seit die alten Stadtmauern um das Barri Gòtic im 18. Jahrhundert abgerissen und die ersten Straßenlaternen aufgestellt wurden, sind die Ramblas eine berühmte Promenade. Obwohl sich viel verändert hat, ist der Straßenzug noch immer vom Charakter des 19. Jahrhunderts geprägt, als das Opernhaus, der Markt und die gusseisernen Blumenstände errichtet wurden.

## Rambla de Canaletes

Oben: Modernistisches Mosaik

Links: Straßenkunst von Joan Miró

Obwohl die Ramblas meist als eine einzige lange Promenade gesehen werden, lassen sie sich in fünf Abschnitte aufteilen. Am oberen Ende, gleich an der Plaça de Catalunya, befindet sich die Rambla de Canaletes, die nach einem bronzenen Brunnen benannt ist. Wer von dieser Quelle trinkt, wird unweigerlich nach Barcelona zurückkehren, so die Legende. Für ein kleines Entgelt können Sie hier auf einem wackeligen Stuhl sitzen und das bunte Treiben auf der Straße beobachten. Oder Sie hören den alten Männern zu, die über Politik und Fußball diskutieren. Auf diesem Abschnitt der Ramblas gibt es auch riesige, bunkerartige Kioske, die internationale Zeitungen und Zeitschriften verkaufen.

## Rambla dels Estudis

Das Erscheinungsbild der Ramblas verändert sich mehrmals, wenn Sie weiter in Richtung Hafen hinuntergehen. Nach der ersten Straßenkreuzung beginnt die Rambla dels Estudis, auch bekannt als Rambla dels Ocells (*ocell* ist Vogel auf Katalanisch). Rund ein Dutzend Stände verkaufen hier Kanarienvögel, Wellensittiche und Papageien, die in meist viel zu engen Käfigen untergebracht sind.

Die imposante Barockkirche **Església de Betlem** befindet sich an der Ecke zur Carrer del Carme. Leider wurde ihre prachtvolle Innenausstattung im Bürgerkrieg zerstört. Die Kirche stammt aus dem späten 17. Jahrhundert, als die Ramblas noch nicht Barcelonas Hauptstraße waren. Die strenge Fassade und der herrschaftliche Eingang befinden sich deshalb nicht in einer Nebenstraße. Die geschäftige Carrer de Portaferrissa auf der linken Seite führt direkt zur Kathedrale (➤ 53ff) und zum Barri Gòtic (➤ 56ff).

## Was bedeutet ...

*rambla*? Im Spanischen steht dieser Begriff für »Hauptpromenade«. Das Wort leitet sich jedoch vom arabischen *raml* »Flussbett« ab. Ursprünglich waren damit die Abwasserkanäle gemeint, die es in vielen katalanischen Städten gab. Meist waren sie ausgetrocknet und nur nach heftigen Regengüssen mit Wasser gefüllt. Überdies ist sogar ein neues, eigenes katalanisches Verb entstanden: *ramblejar* bedeutet, auf den Ramblas spazieren zu gehen.

*Blumenstände auf der Rambla de Sant Josep, auch Rambla de les Flors genannt*

## Rambla de Sant Josep

Gleich danach beginnt die Rambla de Sant Josep mit ihren farbenprächtigen Blumenständen, die man deshalb auch Rambla de les Flors nennt. Große Auslagen mit Schnittblumen, Topfpflanzen, Sträuchern und sogar großen Palmen schmücken hier die Gehwege. Die Nummer 99 auf der rechten Seite ist der aus dem späten 18. Jahrhundert stammende **Palau de la Virreina**, den der peruanische Vizekönig für seine Frau Maria Francesca erbaute. Angeblich soll sich der Vizekönig in die Braut seines Neffen verliebt und ihr an ihrem Hochzeitstag gesagt haben, er würde sie gerne selbst ehelichen, wäre er nicht so alt. Sie soll entgegnet haben, sie habe in einem alten Kloster gelebt, das ihr dennoch immer sehr gefallen habe. Den Wink verstehend, habe er sie geheiratet, und der Neffe hatte das Nachsehen. Später machte der Vizekönig sein Glück in Lima – wo er eine Geliebte hatte. Als seine Frau davon erfuhr, baute er ihr zur Versöhnung den Palast, wobei er vergaß, dass sie ältere und nicht neue Dinge schätzte. Heute beherbergt der Palast das Touristenbüro, wo man Karten für kulturelle Veranstaltungen kaufen kann; außerdem finden Ausstellungen statt.

*Sonnenschirmmotive schmücken die Fassade der Casa Bruno Quadros, einem ehemaligen Schirmgeschäft auf der Rambla de Sant Josep*

Etwas weiter unten auf der rechten Seite befindet sich Barcelonas zentraler Markt, der **Mercat de la Boqueria**. Obwohl er offiziell Mercat de Sant Josep heißt, nennt man ihn gemeinhin La Boqueria (die Fleischerei). Das aus Glas und Eisen errichtete Marktgebäude zeigt am Eingang an den Ramblas modernistische Elemente. Die Spitzenköche der Stadt kommen hierher, um frische Produkte zu kaufen. Auch für ein Picknick ist dies die richtige Einkaufsadresse, um sich mit Käse, Oliven und Tomaten einzudecken.

*Eine Fülle an frischen Produkten wird auf dem Mercat de la Boqueria, dem zentralen Markt, angeboten*

# Las Ramblas

Auf der anderen Straßenseite (Nummer 82) befindet sich die **Casa Bruno Quadros** (1883–85), die einst ein Schirmgeschäft und heute eine Bank beherbergt. Sonnenschirmornamente schmücken die Fassade, die im Übrigen im orientalischen Stil mit Drachen und Laternen verziert ist. Im Mittelalter wurden an dieser Stelle Verbrecher gehängt.

## Rambla dels Caputxins

Auf der Mitte der Ramblas befindet sich die Pla de l'Os. Hier beginnt nicht nur die Rambla dels Caputxins, sondern es bietet sich auch die seltene Gelegenheit, über ein Werk moderner Kunst regelrecht hinwegzulaufen: Joan Mirós **Mosaic** (1976) lädt die Besucher geradezu zum Betreten ein. Hier werden der Ramblas noch lebhafter: Straßenmusikanten, Zauberkünstler und mit reichlich Goldfarbe bemalte lebende Statuen konkurrieren um die Aufmerksamkeit der Passanten. Das **Gran Teatre del Liceu** (▶ 64), die Oper Barcelonas, erstreckt sich zwischen der Carrer de Sant Pau und der Carrer Unió. Auf der rechten Seite, ein Stück entlang der Carrer Nou de la Rambla, befindet sich der **Palau Güell** (▶ 60ff) und direkt gegenüber die **Plaça Reial** (▶ 67).

## Rambla de Santa Mònica

Auf der Rambla de Santa Mònica, kurz vor dem Hafen, lösen Porträtmaler die Performancekünstler ab. Wie oft in Hafenstädten, so ist auch in Barcelona die Hafengegend etwas heruntergekommen und schmuddelig. Drogenhändler, Transvestiten und Prostituierte bieten hier abends, wenn auch weniger auffällig als noch vor ein paar Jahren, ihre Dienste an. Manchem Besucher flößt das Viertel Unbehagen ein, für Spaziergänger ist es aber eigentlich sicher – man sollte jedoch auf seine Geldbörse achten. In diesem Straßenabschnitt befindet sich auch das **Centre d'Art Santa Mònica**, eine avantgardistische Kunstgalerie, die in einem umgebauten Kloster untergebracht ist.

Straßenmusikanten machen einen Spaziergang auf den Ramblas zu einem wahren Kunstgenuss

## Monument a Colom

Am Ende der Ramblas in der Mitte der Plaça del Portal de la Pau steht das 1888 zur Weltausstellung errichtete Monument a Colom (Kolumbus-Säule). Das 60 Meter hohe Denkmal wird von einer Statue Christoph Kolumbus (▶ 24) gekrönt, die auf das Meer hinausweist. Von der Besucherplattform aus, die zu Füßen der Figur liegt, kann man über die Stadt und den Hafen blicken. Die Tauben sind dem großen Entdecker gegenüber allerdings eher respektlos und sorgen dafür, dass er stets eine weiße Perücke trägt. Um den Panoramablick genießen zu können, muss man den Aufzug nehmen. Schade nur, dass die ins Glas geritzten Liebesbekundungen die Sicht behindern.

### KLEINE PAUSE

Ein wirklich frisch zubereitetes Essen bekommt man im **Garduña** (Carrer Jerusalem 18, Tel. 93 302 43 23), einem zwei Stockwerke hohen Restaurant gleich hinter dem Markt La Boqueria. Sie können unten in der überfüllten Bar essen oder in der etwas ruhigeren oberen Etage. Empfehlenswert ist der Fisch, entweder mit Kräutern gegrillt oder als *zarzuela* (Fischeintopf) serviert.

**Von der Kolumbus-Säule hat man einen schönen Blick über Stadt und Hafen**

---

### LAS RAMBLAS: INSIDER-INFO

**Top-Tipps:** Die Menschenmassen, der Trubel und die große Zahl an Touristen bringen eine gewisse **Kleinkriminalität** mit sich, vor allem in der Hafengegend. Lassen Sie sich Ihren Aufenthalt nicht von einem der ansonsten harmlosen Taschendiebe verderben. Achten Sie immer auf Ihre Wertsachen, lassen Sie sich nicht ablenken, und seien Sie auf der Hut, wenn Ihnen bestimmte Verhaltensweisen verdächtig vorkommen.

**Muss nicht sein!** So verführerisch die Werbeplakate oder die dralle Blondine, die auf der Straße Flugblätter verteilt, auch sein mögen – das **Museu de l'Eròtica** (Rambla de Sant Josep 96) können Sie ruhig auslassen. Die Ausstellung ist einfallslos präsentiert und nicht einmal sonderlich erotisch.

**Geheimtipp:** Eine völlig andere Atmosphäre herrscht an der **Rambla de Catalunya** (196 B5) mitten in Eixample, oberhalb der Plaça Catalunya, am Rande der eigentlichen Ramblas. Die Cafés sind hier zwar teurer und die Geschäfte geradezu unverschämt nobel. Doch wenn Ihnen die Massen einmal auf die Nerven gehen, finden Sie hier etwas Ruhe – auch für einen ruhigen Nachmittagsspaziergang geeignet.

# Catedral

In religiöser wie auch geografischer Hinsicht das Zentrum des Barri Gòtic bildet die große Kathedrale. Sie ist ein schönes Beispiel für die Architektur der katalanischen Gotik. Die schattigen Kreuzgänge sind eine Wohltat, und vom Dach aus können Sie die benachbarten mittelalterlichen Gebäude bewundern.

Auf den ersten Blick ist die Fassade der Kathedrale sehr beeindruckend. Schaut man genauer hin, stellt man jedoch fest, dass es sich um einen neogotischen Zusatz aus dem späten 19. Jahrhundert handelt. Verglichen mit den formklaren, typisch katalanischen Kirchen wie etwa die Basílica de Santa Maria del Mar (▶ 80f) oder Santa Maria del Pi (▶ 59) oder gar dem Altarraum der Kathedrale selbst wirkt die Fassade mit ihren filigranen Steinbögen und schlanken Spitztürmchen eher nord- als südeuropäisch. Bei Sonnenuntergang entfaltet die Catedral eine magische Wirkung. Für die Reinigung von Umweltschäden wird die Fassade manchmal eingehüllt.

**Die Fassade, ein Werk des 19. Jahrhunderts**

193 D3  Plaça de la Seu  93 342 82 60  tägl. 8–12.15, 17.15–19.30 Uhr; Kreuzgang und Chor öffnen etwas später und schließen etwas früher  Jaume I, Liceu  17, 19, 40, 45
Kathedrale: frei; Chor, Krypta und Aufzug: preiswert

**Museu de la Catedral (in der Sala Capitualar oder im Domkapitel)**
 tägl. 10–13 Uhr  preiswert

## Das Kircheninnere

Der Innenraum der Kathedrale geht auf das 14. Jahrhundert zurück: Der große Raum weist zwei breite Seitenschiffe auf, fast ebenso breit wie das Hauptschiff, das sich gen Himmel erstreckt. Gleich am Eingang, auf der rechten Seite, befindet sich die **Taufkapelle**, wo die sechs Ureinwohner Amerikas, die Christoph Kolumbus 1493 aus der Neuen Welt mitbrachte, getauft wurden.

Das Hauptaugenmerk sollte man jedoch auf das **Chorgestühl** legen (zusätzliche Eintrittskarte), dessen fein geschnitztes Gestühl aus dem 14. Jahrhundert stammt. Hier fand 1519 die Versammlung der Ritter des Ordens des Goldenen Vlies statt, eine Art frühes europäisches Gipfeltreffen, einberufen von Karl V. Anwesend waren der englische König Heinrich VIII. und eine Heerschar europäischer Monarchen. Sehen Sie sich die königlichen Wappen auf den Rückseiten der Stühle an. Die raffinierte hölzerne **Kanzel** aus dem Jahre 1403 wie auch der italienische Renaissance-**Wandschirm** (1519-64) des Chors sind Meisterstücke. Die Eintrittskarte für den Chor gilt auch für die **Krypta**. Hier befindet sich neben anderen Reliquien ein wunderbarer Alabaster-Sarkophag (1327), der die Überreste der heiligen Eulàlia, Barcelonas Schutzpatronin, enthalten soll. Die Märtyrerin aus dem 4. Jahrhundert war als 13-Jährige zum Christentum übergetreten und musste deshalb unsagbare Qualen durch den römischen Herrscher Datianus erleiden.

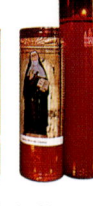

*Die dunkle Kathedrale wird durch farbige Kerzen erhellt*

*Die gen Himmel strebende Architektur ist ein typisches Merkmal der katalanischen Gotik*

*Der wunderschöne Kreuzgang ist für viele Besucher der Höhepunkt*

**Catedral** ★ 55

## Der Kreuzgang
Der Kreuzgang ist für viele Besucher der schönste Teil der Kathedrale. Orangenbäume und Mispeln, glänzende Magnolien und üppige Palmen harmonieren auf wunderbare Weise mit den floralen Motiven der prächtigen gotischen Bildhauerkunst, die teilweise aus dem 14. Jahrhundert stammt. Ein bemooster **Springbrunnen** in der Mitte des Kreuzgangs, dessen Wasser in einen smaragdgrünen Teich plätschert, wird von einem steinernen Tabernakel gesäumt, der mit einer Darstellung des heiligen Georg (Kataloniens Schutzheiligen) und des Drachen geschmückt ist. Im Kreuzgang lebt eine Schar Gänse. Ursprünglich waren es 13 – für jedes Lebensjahr der heiligen Eulàlia eine. Man sagt, dass hier die römische Tradition wieder aufgenommen wurde, Gänse (wie einst am Kapitol) als lautstarke Bewacher einzusetzen; einer anderen Legende nach sollen die weißen Federn die Jungfräulichkeit der Märtyrerin symbolisieren.

Auf der anderen Seite des Kreuzgangs findet man die einfache, romanische **Kapelle der Santa Llúcia** (13. Jahrhundert), die viele Gläubige zum Beten aufsuchen. Von dieser Seite aus sehen Sie die hübsche **Casa de l'Ardiaca** aus dem 15. Jahrhundert, in der heute das Stadtarchiv untergebracht ist. Ein bemerkenswertes Detail des Palasts befindet sich an seiner Außenwand: ein mit Schwalben und einer Schildkröte verzierter Briefkasten.

*Die Steinverzierungen an der Außenseite der Kathedrale verdienen größere Aufmerksamkeit*

## Auf dem Dach der Kathedrale
Besteigen Sie den Turm, um die wunderbare Aussicht zu genießen. Auch ein Blick auf die schönen Glockentürme aus dem späten 19. Jahrhundert lohnt sich. Der Eingang zum Aufzug befindet sich links hinter dem Chorgestühl.

### KLEINE PAUSE
Das erste Auftragswerk Pablo Picassos war die Gestaltung der Speisekarte des **Els Quatre Gats** (▶ 70), einst Treffpunkt der Bohemiens von Barcelona. Es gibt Kaffee, Imbisse und preiswerte Mahlzeiten.

---

### CATEDRAL: INSIDER-INFO

**Top-Tipps:** Besuchen Sie die Kathedrale an einem **sonnigen Tag**. Es ist besonders schön, wenn die Sonne durch die bunten Fenster des Mittelschiffs fällt und die Palmen und Büsche des Kreuzgangs bescheint. Jeden Sonntag von 12 bis 14 Uhr kann man auf dem Platz vor der Kathedrale eine **sardana** (katalanischer Volkstanz) sehen. Die Tänzer werden von einer Kapelle (*cobla*) begleitet, die aus Sopran- und Tenor-Oboe, *flabiol* (lange Flöte) und einem *tambori* (Schlagzeug) besteht.

**Muss nicht sein!** Das **Museu de la Catedral** im Kapitelsaal, das man vom Kreuzgang aus erreicht, kostet Eintritt und zeigt eher schlichte religiöse Gemälde.

**Geheimtipp:** Beachten Sie die **Steinmetzarbeit** am Portal, das auf die Plaça de Sant Lu hinausführt. Diese Arbeiten sind die ältesten an der Außenseite der Kathedrale.

**Las Ramblas und Umgebung**

# Barri Gòtic

Ein Labyrinth verschlungener mittelalterlicher Gassen und eine Vielzahl sonniger Plätze vor ehrwürdigen Kirchen und verschwenderischen Palästen drängen sich rund um die Kathedrale. Das Barri Gòtic (Gotisches Viertel), einst von Besuchern völlig übersehen, wurde in den Zwanzigerjahren aufwändig restauriert und hat jetzt viel von seinem alten Glanz zurückgewonnen. Einige der besten Museen der Stadt befinden sich an der Plaça del Rei. Das wunderschöne Ajuntament (Rathaus) und der Palau de la Generalitat (Regierungspalast) stehen sich auf der Plaça de Sant Jaume, dem monumentalen, historischen Herzen Barcelonas, gegenüber.

*Unten: Plaça del Rei, ein Platz wie eine Filmkulisse*

*Rechts: Die Seufzerbrücke ist ein Stück neogotischer Architektur der Zwanzigerjahre*

## Plaça del Rei

Nördlich der Kathedrale liegt die Plaça del Rei, umrahmt von den stattlichen Gebäuden des Palau Reial, des früheren königlichen Palasts. Im Mittelalter wurde hier mit Heu und Mehl gehandelt. Später nutzten die Schmiede den Platz. Dabei machten sie so viel Krach, dass der königliche Hof fortzog.

Der **Mirador del Rei Martí** (König Martins Wachturm) aus der Mitte des 16. Jahrhunderts und das schlanke Türmchen der **Capella de Santa Àgata** aus dem 14. Jahrhundert überragen den Platz. Die Gebäude können im Rahmen des Besuchs des Museu d'Història de la Ciutat (▶ 64f) besichtigt werden.

Wenn Sie in Richtung Mirador blicken, befindet sich auf der linken Seite das streng anmutende **Palau del Loctinent**, das im Jahre 1549 als offizielle Residenz des katalanischen Vizekönigs erbaut wurde. Inmitten der Tauben und Straßenmusikanten sehen Sie **Topo** (1985), eine abstrakte Skulptur des baskischen Künstlers Eduardo Chillida. Die Skulptur gleicht dem Buchstaben »B«, das für Barcelona stehen könnte.

🞢 193 D3
🚇 Jaume I, Liceu 🚌 17, 19, 40, 45, N8

**Ajuntament**
☎ 93 402 70 00
🕐 So 10–13.30 Uhr 🎫 frei

**Palau de la Generalitat**
☎ 93 402 46 00
🕐 jeder 2. und 4. So eines Monats außer Aug. 10.30–13.30 Uhr, 23. Aug. (St. Georgstag), 11. Sept. (katalanischer Nationalfeiertag), sowie 24. Sept. (La Mercè) 🎫 frei

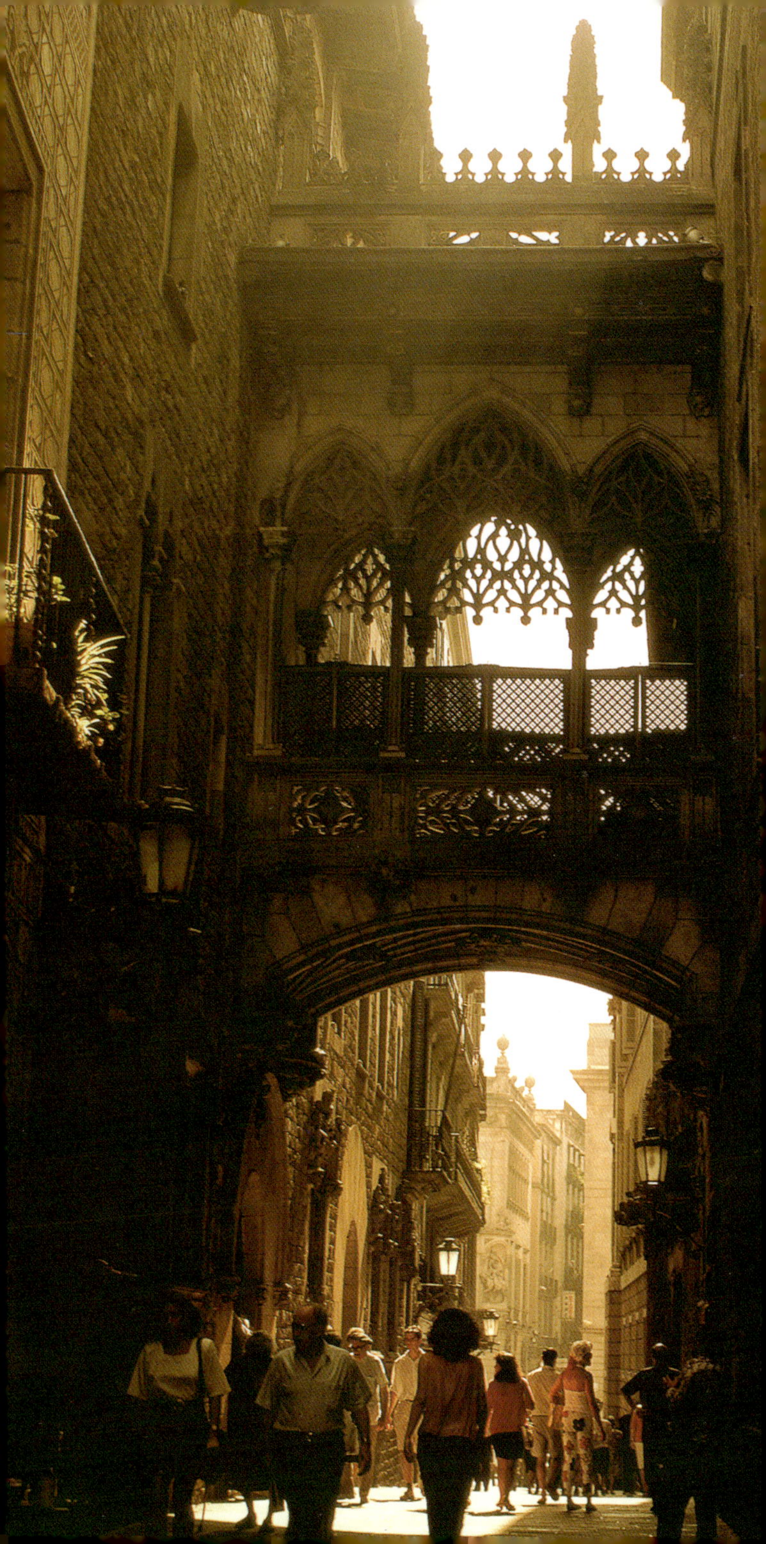

## Plaça de Sant Jaume

Die nahe **Plaça de Sant Jaume**, das historische und politische Zentrum der Altstadt, ist im Gegensatz zur engen und ruhigen Plaça del Rei groß und weitläufig. Schon zu römischer Zeit gab es hier eine Straßenkreuzung; heute verläuft die geschäftige Carrer de Ferran über den Platz. Zwei alte Rivalen, die Casa de la Ciutat (oder **Ajuntament**) und der **Palau de la Generalitat** stehen sich auf dem gepflasterten Platz gegenüber. Das Ajuntament beherbergt die linksgerichtete Stadtregierung, Letzterer ist Sitz der streng-konservativen katalanischen Regierung. Beide Bauwerke wurden im Laufe der Jahrhunderte nach und nach vervollständigt; so fügte man im 19. Jahrhundert die ungewöhnlichen, klassizistischen Fassaden hinzu. Beide Gebäude stehen Besuchern offen. Im Ajuntament findet man außergewöhnliche Kunst: Das Wandgemälde im **Saló de les Cròniques** (Chroniksaal) von Josep Maria Sert aus dem Jahre 1928 stellt große Momente der katalanischen Geschichte dar. Sert gestaltete später das Rockefeller Center in New York. Im Palau de Generalitat kann man Fresken von J. Torres-Garcia bewundern, die klassische Gleichnisse zeigen und typisch für die Noucentisme-Bewegung sind. Highlight des Palau de la Generalitat ist jedoch der Innenhof, der **Pati de Tarrongers** (Orangenbaumhof), mit seinen filigranen Renaissancesäulen und den lieblich duftenden Orangenbäumen.

Unten: Die Heiligenstatuen erinnern daran, dass hier das religiöse Herz Barcelonas schlägt

Links: Eine spontane *sardana* auf der Plaça de Sant Jaume vor dem Palau de la Generalitat

Der Palau de la Generalitat ist mit der **Casa dels Cononges**, einem Häuserensemble aus dem 14. Jahrhundert, in dem einst die Domherren untergebracht waren, durch die Brücke über der Carrer del Bisbe verbunden. Die Casa dels Cononges ist heute die offizielle Residenz des katalanischen Ministerpräsidenten. Von weitem erscheint die Brücke gotisch – doch die Brücke, die der Seufzerbrücke in Venedig nachempfunden ist, wurde erst in den Zwanzigerjahren errichtet, als das Mittelalter gerade in Mode war. Damals wurde das Viertel als »Barri Gòtic« bekannt.

**Die Fassaden im Barri Gòtic sind mittelalterlich**

## Santa Maria del Pi

Die Kirche Santa Maria del Pi, direkt an den Ramblas, entstand im 14. und 15. Jahrhundert und ist ein Meisterwerk gotischer Baukunst. Das Innere, ein großer Raum ohne Seitenschiffe, beeindruckt durch seine Schlichtheit. Die prachtvolle, bunte Fensterrosette ist sehr imposant und taucht den Kirchenraum in farbiges Licht. Drei kleine Plätze gruppieren sich um die Kirche (die **Plaça del Pi**, wo sich der Haupteingang befindet, die **Plaça Sant Josep Oriol** und die **Placeta del Pi**). Wenn Sie über die Plätze gehen, sehen Sie das schlichte Äußere der Kirche. Am Wochenende und in den Sommermonaten sind die Plätze voller Musikanten und Künstler, und von einem der Cafés aus lässt sich das bunte Treiben gut beobachten. An jedem ersten Freitag des Monats bieten Straßenstände Wurst, Käse und andere lokale Spezialitäten.

**Die Fensterrosette in Santa Maria del Pi**

### KLEINE PAUSE

Die **Bar del Pi** (Plaça Sant Josep Oriol 1, Tel. 93 302 21 23) ist drinnen meist voll, deshalb sollten Sie sich draußen auf dem hübschen Platz einen Tisch suchen und sich von den Straßenkünstlern unterhalten lassen. Die Tapas-Auswahl ist begrenzt, aber gut.

---

### BARRI GÒTIC: INSIDER-INFO

**Top-Tipp:** Wenn Sie mehr über gotische Architektur wissen möchten, sollten Sie einen Spaziergang auf dem **Barri Gòtic**-Pfad (▶ 170ff) unternehmen.

**Geheimtipps:** das **Museu Diocesà** (Diözesan-Museum, 🕀 193 D3, Avinguda de la Catedral, Tel. 93 315 22 13, Di–Sa 10–14, 16–20 Uhr, So und Feiertage 11–14 Uhr, mittel). Der Gebäudekomplex vereinigt romanische Architektur mit Elementen der Renaissance und späterer Epochen. Gelegentlich gibt es hier interessante Ausstellungen sakraler Kunst. Die Dauerausstellung wirkt etwas unübersichtlich, man findet aber Schätze religiöser katalanischer Kunst, wie etwa die Altäre von Bernat Martorell. Schauen Sie sich auch sein Altarbild mit der Darstellung Johannes des Täufers an!
• Das **Museu del Calcat** (Schuhmuseum, 🕀 192 C3, Plaça de Sant Felip Neri 5, Tel. 93 301 45 33, Di–So 11–14 Uhr, preiswert) ist eine Kuriosität. Berühmte Menschen, wie zum Beispiel der Cellist Pau Casals (▶ 26), haben dem Museum ihre Schuhe überlassen. Witzig ist auch der in der Ausstellung gezeigte Schuh, der groß genug für die Kolumbus-Statue ist.

# Palau Güell

Der Palau Güell ist von überquellendem Detailreichtum. Die überaus verspielte Innenausstattung ist erhalten geblieben (wegen Renovierung nur zum Teil zu besichtigen). Sie wirkt noch genauso wie zur Zeit der Fertigstellung des Baus 1890.

Als der vermögende Industrielle Eusebi Güell i Bacigalupi und seine adelige Frau entschieden, in die Carrer Nou de la Rambla zu ziehen, um in der Nähe seines Elternhauses auf den Ramblas zu wohnen, versetzten sie die Gesellschaft Barcelonas in Erstaunen. Nicht nur, dass man gemeinhin die besseren Adressen in Eixample, dem neuen Wohngebiet am Rande der Stadt, vorzog: Das neue Haus der Güells lag überdies am Rande des Prostituiertenviertels El Raval; gleich gegenüber befand sich das Eden Concert, ein Cabaret-Bordell (heute ein mehrstöckiges Parkhaus). Die schmuddelige Nachbarschaft und das noch dazu unebene Stück Land wäre für die meisten Architekten eine nicht zu bewältigende Herausforderung gewesen, doch Gaudí nutzte diese Widrigkeiten und schuf ein Meisterwerk.

*Gaudís Genie manifestiert sich in seinem Werk: mittelalterliche Festung und verschmitzte Phantasie zugleich*

### Der Schein trügt

Lassen Sie sich nicht von der strengen Fassade abschrecken: Der kühle Kalkstein, die fallgitterartigen Eisentore, die grimmig dreinblickenden, schmiedeeisernen Drachen waren dazu gedacht, unerwünschte Besucher fern zu halten – und davon gab es viele.

Die gotischen, festungsähnlichen Fenster, die parabolischen Rundbögen und Türen sind hinter Metallgittern verborgen – und erfüllten damit einen doppelten Zweck: Sie dienten als Schutz und bewahrten die Privatsphäre. Später wurden sie zu einer Art Markenzeichen modernistischer Architektur. Die Fliesen des Innenhofs wirken wie Stein, tatsächlich aber sind sie aus Holz (schottische Kiefer), sodass sie das Geräusch von Pferdehufen dämpften. Im Innern erzeugen Fensterattrappen – indirekt beleuchtete Glasscheiben – den Eindruck großer Geräumigkeit. Dazu kommen Erker und Erkerfenster, Zwischengeschosse, versteckte Kapellen und Geheimgänge; einer davon führt zum Elternhaus Güells.

---

192 A2
Carrer Nou de la Rambla 3–5 ☎ 93 285 38 34
Di–Sa 10–14.30 Uhr; Feiertage geschl.;
Außenbesichtigung uneingeschränkt möglich
Liceu   14, 18, 59
frei

## Rundgang

Zu Beginn des 20. Jahrhunderts wurde der Palast der Stadt Barcelona gestiftet. Er ist für die Öffentlichkeit zugänglich, kann allerdings ausschließlich im Rahmen einer Führung besichtigt werden. Diese Rundgänge werden regelmäßig zu verschiedenen Tageszeiten und in verschiedenen Sprachen (Spanisch, Katalanisch und Englisch) angeboten. Obwohl das Gebäude während des Bürgerkriegs als Untersuchungsgefängnis genutzt wurde und später ein Teil der Schauspielschule war, ist seine Innenausstattung im Wesentlichen unversehrt. Es existieren sogar noch einige der Originalmöbel Gaudís.

Die einstündige Führung beginnt im Keller mit den Stallungen, die über eine Rampe vom Innenhof aus zu erreichen sind. Pilzförmige Steinsäulen stützen die Decke und erzeugen eine gruftartige Atmosphäre. Zurück im Erdgeschoss, können Sie die große Granittreppe bewundern. Im Hauptgeschoss befinden sich der Empfang, der Speisesaal und die Privaträume. Fast alles ist noch genauso wie zu der Zeit, als die Familie Güell hier wohnte. Das Spektakulärste des Hauses ist der Salon, der drei Stockwerke hoch ist und von einer perforierten Kuppel gekrönt ist, die an das Dach eines türkischen Bades erinnert.

Der Palast zeichnet sich durch die Detailfülle und die Qualität der Materialien aus: Große Teile der Steine, der Metallarbeiten, Glas und Keramik wurden in den Fabriken der Familie Güell hergestellt. Buche und

**Im Inneren des Palau Güell bediente sich Gaudí vieler Kunstgriffe, um den Eindruck von Geräumigkeit zu vermitteln**

**Unten:** *Trencadí* **(Keramikfragmente) schmücken die Schornsteine des Palasts**

## Las Ramblas und Umgebung

*Links: Den Hauptturm des Palau Güell schmückt eine witzige Wetterfahne*

Ebenholz, Walnuss und Teak sind nur einige Holzarten, die für Decke, Fenster, Gitterrahmen und Möbel verwendet wurden. Polierter Granit, Alabaster und blutroter Marmor fanden für Bäder und Säulen Verwendung.

Zum Schluss der Führung kommen Sie auf das **Dach**, wo verschwenderisch viele Schornsteine und Türmchen mit *trencadí* (Mosaik aus Fragmenten farbiger Keramikfliesen) überzogen sind. Der Blick über El Raval und den Hafen ist großartig.

### KLEINE PAUSE
**Les Quinze Nits** (Plaça Reial 6, Tel. 93 317 30 75) ist unübertroffen, bietet es doch modernes katalanisches Essen zu kleinen Preisen in eleganter Umgebung. Reservierung ist nicht möglich.

### Auf die Finger geschaut
Gaudís Gönner und Förderer, der Industrielle Eusebi Güell i Bacigalupi, gab mehrere Bauprojekte in Auftrag, die seinen Namen tragen. Man sagt, er sei auf Gaudí durch eine Glasvitrine für Handschuhe aufmerksam geworden, die dieser im Jahr 1878 für die Weltausstellung anfertigte.

### PALAU GÜELL: INSIDER-INFO

**Top-Tipp:** Wegen einer Generalrenovierung ist der Palast nur zum Teil zu besichtigen. Bis zur kompletten Wiedereröffnung sind einige der hier gemachten Angaben eventuell nicht gültig.

**Geheimtipp:** Achten Sie auf die **eiserne Fledermaus-Wetterfahne** auf dem mittleren Dachturm: ein besonders dekoratives Stück.

# Nach Lust und Laune!

## ❷ El Raval

Das Stadtviertel El Raval westlich der Ramblas besteht wie das Barri Gòtic aus einem Gewirr enger Straßen und Gassen. Jahrhundertelang galt dieser Stadtteil als zwielichtiges Viertel, inzwischen versucht die Stadtverwaltung durch Renovierungs- und Neubauprogramme den zweifelhaften Ruf loszuwerden. In den zum Hafen hin gelegenen Ecken (jenseits der Carrer de l'Hopital) ist der heruntergekommene Charakter des Bezirkes deutlich wahrnehmbar. Im Kontrast dazu hat sich in den nördlichen Ausläufern des Viertels eine Wandlung vollzogen: Moderne Werkstätten und Kunstgalerien, »In«-Bars, belebte Cafés und ausgesuchte Restaurants sind entstanden, die alle als Folge der Etablierung der Kunstzentren MACBA und CCCB zu sehen sind.

## Museu d'Art Contemporàni de Barcelona (MACBA)

Der leuchtend weiße Museumsbau dominiert mit seiner Glasfassade die Plaça dels Angels. Bei seiner Eröffnung 1995 löste das beeindruckende Gebäude des

**Das MACBA in El Raval ist Teil eines städtischen Erneuerungsprogramms**

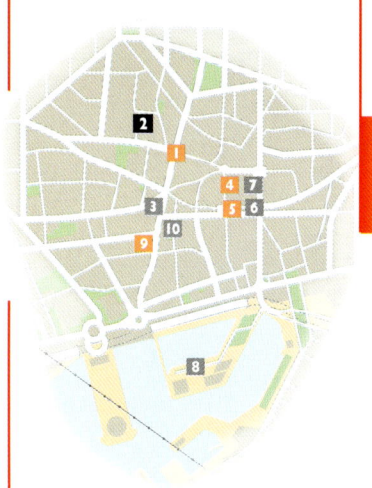

amerikanischen Architekten Richard Meier gemischte Reaktionen aus: Viele der Einheimischen hielten das auffällige Design in einer so heruntergekommenen Gegend für unangebracht. Darüber hinaus hatten die immensen Baukosten Finanzmittel verschlungen, die für lohnende Ausstellungen nötig gewesen wären. Und doch wurde kräftig in die Sammlung investiert, sodass die Räume heute mit den Werken bedeutender Künstler wie Brossa und Tapies, Fontana und Dubuffet, Calder und Klee gefüllt sind. Die regelmäßig stattfindenden Sonderausstellungen international anerkannter Maler, Bildhauer, Videokünstler und avantgardistischer Performance-Künstler finden zunehmend Anklang. Vielen Besuchern bleiben das sterile Interieur und die wunderbare Aussicht auf die umliegende Gegend länger in Erinnerung als die eigentliche Ausstellung.

🗺 192 A5 ✉ Plaça dels Angels 1
☎ 93 412 08 10; www.macba.es
🕐 Okt.–Juni Mo, Mi–Fr 11–19.30 Uhr, Sa 10–20 Uhr, So 10–15 Uhr; Juli–Sept. Mo, Mi, Fr 7.30–20 Uhr, Do 7.30–24 Uhr; Führungen Mo–Sa 18 Uhr, So 12 Uhr
🚇 Catalunya, Universitat, FGC Catalunya
🚌 9, 14, 16, 17, 22, 24, 41, 55, 58, 59, 66, 91, 141  💶 mittel; Mi halber Preis

## Las Ramblas und Umgebung

### Centre de Cultura Contemporània de Barcelona (CCCB)

Hinter dem MACBA, auf der anderen Seite eines eher kahlen Spielplatzes, liegt das Centre de Cultura Contemporània de Barcelona (CCCB). Piñón und Viaplana, zwei einheimische Architekten, die für ihre umstrittenen Entwürfe bekannt sind, haben ein Armenhaus aus dem frühen 19. Jahrhundert – die Casa de la Caritat – in dies beeindruckende Kunstzentrum verwandelt. Die hochkarätigen Ausstellungen beschäftigen sich mit Architektur, Design, Mode und Fotografie. Der gekachelte Innenhof, in dem sich die Silhouette der Stadt und der Hafen in den Glaswänden spiegeln, wird für Theateraufführungen, Tanz und Performances genutzt.

192 A5 ✉ Carrer del Mantalegre 5
☎ 93 306 41 00; www.cccb.org
🕐 Di–So 11–20 Uhr, spezielle Öffnungszeiten 24.–26., 31. Dez., 5.–6. Jan. 11–15 Uhr; Führungen Di–Fr 18, Sa, So und Feiertage 11.30 Uhr
🚇 Catalunya, Universitat, FGC Catalunya
🚌 9, 14, 16, 17, 22, 24, 41, 55, 58, 59, 66, 91, 141 ✋ mittel

### ❸ Gran Teatre del Liceu

In Barcelonas renommiertem Opernhaus ereignete sich 1994 eine Tragödie, als Funken einer Lötlampe die Bühnenvorhänge in Brand setzten und das ganze Theater in Flammen aufging. Dank einer Kampagne, die von der lokalen Diva Montserrat Caballé initiiert wurde, ist das Liceu heute jedoch in seiner alten Pracht wiederhergestellt. Das Theater, mit den modernen Anbauten und der Orginalfassade eines der größten der Welt, erstreckt sich entlang der Ramblas. Im Inneren führt eine Marmortreppe hinauf zum Spiegelsaal – üppig dekoriert mit Spiegeln, Säulen und Kronleuchtern. Der riesige, vergoldete Zuschauerraum, der 2334 Menschen Platz bietet, wurde nach dem Vorbild des im 19. Jahrhundert entstanden Originals neu errichtet – mit verbesserter Akustik und Sicht sowie einer größeren Bühne. Der einheimische Designer Antoni Miró schuf einen unglaublich üppigen Samtvorhang, und der katalanische Avantgarde-Künstler Perejaume schmückte

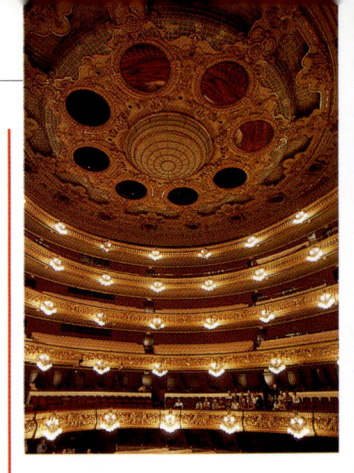

*Das Gran Teatre del Liceu wurde in den Neunzigerjahren durch einen Brand zerstört und originalgetreu wieder aufgebaut*

die Decke mit Landschaften, die sich aus den Spiegelbildern der roten Samtsitze darunter zusammensetzen. Auch wenn Sie es nicht zu einer Aufführung schaffen – was Sie auf alle Fälle versuchen sollten, denn eine Opernaufführung hier ist ein einmaliges Erlebnis –, können Sie die ganze Pracht bei einer Führung bewundern.

192 B3 ✉ La Rambla 51–59
☎ 93 485 99 00; www.liceubarcelona.com
🕐 tägl. 11.30–13 Uhr; Aug. geschl.; Führungen 10 Uhr
🚇 Liceu 🚌 14, 59, 91, N9, N12
✋ mittel

### ❻ Museu d'Història de la Ciutat

Der Hauptteil des Museums für Stadtgeschichte ist in einem Haus aus dem 15. Jahrhundert untergebracht, der Casa Padellas, die in den Dreißigerjahren Stein für Stein hierher versetzt wurde. Während der Arbeiten stieß man auf die Fundamente einer römischen Stadt, der größten bisher gefundenen in Europa; die gut ausgeleuchteten Überreste sind zu besichtigen. Die Eintrittskarte umfasst außerdem drei weitere Sehenswürdigkeiten, die sich in den katalanischen königlichen Palästen auf der Plaça del Rei befinden. Das ist einmal die königliche Kapelle, **Capella de Santa Agata**, wo man eines der am meisten gerühmten Werke der katalanischen Gotik bewundern kann: das exquisit gemalte Altarbild von Jaume Huguet. Von hier kann man über

**Nach Lust und Laune!** 65

ein Labyrinth von Durchgängen und Treppen die Spitze des **Mirador del Rei Martí** (König Martins Wachturm) erklimmen. Der Blick hinab fällt durch die dunklen Bögen bis hinunter auf den Platz – und vis-à-vis schaut man auf die grotesken Wasserspeier. Der Ausblick auf die Kathedrale und die Umgebung von hier oben ist atemberaubend. Man hat außerdem die Möglichkeit, in den überwältigenden **Saló de Tinell** zu gelangen, einen großen tonnenüberwölbten Bankettsaal, in dem Ferdinand und Isabella von Spanien angeblich ein Fest zu Ehren von Christoph Kolumbus' Rückkehr aus Amerika gaben. Hier werden historische Wechselausstellungen gezeigt.

 193 D3
 Plaça del Rei/Carrer del Veguer 2
 93 315 11 11
 Juni–Sept. Di–Sa 10–20 Uhr, So und feiertags 10–14 Uhr; Okt.–Mai Di–Sa 10–14, 16–20 Uhr, So und feiertags 10–14 Uhr  Jaume 1
 17, 19, 40, 45  mittel

### ❼ Museu Frederic Marès

Frederic Marès i Deulovol (1893–1991) war ein erfolgreicher Bildhauer und sammelte während seines langen Lebens wie besessen alle möglichen Kuriositäten. Das Museum umfasst seine zusammengewürfelte Sammlung: Unmengen an hölzernen Jungfrauen, Parfümflakons, Etiketten, Münzen, Fächer, Spielkarten, Fotografien und Kruzifixe – die unglaublichsten Dinge und

Oben: *Christus auf dem Weg nach Golgatha* von Huguets im Museu Frederic Marès.
Links: Einer der vielen Schätze im Museu d'Història de la Ciutat

unzählige Varianten davon. Jaume Huguets *Christus auf dem Weg nach Golgatha* (15. Jahrhundert) in der Galerie gotischer Malerei ist einer der Höhepunkte des Museums. Die Sammlung fasziniert schon durch die bloße Anzahl an Exponaten und liefert Sammlern eine Ausrede, nie wieder in ihrem Leben etwas wegzuschmeißen. Gleichzeitig mag sie auf manche auch überwältigend wirken, besonders weil es den Artefakten an jeglicher Erklärung mangelt. Für all jene ist die Caféterrasse im schönen Innenhof eine gute Möglichkeit zur Regenerierung.

 193 D3  Plaça Sant Iu 5-6
 93 310 58 00; www. museumares.bcn.es
 Di und Do 10–19 Uhr, Mi, Fr und Sa 10–17 Uhr, So und feiertags 10–15 Uhr
 Jaume 1
 17, 19, 40, 45
 Café d'Estiu April.–Sept. 10–22 Uhr
 preiswert, 1. So im Monat und Mi nachmittags freier Eintritt

## 66 | Las Ramblas und Umgebung

*Die mit Holzplanken belegte Rambla de Mar verbindet die Ramblas mit Port Vell*

Betrieb befindliche Estació Marítima, die Anlegestelle für die Fähren von und nach Mallorca, Ibiza, Menorca und Genua. Schließlich befinden sich unten am alten Hafen einige beliebte Nachtlokale, in denen man die ganze Nacht lang tanzen kann.

Der Hafen lässt sich auch aus ganz anderer Perspektive erkunden – mit der Transbordadoer-Hafenseilbahn, die von der Torre de San Sebastià an der Moll de la Barceloneta nach Montjuïc (Mirador) über die Torre de Jaume I auf der Moll de Barcelona führt. Oder Sie können eines der kleinen doppelstöckigen Boote besteigen, die als Golondrias bekannt sind und Fahrten im Hafen und entlang der Küste anbieten (weitere Informationen ▶ 182).

### 8 Port Vell
Vor den Olympischen Spielen 1992 machten Barcelonas Hafen und Strandpromenade einen eher schäbigen Eindruck, doch seitdem hat sich der alte Hafen in einen makellosen Yachthafen verwandelt, während der kommerzielle Hafen in die abgelegene Zona Franca verbannt wurde. Man kann die Luxusyachten bewundern, während man rund um den Yachthafen an der Moll d'Espanya (Spanische Werft) entlang schlendert und die hölzerne geschwungene Fußgängerbrücke überquert, die als Rambla de Mar bekannt ist und die Fortsetzung der Ramblas bildet. Am Ende der Moll d'Espanya befindet sich das Maremàgnum, das von den umstrittenen einheimischen Architekten Piñón und Viaplana entworfen wurde. In diesem glänzenden Komplex aus Aluminium und Glas sind Läden, Bars, Imbiss-Stände und ein Kinozentrum untergebracht. Nebenan liegen das berühmte L'Aquàrium de Barcelona und ein IMAX-Kino mit neuster Technik. Am Ende des zweiten wichtigen Hafenpiers, der Moll de Barcelona, liegt die noch in

*Besucher des L'Aquàrium de Barcelona können nähere Bekanntschaft mit den Haien machen*

### L'Aquàrium de Barcelona
Kinder wie Erwachsene werden einen Besuch im Aquarium, das Eintauchen in die Unterwasserwelt, genießen. 21 kleine Aquarien im Erdgeschoss des ultramodernen Gebäudes bilden maritime Lebensräume nach – etwa das Ebro-Delta in der Nähe von Barcelona, das Rote Meer, das Great Barrier Reef in Australien oder die Korallenriffe von Hawaii. Der Höhepunkt des Aquariums ist der 80 Meter lange gläserne Tunnel, in dem Sie ein Laufband durch das riesige stille Meeresuniversum zieht, wo über, unter und neben Ihnen Haie und

**Nach Lust und Laune!**

> **Für Kinder**
> • die **Gänse** im Kreuzgang **der Kathedrale** und die **Aussicht** vom Dach (➤ 53ff)
> • die **interaktiven Exponate** und der **Unterwassertunnel** im **L' Aquàrium de Barcelona** (➤ 66f)
> • Fahrten mit den **Golondrinas** oder der **Seilbahn** über dem Hafen (➤ 66)
> • das **Wachsmuseum** im **Museu de Cera** (Passatge de la Banca 7)

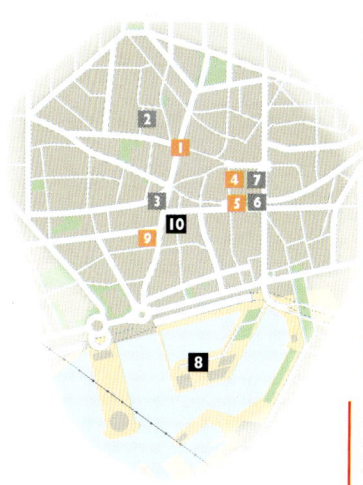

Rochen vorbeischweben. Viele der Exponate sind interaktiv, darunter einige hervorragend gestaltete Bereiche für Kinder im obersten Stockwerk.
🕀 196 B1 ✉ Moll d' Espanya
☎ 93 221 74 74; www.aquariumbcn.com
🕐 tägl. Sept.–Juni 9.30–21 Uhr; Juli–Aug. 9.30–23 Uhr
🚇 Drassanes, Barceloneta
🚌 14, 19, 36, 40, 57, 59, 64, 157
💶 teuer

## ❿ Plaça Reial

Francesc Molina, der Architekt von La Boqueria (➤ 50), entwarf diesen Platz um 1845. Die hohen Palmen, Gaudís baumartige Straßenlaternen und der oft kopierte Brunnen der *Drei Grazien*, der von der französischen Eisenhütte Duresne im 19. Jahrhundert gegossen wurde, geben dem Platz sein besonderes Flair. Obwohl die Gegend in den Siebziger- und Achtzigerjahren durch Drogen- und Alkoholabhängige in Verruf geriet, hat inzwischen eine dauerhafte, aber recht zurückhaltende Polizeipräsenz die Lage verbessert. Heute laden die Bänke und die Terrassen der Cafés (besonders Glaciar in Nummer 3) zum Verweilen ein. Einige gute Restaurants und Nachtlokale liegen an den Ecken des lebhaften Platzes.
🕀 192 B2
🚇 Liceu
🚌 14, 59, 91, N9, N12

**Abkühlung am Brunnen der *Drei Grazien* auf der schicken Plaça Reial**

# Wohin zum ...
## Essen und Trinken?

**Preise**
Ein Abendessen kostet pro Person (ohne Getränke):
€ unter 15 Euro   €€ 15–35 Euro   €€€ über 35 Euro

### Biocenter €

Dies ist eines der größten und bekanntesten vegetarischen Restaurants in Barcelona. An den Wänden hängen Gemälde der Eigentümers und seiner Freunde. Es gibt eine große Auswahl an Gemüsekasserollen und eine umfangreiche Salatbar. Außerdem gibt es auch interessante vegane Gerichte und eine große Auswahl an biologischen Getränken und Fruchtsäften.

✚ 192 B4
✉ Carrer del Pintor Fortuny 25
☎ 93 301 45 83, www.biocenter.com
⏰ Mo–Sa 13–17, Do–Sa 20–23.15 Uhr
Ⓜ Liceu

### Cafè de l'Acadèmia €€

Man kann hier frühstücken oder auf die Schnelle einen Kaffee trinken, aber die Hauptattraktion ist das Mittagsmenü, für das die städtischen Beamten aus der Umgebung herbeiströmen. Der Dekor – unverputzte Stein- und Backsteinwände und freiliegende Deckenbalken – ist auch für ein Abendessen unter der Woche gut geeignet. Probieren Sie Ziegenkäseterrine, gefolgt von Lamm mit Birnen-Pilz-Füllung. Stockfisch ist die Hausspezialität, sie kommt mit Kichererbsen oder grüner Pfeffersoße auf den Tisch.

✚ 193 D2   ✉ Carrer de Lledó 1
☎ 93 319 82 53
⏰ Mo–Fr 9–12, 13.30–16 u. 20.45–23.30 Uhr   Ⓜ Jaume I

### Ca l'Isidre €€€

Dieses kleine, von einer Familie betriebene Restaurant in einem ruhigen, abgelegenen Teil von El Raval zählt den spanischen König zu seinen regelmäßigen Gästen. Die zurückhaltende Eleganz des Interieurs passt zu den wohlhabenden Gästen, die hier raffinierte Gerichte genießen. Reservierung erforderlich.

✚ 192 F3   ✉ Carrer de les Flors 12
☎ 93 441 11 39
⏰ Mo–Sa 13.30–16, 20.30–23.30 Uhr; geschl. für vier Wochen im Juli und Aug.
Ⓜ Paral.lel

### Can Culleretes €€

Can Culleretes im Barri Gòtic kann sich rühmen, das älteste Restaurant Barcelonas zu sein. 1786 als Konditorei gegründet, behielt es viele der ursprünglichen architektonischen Eigenarten. Die Räume sind mit Kacheln und schmiedeeisernen Kronleuchtern dekoriert. An den Wänden hängen signierte Fotos berühmter Gäste. Die lange Speisekarte umfasst traditionelle katalanische Gerichte wie Wildschweineintopf, *canelons* (Nudeln) und *paella*.

✚ 192 B3   ✉ Carrer d'en Quintana 5
☎ 93 317 30 22, www.culleretes.com
⏰ Di–Sa 13.30–16, 21–23 Uhr, So 13.30–16 Uhr   Ⓜ Liceu

### Los Caracoles €€

Dieses Restaurant mit versetzten Geschossen, das sich in einem Labyrinth von engen, kopfsteingepflasterten Straßen versteckt, bietet eine der besten katalanischen Küchen in ganz Barcelona. Tun Sie es den Prominenten, etwa John Wayne oder Salvador Dalí, gleich, die die Schnecken in dieser farbenfrohen Umgebung probiert haben. Der Rest der Speisekarte ist bodenständig und gut. Sie können den Köchen bei der Arbeit in der offenen Küche zusehen, wo getrocknete Kräuter, Schinken und Knoblauchzöpfe von

## Wohin zum ... 

der Decke hängen. Besonders zu empfehlen sind die am Spieß gebratenen Hühner.

**+** 192 B2
⌂ **Carrer dels Escudellers 14**
☎ **93 302 31 85**
🕘 **tägl. 13–24 Uhr** Ⓜ **Liceu**

### Cervantes €

Hier servieren drei Schwestern einer dankbaren Klientel katalanische Gerichte wie *botifarra* (scharf gewürzte Bratwurst) und *escudella* (Eintopf aus Rindfleisch, Schweinefüßen, Geflügel, Lamm, Würsten, Kartoffeln, Kohl und Grünen Bohnen). Leider werden keine Kreditkarten akzeptiert.

**+** 192 C2 ⌂ **Carrer de Cervantes 7**
☎ **93 317 33 84**
🕘 **Mo–Fr 13.30–16.30 Uhr; Aug. geschl.**
Ⓜ **Jaume I**

### El Convent €€

Zur Erleichterung vieler treuer Gäste änderte sich nur der Name, als dieses lebhafte Restaurant im alten Stil den Besitzer wechselte. Als die Eigentümer in den Ruhestand gingen, übernahmen die früheren Angestellten das El Convent; sie waren klug genug, das bewährte Konzept nicht zu ändern. Die umfangreiche Speisekarte basiert auf frisch zubereiteten Mittelmeergerichten wie gegrilltem Fisch. Gesalzener Kabeljau in Sahnesauce ist eine besondere Spezialität.

**+** 192 B4 ⌂ **Carrer de Jerusalem 3**
☎ **93 317 10 52**
🕘 **tägl. 13–16, 20–24 Uhr** Ⓜ **Liceu**

### És €€

Abgesehen von der tollen Lage unweit des MACBA (▶ 63) ist einer der Hauptvorteile dieses hellen, luftigen Restaurants, dass es täglich von Mittag bis spät in die Nacht geöffnet ist. Das Preis-Leistungs-Verhältnis des Mittagsmenüs ist gut. Das gestylte Interieur, die trendigen Kellner und die lockere Musik passen zum künstlerischen Umfeld.

**+** 192 A5
⌂ **Carrer del Doctor Dou 14**
☎ **93 301 00 68**
🕘 **Mo–Mi 13–16, Do–Sa 9–24 Uhr**
Ⓜ **Catalunya**

### Gaucho's €€

Fleischesser sind hier im siebenten Himmel: Das freundliche argentinische Restaurant serviert *parrillada mixta* (Grillplatte) und andere Spezialitäten aus Buenos Aires wie Empanadas (Teigtaschen) mit Rindfleisch- oder Maisfüllung und *milanesas* (Mailänder Schnitzel), dazu einen wunderbar passenden Malbec. Das *allioli* (Knoblauchmayonnaise) verleiht dem Ganzen einen katalamischen Touch.

**+** 192 C2 ⌂ **Baixada de Sant Miquel 6**
☎ **93 318 99 00**
🕘 **tägl. 13 Uhr–Mitternacht** Ⓜ **Liceu**

### L'Hortet €

Rauchfrei, organisch und vegetarisch – hier ist man richtig, wenn man Lust auf einen frischen Salat oder einen Teller fleischlose Pasta verspürt. Auch die Suppen sind empfehlenswert. Das L'Hortet liegt an einer Straße, in der es noch mehr vegetarische Restaurants gibt.

**+** 192 B4
⌂ **Carrer del Pintor Fortuny 32**
☎ **93 317 61 89**
🕘 **tägl. 13–16, Do–Sa 20–23 Uhr**
Ⓜ **Catalunya**

### Peimong €

Peruanische Küche als Abwechslung zur katalanischen – wenn Sie also in der Stimmung sind, *ceviche* (rohen Fisch in Zitronensauce) oder Ente gekocht mit Erbsen, Kartoffeln und weißem Reis zu probieren, ist dies der richtige Ort. Die Einrichtung ist einfach, aber das schreckt die Besucher nicht ab.

**+** 192 C2 ⌂ **Carrer dels Templaris 6–10**
☎ **93 318 28 73** 🕘 **Di–So 13–16.30, 20–23.30 Uhr** Ⓜ **Jaume I**

### Pla €€

Dieses Lokal eignet sich prima für ein romantisches Essen im Barri Gòtic. Das Pla mit seinen Zweiertischen mit Kerzenleuchtern und der dezenten Hintergrundmusik ist abends immer voll. Dunkle Wände, mittelalterlich wirkende Kronleuchter und ein hübscher Torbogen sorgen für Atmosphäre. Die Salate sind

# 70 Las Ramblas und Umgebung

mit Äpfeln und Sherry angemacht, das Moussaka mit einer weißen, würzigen Soße (*botifarra*), und es gibt Carpaccio vom Schwertfisch und von der Haxe. Probieren Sie karamellisierten Thunfisch mit Salat, Tomatenkonfitüre und Yuccachips.

**✚ 193 D2**
**✉ Carrer de Bellafila 5**
**☎ 93 412 65 52**
**🕒 So–Do 20.45–24 Uhr, Fr u. Sa 20.45–1 Uhr** **Ⓜ Jaume I**

## Pla del Àngels €€

Die »Kantine« des MACBA (▶ 63) ist bei Künstlern und Kunstliebhabern gleichermaßen beliebt. Die hell getünchten Wände und die witzigen Details sorgen für Atmosphäre, die Carpaccios von Ente, Oktopus und Lachs kitzeln den Gaumen. Die Portionen sind ziemlich klein, aber das Essen schmeckt lecker.

**✚ 192 A5**
**✉ Carrer de Ferlandina 23**
**☎ 92 329 40 47, www.pla-angels.com**
**🕒 Mo–Sa 13.30–16, Di–Sa 21–24 Uhr**
**Ⓜ Universitat**

## Els Quatre Gats €€

Die Wände der »Vier Katzen« hingen einmal voll mit Arbeiten von Picasso und anderen großen Künstlern. Das legendäre Restaurant hat sich sein Jugendstil-Interieur bewahrt. Während Sie die katalanische Küche in dem großen, lebhaften Speiseraum genießen, stellen Sie sich diesen als Rahmen für Lesungen, Klavierkonzerte und Debatten über Kultur und Politik vor.

**✚ 193 D4**  **✉ Carrer de Montsió 3**
**☎ 93 302 41 40, www.4gats.com**
**🕒 tägl. 9–2 Uhr** **Ⓜ Catalunya**

## Silenus €€

Die Nähe zum MACBA (▶ 63) macht dieses Restaurant bei Künstlern und Galeristen beliebt. Die Küche ist entsprechend stilvoll und bietet in nicht besonders schöner Umgebung eine kreative Mischung aus modernem spanischen und katalanischen Gerichten. Im Sommer kann man im Freien sitzen.

**✚ 192 A5**  **✉ Carrer dels Angels 8**
**☎ 93 302 26 80**
**🕒 Mo–Sa 13–16 Uhr, Di–Sa 21–23.30 Uhr**
**Ⓜ Catalunya**

## BARS UND CAFÉS

### Café de l'Opera €€

Das Café de l'Opera ist noch immer eines der bekanntesten und beliebtesten Cafés in der Stadt. Kaffee, Getränke und Snacks sind nicht gerade billig, aber es lohnt sich, wenigstens einmal hierher zu kommen, um das Dekor aus dem späten 19. Jahrhundert zu bewundern und die Atmosphäre zu erleben. Außerdem kann man hier wunderbar die vorbeieilenden Passanten beobachten – entweder von einem Tischchen draußen auf den Ramblas oder von einem Platz im Obergeschoss, von wo aus man einen guten Überblick über die lebhafte Straße genießt.

**✚ 192 B3**  **✉ La Rambla 74**
**☎ 93 317 75 85, www.cafeopereaben.es**
**🕒 tägl. 8.30–2 Uhr** **Ⓜ Liceu**

### Dulcinea €

Sie können im seit 1941 existierenden und beliebten Dulcinea Milchshakes oder köstlichen Kuchen verzehren, aber der Trumpf sind die *suissos* (heiße Schokolade). Kein Wunder, dass das Dulcinea in der ganzen Stadt für die heiße Schokolade bekannt ist. Das phantastische dickflüssige Getränk, das unter Bergen von Schlagsahne begraben ist, wird in traditioneller Umgebung serviert. *Melindros* (gezuckerte Biskuits) werden in den Kakao gestippt.

**✚ 192 B3/B4**  **✉ Carrer de Petrixol 2**
**☎ 93 302 68 24**
**🕒 tägl. 9–13, 17–21 Uhr; geschl. Ende Juli bis Mitte Aug.** **Ⓜ Catalunya/Liceu**

### Schilling €

Diese ultramoderne, schwulenfreundliche Bar ist ein stilvoller Ort für eine Pause bei einer Tasse Tee oder Kaffee. (Schauen Sie sich einmal die Decke an!) Man serviert hier gute *entrepans* (Sandwiches). Es ist hier immer sehr voll, aber wenn man endlich einen Sitzplatz ergattert hat, darf man auch erst einmal lange sitzen bleiben.

**✚ 192 B3/C3**  **✉ Carrer de Ferran 23**
**☎ 93 317 67 87**
**🕒 Mo–Sa 10–2.30 Uhr, So 12–2.30 Uhr**
**Ⓜ Liceu**

# Wohin zum... Einkaufen?

An den Ramblas gibt es alle Arten von Geschäften, von edlen Konditoreien bis zu bescheidenen Souvenir-Ständen. Hier finden Sie auch den besten Lebensmittelmarkt der Stadt (▶ 50) La Boqueria. Boutiquen und Spezialitätengeschäfte drängen sich im Barri Gòtic und in El Raval, während sich an der Portal de l'Angel und der Plaça de Catalunya größere Kaufhäuser und Boutiquen angesiedelt haben.

## KAUFHAUS

**El Corte Inglés** (Plaça de Catalunya 14, Tel. 93 306 3800, U-Bahn Catalunya), Spaniens allgegenwärtige Kaufhauskette, hat ein allumfassendes Warenangebot, das von Designermode bis zu Schallplatten reicht. All dies ist in einem massiven Gebäude untergebracht, das in einen Anbau an der nahe gelegenen Avinguda del Portal de l'Angel übergeht.

## GROSSE GESCHÄFTE UND EINKAUFSZENTREN

Auf der anderen Seite des Plaça de Catalunya verkauft **Fnac** (Tel. 93 344 1800), die französische Kette, Filme und Platten. Fnac befindet sich im **El Triangle**-Komplex auf der Carrer de Pelai, wo der Parfumläden **Sephora** (Tel. 93 306 39 00), eine von mehreren Filialen des Schuhgeschäftes **Camper** (Tel. 93 302 41 24) und Spaniens berühmtes Geschäft für preisgünstige Bekleidung **Zara** (Tel. 93 301 09 78) untergebracht sind.

Wer Einkaufszentren mag, besucht das schillernde **Maremagnum** (Moll d'Espanya, Tel. 93 225 81 00, U-Bahn: Drassanes) unten am Port Vell. Dies ist ein guter Ort für einen Schaufensterbummel oder um in letzter Minute ein Souvenir zu ergattern. Fußballfans auf der Suche nach einem blaudunkelroten Fußballtrikot mit dem Namen ihres Lieblingsspielers steuern direkt die **FC Botiga** an.

Wer eine Auswahl leckerer Lebensmittel für ein Picknick einkaufen möchte oder ein paar Spezialitäten und Wein als Mitbringsel für Zuhause sucht, ist im Supermarkt **Champion** (Rambla 113) genau richtig. Meiden Sie die Haupteinkaufszeit am frühen Nachmittag oder abends.

## MITBRINGSEL

Wenn Sie nach ungewöhnlichem Spielzeug suchen, werden Sie entweder bei **Joguines Foye** (Carrer de Banys Nous 13, Tel. 93 202 03 89, U-Bahn: Liceu) oder bei **Joguines Monforte** (Plaça de Sant Josep Oriol 3, Tel. 93 318 22 85, U-Bahn: Liceu) fündig. **Drap** (Carrer del Pi 14, Tel. 93 318 14 87, U-Bahn: Liceu) verkauft entzückende Puppenhäuser, während **Travi** (Carrer d'Amargos 4, Tel, 93 412 66 92, U-Bahn: Urquinaona) die beste Anlaufstelle für Marionetten ist. Kerzen findet man bei **Cereria Subirà** (Baixada de la Llibreteria 7, Tel. 93 315 26 06, U-Bahn: Jaume); modernere Kerzen gibt es bei **Cereria Abella** (Carrer dels Boters 5, Tel. 93 318 08 41, U-Bahn: Jaume I). Beide fertigen auf Wunsch Kerzen in jeder denkbaren Form an.

Suchen Sie ein traditionelles Erzeugnis, gehen Sie doch einmal zu **Germanes Garcia** (Carrer de Banys Nous 15, Tel. 93 318 66 46, U-Bahn: Liceu). Dort werden geflochtene Körbe angeboten. Man darf den Handwerkern bei der Arbeit zusehen, während man im Laden stöbert. Ungewöhnliche Mitbringsel bekommt man bei **Pi 4** (Carrer del Pi 4, Tel. 93 317 48 89, U-Bahn: Liceu). Der ganze Laden enthält nichts als Vorrichtungen zum Aufhängen – Garderobenhaken und vieles mehr.

**Il Papiro** (Plaça de Sant Josep Oriol 3, Tel. 93 342 43 30, U-Bahn: Liceu) wurde 1976 in Florenz gegründet und vertreibt seine schönen marmorierten Papiere jetzt auch in Spanien. Sowohl **Raima** (Carrer de

# Las Ramblas und Umgebung

# Wohin zum... Ausgehen?

## MODE UND ACCESSOIRES

Wie Espandrillos von Hand hergestellt werden, kann man in der Traditionswerkstatt **La Manual Alpargatera** beobachten (Carrer d'Avinyó, Tel. 93 301 01 72, U-Bahn: Liceu). Die **Sombreria Obach** (Carrer Call 2, Tel. 93 318 40 94, U-Bahn: Liceu) verkauft seit 70 Jahren Hüte, während das **Mil Barretts i Gorres** (Carrer de Fontanella 20, Tel. 93 301 84 91, U-Bahn: Catalunya) seit 1850 die Reichen und Berühmten mit Hüten versorgt. **Stockland** (Carrer Comtal 22, Tel. 93 318 03 31, U-Bahn: Urquinaona) bietet Designermode zu Schnäppchenpreisen. Etwas klassischer ist **Almacenes del Pilar** (Carrer de la Boqueria 43, Tel. 93 317 79 84, U-Bahn: Liceu) mit Schals und Mantillas. Der Inbegriff für schöne Lederwaren, Koffer und Taschen ist **Calpa** (Carrer de Ferran 53, Tel. 93 318 40 30, U-Bahn: Liceu).

## ESSEN UND TRINKEN

**Escribà** (La Rambla 83, Tel. 93 301 60 27, U-Bahn: Liceu) ist einer der feinsten und besten Torten- und Schokoladenhersteller der Stadt, während es die **Casa del Bacalao** (Carrer de Comtal 8, Tel. 93 301 65 39, U-Bahn: Catalunya) schafft, Stücke eingesalzenen Kabeljaus wie Edelsteine aussehen zu lassen. Verführerisch sind die Eiscremes von **Planelles-Donat** (Portal de l'Angel 7 & 25, Tel. 93 317 29 26; U-Bahn: Catalunya). Es ist schwer, den Bonbons und dem Nougat im **Fargas** (Carrer dels Boters 2, Tel. 93 302 03 42, U-Bahn: Liceu) zu widerstehen, genauso wie dem Schinken bei **La Pineda** (Carrer del Pi 16, Tel. 93 302 43 93, U-Bahn: Liceu). **Xocoa** (Carrer del Petritxol 11, Tel. 93 301 11 97, U-Bahn: Liceu) vertreibt alkoholhaltige Schokolade.

## KLASSISCHE MUSIK

Das **Gran Teatre del Liceu** (▶ 64) ist nach dem großen Brand von 1994 wunderbar wiederhergestellt worden. Klassisches Ballett und moderner Tanz sowie zeitgenössische Opern gehören in jeder Saison zum Programm. Trotz der großen Anzahl von Plätzen (2300) sind Karten so rar wie gute Tenöre, aber manchmal werden am selben Abend Karten zurückgegeben. Klassische Konzerte werden außerdem in der Kathedrale und den Kirchen Santa Maria del Pi, Sant Felip Nerri und Santa Anna veranstaltet.

## NACHTLEBEN

Im **Harlem Jazz Club** (Carrer de la Comtessa de Sobradiel 8, Tel. 93 310 07 55, U-Bahn: Jaume I) können Sie erstklassige Jazz- und Bluskonzerte hören. Das **Jamboree** (Plaça Reial 17, Tel. 93 319 17 89, U-Bahn: Liceu) ist immer voll, also versuchen Sie früh zu kommen, um einen Abend lang Jazz, Blues oder Funk zu genießen. **Los Tarantos**, genau daneben, ist ein großartiger Ort für Flamenco, Tango, Salsa und andere Latino-Rhythmen. Stürzen Sie sich ins Vergnügen, wenn sich beide Clubs nach 1 Uhr morgens in eine einzige große Diskothek verwandeln. Einer der Klassiker an den unteren Ramblas ist **Moog** (Carrer Arc del Teatre 3, Tel. 93 301 72 82, U-Bahn: Drassanes) mit einer kleinen Tanzfläche, Musik und einer kleinen Tanzfläche. **La Paloma** (Carrer del Tigre 27, Tel. 93 301 68 97, geöffnet Do–So, U-Bahn: San Antoni) ist eine Institution. Konzerte von Popstars bringen Abwechslung in die alltägliche Tanzmusik.

# La Ribera und Port Olímpic

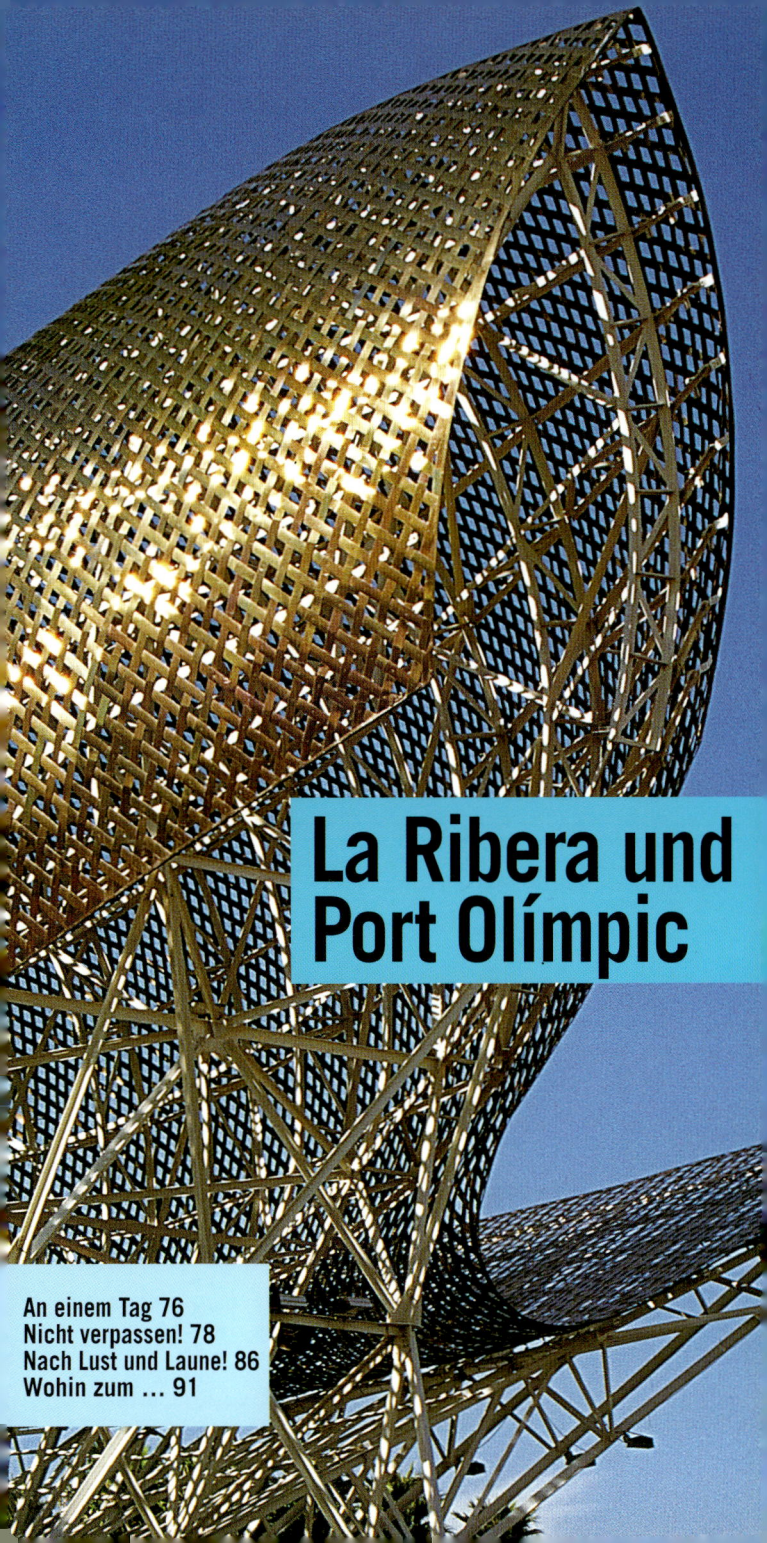

An einem Tag 76
Nicht verpassen! 78
Nach Lust und Laune! 86
Wohin zum … 91

# La Ribera und Port Olímpic

# Erste Orientierung

Eines der ältesten Viertel Barcelonas erlebt gerade seine Wiedergeburt – als einer der beliebtesten Stadtteile. Die Straßennamen in La Ribera – Argenteria (Silberwaren), Sombrerers (Hutmacher) und Vidriera (Glasbläser) – verweisen auf die Ursprünge des Viertels als mittelalterliches Handelszentrum. Doch in den alten Straßen tobt heute in den Tapas-Bars, Weinlokalen und schicken Restaurants, die in gotischen Palästen oder ehemaligen Fabriketagen eingebaut sind, das pralle Leben.

La Ribera erreicht man vom Barri Gòtic aus, wenn man die geschäftige Via Laietana überquert, die im frühen 20. Jahrhundert quer durch das mittelalterliche Barcelona führte. Die nördliche Hälfte des Bezirks, die als Sant Pere bekannt ist, wartet mit einem modernistischen Meisterwerk auf, dem Palau de la Música Catalana. Südlich der Carrer de la Princesa betritt man das Viertel Born, ein Gewirr enger Straßen, im 14. Jahrhundert ein bedeutendes Zentrum des Stoffhandels. Die reichen Kaufleute

Die massive Fassade der Basílica de Santa Maria del Mar

Vorherige Seite: Die gewaltige Bronzeskulptur von Frank Gehry in Barcelona

## ★ Nicht verpassen!

1. **Palau de la Música Catalana** ➤ 78
2. **Basílica de Santa Maria del Mar** ➤ 80
3. **Museu Picasso** ➤ 82

## Nach Lust und Laune!

4. Museu Barbier-Mueller d'Art Precolombí ➤ 86
5. Museu Tèxtil i de la Indumentària ➤ 86
6. Parc de la Ciutadella ➤ 86
7. Museu d'Història de Catalunya ➤ 88
8. Barceloneta ➤ 89
9. Vila Olímpica ➤ 89
10. Die Strände von Barcelona ➤ 90

bauten ihre Paläste an der Carrer de Montcada, in der sich heute Kunstgalerien und Museen drängen, darunter auch eine von Barcelonas Hauptattraktionen, das Museu Picasso.

Die Gassen um die Carrer de Montcada sind wegen ihrer vielen Werkstätten auch als »Künstlerviertel« bekannt. Der Passeig del Born, die Hauptstraße im Born, war einst Schauplatz von Ritterturnieren – heute ist er eine lebhafte Promenade, gesäumt von Jazzclubs und Cocktailbars. Hier befindet sich auch die Basílica de Santa Maria del Mar, auch bekannt als Kathedrale der Fischer. Dieser Teil Barcelonas ist seit je vom Meer geprägt.

Ein schöner Fußweg führt von La Ribera durch das malerische Fischerviertel Barceloneta zu den beliebten neuen Badestränden auf beiden Seiten des Port Olímpic. Hier kann man baden und die Sonne genießen.

**76** La Ribera und Port Olímpic

Eine märchenhafte Konzerthalle, eine atemberaubende Basilika und eine hervorragende Sammlung von Werken Picassos sind die Highlights in Ribera. Am Nachmittag locken Sandstrände oder die Seepromenade zum Verweilen.

# La Ribera und Port Olímpic an einem Tag

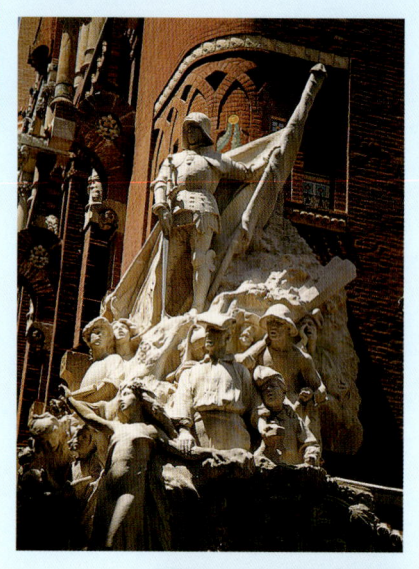

## 10 Uhr

Gehen Sie zum ❶ **Palau de la Música Catalana** (links, ► 78f) zur ersten, etwa einstündigen Führung des Tages. Während des Besuches versuchen Sie Karten für ein Konzert mit Werken von Bach, Bartók oder Bernstein zu bekommen.

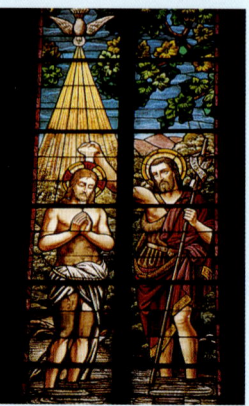

## 11 Uhr

Gehen Sie die Via Laietana hinunter und schauen Sie auf einen Kaffee im Mesón del Café (Carrer Llibreteria 16) vorbei, bevor Sie sich auf den Weg machen und die Carrer de l'Argenteria entlang zur ❷ **Basílica de Santa Maria del Mar** (► 80f) gehen. Das beeindruckende Innere (links) dieses gotischen Meisterwerks wird von der Morgensonne wunderschön beleuchtet.

**An einem Tag** 77

## 12 Uhr

Sie sollten jetzt physisch und geistig auf einen der Höhepunkte der Stadt vorbereitet sein, nämlich das ❸ **Museu Picasso** (➤ 82ff), das Sie nach einem kurzen Stück die Carerr de Montcada hinauf erreichen.

## 13.30 Uhr

Nachdem Sie Picassos Werke bewundert haben, können Sie entweder das nahe gelegene ❹ **Museu Barbier-Mueller d' Art Precolombi** (➤ 86) besuchen oder das ❺ **Museu Tèxtil i de la Indumentària** (➤ 86) – oder auch beide, wenn Ihnen nach einem Museumsmarathon ist. Anschließend können Sie bei einem leichten Mittagessen im Tèxtil Café (➤ 93), dem hübschen Café im Innenhof des Museums, oder in einer der vielen umliegenden Tapas-Bars, etwa dem El Xampanyet (oben, ➤ 93) oder Euscal Etxea (➤ 92), verschnaufen.

## 16.30 Uhr

Wollen Sie den Nachmittag etwas ruhiger gestalten, gehen Sie die Passeig Joan de Borbó hinunter und flanieren Sie durch die Straßen des nahe gelegenen ❽ **Barceloneta** (oben, ➤ 89). Im Sommer ist dies genau die richtige Zeit, um am Strand auszuspannen – also bleiben Sie einfach hier.

## 19 Uhr

Runden Sie den Tag mit Seezunge oder Tintenfisch im Can Ramonet (➤ 91) oder Les Set Portes (➤ 93) ab, oder besuchen Sie ein Konzert in der opulenten Umgebung des Palau de la Música Catalana, wenn Sie am Morgen Karten bekommen haben – je nachdem, worauf Sie mehr Lust haben.

# Palau de la Música Catalana

Der Palau de la Música Catalana ist eine beeindruckende Aufführungsstätte für Chor-, Kammermusik und Symphonien und zieht unzählige Meister der klassischen Musik an. Der Bau stellt außerdem den Inbegriff katalanischer Traditionen und Geschichte dar – hier zeigt sich die ganze Pracht der Jugendstilbewegung Barcelonas.

Die phantastische Konzerthalle wurde 1908 als Hauptaufführungsort für die Chorgemeinschaft Orfeó Català von Lluís Domènech i Montaner, einem der Hauptvertreter des Modernismus (▶ 16), errichtet. Das Gebäude ist ein Meisterwerk und wurde 1997 zum Weltkulturerbe erklärt. Selbst wenn Sie es nicht zu einem Konzert schaffen (pro Saison gibt es über 300), können Sie an einer Führung durch das Gebäude teilnehmen.

### Das Äußere
Die **Fassade** ist mit mosaikbesetzten Säulen sowie Büsten von Bach, Beethoven, Palestrina und Wagner geschmückt. Am Obergeschoss funkeln allegorische Mosaike, die einen katalanischen Chor vor den zerklüfteten Gipfeln von Montserrat darstellen. An der Ecke des Gebäudes windet sich eine Skulptur im Zuckerbäckerstil als Symbol katalanischer Volksmusik von einem maurischen Eckturm herab. Der Bau wird von einem moscheeähnlichen Turm gekrönt.

### Das Innere
In der Eingangshalle, im Foyer und auf der Treppe setzt sich das üppige Dekor fort. Viele der Details zeigen florale Themen: Rosen, Lilien und Phantasieblumen, erblüht in Montaners fruchtbarer Vorstellung, ranken die Säulen empor und überspannen die Decke und die Buntglasfenster.

Den Höhepunkt der Führung stellt jedoch die eindrucksvolle **Konzerthalle** im oberen Stockwerk dar. Farbige Glasfenster flankieren die große Orgel; der Bühnenhintergrund unterhalb der Orgel ist mit musenähnlichen Figuren geschmückt, die Körper aus Mosaiksteinchen und Terrakotta-Köpfe aufweisen. Zu beiden Seiten der Bühne erheben sich Marmorstatuen, Werke der einheimischen Künstler Didac Masana und Pau Gargallo, die den musikalischen Geschmack der Bürger Barcelonas repräsentieren: zur Rechten Richard Wagners Walküren und eine Büste von Beethoven, auf der anderen Seite ein Baum voller Volkslieder, der dem katalanischen Komponisten des 19. Jahrhunderts, Anselm

*Die Fassade ist mit den Büsten berühmter Komponisten geschmückt*

193 E4 ✉ Carrer de Sant Francesc de Paula 2 ☎ 93 295 72 00; www.palaumusica.org 🕐 tägl. 10–15.30 Uhr, feiertags geschl. Ⓜ Urquinaona 🚌 17, 19, 40, 45, N8 💰 mittel

# Palau de la Música Catalana ★ 79

Clavè, Schatten spendet. Das wunderschöne **Oberlicht** aus blauem und goldenem Glas von Antoni Rigalt wird umrahmt von 40 Frauenköpfen, die einen himmlischen Chor bilden. Stellen Sie sich hier Konzerte von Komponisten wie Richard Strauss, Pau Casals oder Mstislav Rostropovich vor, die alle hier konzertiert haben – ein unvergessliches Erlebnis.

Das üppige Interieur des Hauptkonzertsaals ist die beste Arbeit des Architekten Lluis Domènech i Montaner

## KLEINE PAUSE

Für ein besonderes Mahl empfiehlt sich das **Mirador** (Tel. 93 310 24 33), ein stilvolles Restaurant im modernen Anbau des Palau. Die Küche des französischen Chefkochs Jean-Luc Figuera (▶ 122) bietet beipielsweise Spargel-und-Huhn-Risotto, kombiniert mit traditionell-katalanischen Gaumenfreuden.

---

### PALAU DE LA MÚSICA CATALANA: INSIDER-INFO

**Top-Tipps:** Karten für die einstündige Führung werden in den beiden Geschenkläden des Les Muses del Palau, auf der anderen Seite der Plaça de Lluis Millet, an der Via Laietana und beim Kartenbüro im modernen Anbau verkauft.
• Die herausragendste musikalische Tradition des Palau ist die **Chormusik**, also versuchen Sie ein Konzert des Orfeó Català zu besuchen (▶ 95f) Informationen über den Kartenverkauf. **Ethnokonzerte** – etwa von Youssou N'Dour, mit klassischer chinesischer oder Musik der Sinti und Roma – sind ebenfalls populär.

**Geheimtipp:** Bringen Sie ein Fernglas mit, um die feinen Details im Dekor genauer betrachten zu können. An der Decke sind **Keramikrosen** angebracht.

# Basílica de Santa Maria del Mar

Wie alle großartigen Bauten ist die Basílica de Santa Maria del Mar aus allen Blickrichtungen schön: Sie ist die »Grande Dame« unter Barcelonas Kirchen und stellt den Höhepunkt katalanischer Baukunst des 14. Jahrhunderts dar.

Im Mittelalter war La Ribera ein blühendes Zentrum des Schiffbaus und der Fischerei. Mit der Ausdehnung des katalanischen Reiches florierte der Handel und schuf großen Wohlstand im wachsenden Bürgertum. Die reichen Bürger beschlossen, Gott zu Gefallen eine Kirche zu errichten. Die Kathedrale wurde durch Spendengelder finanziert, die anlässlich der katalanischen Eroberung Sardiniens gesammelt worden waren. Die Kirche entstand in nur 55 Jahren, sodass ihre Architektur einheitlich wirkt.

Die Fassade ist sehr massiv, aber mit dekorativem Schwung gestaltet – typisch für die katalanische Gotik. Schmale, bleistiftartige Türme ragen zu beiden Seiten in die Höhe; kein Wunder, dass sie mit einem Paar Kerzenleuchtern verglichen wurden. Schauen Sie sich die hölzernen und bronzenen Portale genau an: Die beiden dargestellten Arbeiter, die schwere Lasten auf ihren Schulter tragen, sind bemerkenswert fein gestaltet.

### Das Innere

Die barocken und neoklassizistischen Zusätze im Inneren wurden durch ein Feuer während des Bürgerkriegs zerstört. Nur der gotische Baukörper blieb bestehen: Das erstaunlich enge Kirchenschiff betont die Länge und Höhe der Basilika. Acht achteckige Säulen markieren den Übergang zu den Seitenschiffen, von denen die Seitenkapellen abgehen. Weitere acht Säulen bilden den Chorumgang hinter dem Hauptaltar. Vom Altar aus blicken Sie zurück auf das **Rosettenfenster**, das die Krönung der Jungfrau Maria darstellt. Das Fenster entstand in Toulouse und wurde 1458 eingebaut, nachdem ein Erdbeben das Originalfenster zerstört hatte. Verlassen Sie die Kathedrale durch die Tür zur Carrer del Born. Die geschnitzte Jungfrau Maria über der Tür stammt von Frederic Marès (▶ 65).

---

**BASÍLICA DE SANTA MARIA DEL MAR: INSIDER-INFO**

**Top-Tipps:** Von Zeit zu Zeit werden in der Basilika klassische Konzerte gegeben. Erfragen Sie dort die Termine.
• Das **Innere** der Basilika ist im Morgenlicht am schönsten.

**Geheimtipp:** Gehen Sie zum **Fossar de les Moreres** (Maulbeer Friedhof), einem kleinen idyllischen Platz an der Carrer Santa Maria. Eine Granitplatte und ein ewiges Feuer erinnern an die Invasion der Spanier in Barcelona 1714.

---

193 E2  Plaça de Santa Maria
93 310 23 90  tägl. 9–13.30, 16.30–20 Uhr
Jaume I  17, 19, 40, 45  frei

**Ein Brand der Basilika ließ lediglich den gotischen Baukörper unbeschädigt**

### KLEINE PAUSE

Suchen Sie sich in **La Vinya del Senyor** (Plaça de Santa Maria 5, Tel. 93 310 33 79) einen Tisch im Schatten mit Blick auf die Santa Maria del Mar. Beachten Sie die besondere Auswahl an Weinen, *cavas* und Sherry. Auch die Tapas sind gut, insbesondere der Iberische Schinken, die Käse und die *coca*, eine Art Pizza.

# Museu Picasso

Picasso lernte das Malen in Barcelona: Kein Wunder also, dass die Stadt eine der größten Sammlungen seiner Kunstwerke besitzt. Die Sammlung, die in fünf mittelalterlichen Gebäuden an der eleganten Carrer de Montcada untergebracht ist, dokumentiert den Werdegang des Künstlers anhand von Keramik, Gemälden, Zeichnungen und Lithographien.

### Die Museumsgebäude

Schon die Bauten der drei schönen mittelalterlichen Paläste – Aguilar, Baró de Castellet und Meca –, in denen das Museum zunächst untergebracht war, lohnen eine nähere Betrachtung. Nach jahrelanger, sorgfältiger Renovierung, im Rahmen derer man die Gebäude baulich miteinander verband, wurden sie 1982 wiedereröffnet und gelten als eines der schönsten Beispiele der Hausarchitektur des 13. und 14. Jahrhunderts. Erbaut im damals modischen Stil italienischer Palazzi, war eines dieser aristokratischen Häuser schöner und luxuriöser als das andere. Das Museum wurde 1992 erweitert, als zwei weitere schöne mittelalterliche Gebäude angeschlossen wurden: die Casa Mauri und der Palau Finestres. Der zusätzliche Raum wird dazu genutzt, die hervorragenden Wechselausstellungen des Museums zu zeigen, die Picassos Zeitgenossen oder Aspekten seiner Arbeit gewidmet sind.

193 E2 ✉ Carrer de Montcada 15–23 ☎ 93 256 00 00; www.museupicasso.bcn.es ⏰ Di–Sa und feiertags 10–20 Uhr, So 10–15 Uhr; Englische Führungen Do 18 Uhr, Sa 12 Uhr (Tel. 93 256 30 22) Ⓜ Jaume I 🚌 14, 17, 39, 40, 45, 51, 59 🍴 Café; sehr gute Buchhandlung 💶 mittel

# Museu Picasso 83

**Picasso malte dieses Bild seiner Mutter (links) im Alter von 14 Jahren**

**Links außen und unten: Die Sammlung ist in mittelalterlichen Gebäuden untergebracht**

Als Picasso 13 Jahre alt war, zog seine Familie von Galizien nach Barcelona, da sein Vater eine Stelle als Lehrer an der Kunstschule der Stadt antrat. Picasso ging im Herbst des gleichen Jahres an dieselbe Schule, La Llotja. Nach einem Jahr, das er zum Studium in Madrid verbracht hatte, kehrte er 1898 nach Barcelona zurück. Zu diesem Zeitpunkt hatte er bereits unzählige Selbstbildnisse gemalt, von denen viele im Museu Picasso zu sehen sind.

Trotz der Jahrzehnte, die er in Frankreich verbrachte, verlor Picasso nie seine Liebe zu Barcelona. In der Tat hat er den Grundstein für die Sammlung hier selbst gelegt, als er der Stadt das Gemälde *Der Harlekin* (1917) stiftete. Weitere großzügige Schenkungen folgten, unter anderem eine große Auswahl seiner frühen Werke und die Zusicherung, bis zu seinem Tode von jedem Druck, den er anfertigte, der Stadt einen Abzug zu schenken. Als Picassos Freund und Sekretär Jaume Sabartés 1968 starb, vererbte er der Stadt seine private Sammlung der Werke Picassos. Picasso schenkte der Stadt für jedes Gemälde, das sie von Jaume bekam, ein weiteres.

## Die ständige Sammlung

Der Rundgang beginnt im oberen Stockwerk, und die Arbeiten sind chronologisch ausgestellt. In den **Räumen 1–9** befinden sich Picassos früheste Radierungen, Studienzeichnungen, Akte und Skizzen, darunter einige entzückende Miniaturen von Meereslandschaften. Als 20-Jähriger hatte Picasso bereits eine unglaubliche Zahl an Studienzeichnungen, realistischen Landschaftsbildern und viel versprechenden Stillleben produziert sowie ein oder zwei ironisch gemeinte Selbst-

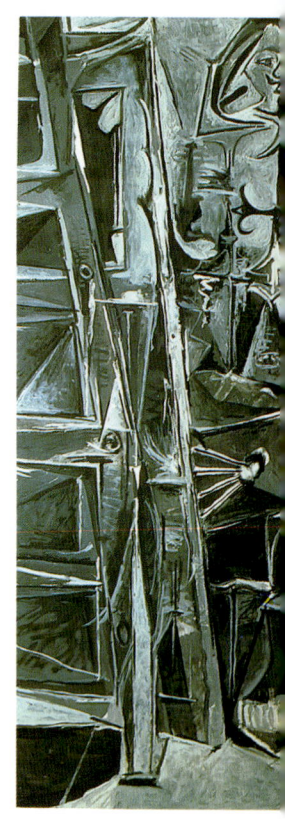

## La Ribera und Port Olímpic

bildnisse. Am anderen Ende von **Raum 8** sehen Sie das Werk *Wissenschaft und Wohltätigkeit* (1897), eine riesige Darstellung einer alten Frau auf ihrem Krankenlager. Von Picasso im Alter von nur 15 Jahren gemalt, zeugt dieses Bild von seinem ungeheuren Talent. Im Jahre 1900 verbrachte Picasso einige Monate in Paris und sah sich in den Galerien, Cafés und Kabaretts der Avantgarde um. Diese Erfahrung prägte den jungen Künstler nachhaltig, wie man an den fauvistischen Gemälden wie die *Umarmung* (1901) oder *Margot oder das Warten* (1901), beide in **Raum 10**, erkennen kann.

Eine Gruppe von Gemälden in den **Räumen 11** und **12** (Obergeschoss) repräsentiert Arbeiten aus Picassos blauer Periode: Schwer getroffen durch den Selbstmord seines engen Freundes Carlos Casagemas, wandte sich Picasso einer zunehmend reduzierten Farbpalette zu, die von kalten Blautönen dominiert wurde. Beachten Sie in diesem Zusammenhang vor allem das Bild *Frau mit einer Haarlocke* (Barcelona, 1903).

Im **Sala Sabartés** wird von Picassos respektlosem *Porträt von Sabartés, eine Halskrause und Hut im Stil des 16. Jahrhunderts tragend* (1939) eingenommen. Einige kleinformatige kubistische Arbeiten von 1917 werden in den **Räumen 13** und **14** präsentiert. Die meisten Arbeiten Picassos aus der Zeit zwischen den beiden Weltkriegen gingen an Museen in Paris, Madrid und New York.

In den **Räumen 15** und **16** finden Sie die wahren Höhepunkte des Museums: eine Serie von kubistischen Neuinterpretationen von *Las Meninas*, einem monumentalen Gemälde des spanischen Malers Diego Velázques aus dem 17. Jahrhundert. Picasso hat die ursprüngliche Komposition auf 44 Leinwänden in ihre Einzelteile zerlegt und die Szene aus verschiedenen Blickwinkeln neu interpretiert. Das zentrale Stück ist eine überwältigende, monochrome Neubearbeitung des Gemäldes in **Raum 15**, ein Werk aus dem Jahr 1957. Neun Versionen von *Die Tauben*, die Picasso erschuf, werden in **Raum 17** präsentiert.

Den Rundgang beschließen einige auffallend bemalte Fliesen und Vasen (**Räume 18** und **19**), die meist in den Fünfzigerjahren entstanden und 1982 zur Eröffnung des Museums von Picassos Witwe Jacqueline gestiftet wurden.

Ein Porträt von Jacqueline (1957) und einige Spätwerke des Künstlers zieren die Wände dieser zwei Räume.

Picassos kubistische Neuinterpretation von Velazques' Gemälde *Las Meninas*

## Höhepunkte des Museums:
- *Porträt der Mutter des Künstlers* (1896), Raum 3
- *Wissenschaft und Wohltätigkeit* (1897), Raum 8
- *Margot oder das Warten* (1901), Raum 10
- *Dächer von Barcelona* (1902 und 1903), Raum 11
- *Der Harlekin* (1917), Raum 12
- *Las Meninas* (1957), Raum 15–16
- *Keramikarbeiten*, Räume 18–19

**Museu Picasso** ⭐ 85

### KLEINE PAUSE

Im Museum befindet sich ein gutes Café. In der Nähe des Museums serviert **Txirimiri** (Carrer Princesa 11, Tel. 93 310 18 05) eine leckere Auswahl an baskischen *pintxos* (Tapas) und *kaxuelitas* (Rühreier mit verschiedenen Zutaten). Es gibt auch vegetarische Gerichte und herrliche Desserts.

---

### MUSEU PICASSO: INSIDER-INFO

**Top-Tipps**: Am besten besucht man das Museum am **ersten Sonntag im Monat**, wenn der Eintritt frei ist.
- Kommen Sie immer **früh** (oder planen Sie einen Besuch während der nachmittäglichen Siesta), da das Museum stets voll ist.

**Geheimtipps**: Vergessen Sie nicht nach oben zu schauen, um in einigen Räumen die schönen **Deckengemälde** zu sehen.
- Ein schöner Platz zum Verschnaufen ist die **neuklassizistische Halle** des Palau del Baró de Castellet neben dem Sala Sabartés. Sie ist mit Skulpturen, Kristallleuchtern und Blattgold reich verziert.

# Nach Lust und Laune!

### 4 Museu Barbier-Mueller d'Art Precolombí

Das Museu Barbier-Mueller d'Art Precolombí, ein kompaktes Museum mit einer einzigartigen Sammlung präkolumbischer Kunst, befindet sich in einem Teil des Palau Nadal, der selbst ein bauliches Meisterwerk darstellt.

Die Dauerausstellung, die in einer Reihe von miteinander verbundenen Räumen präsentiert wird, führt Sie von den Anfängen der ältesten bekannten mexikanischen Zivilisation vor 3000 Jahren zu 1000 Jahre alten Exponaten, Figuren und Urnen aus dem Amazonas-Gebiet.

Jedes einzelne Ausstellungsstück ist von herausragender Qualität, doch die Höhepunkte sind eine sehr modern anmutende weibliche Tonfigur im Nayarit-Stil aus dem nordwestlichen Mexiko, ein ungewöhnlicher, wie ein Jaguar geformter, 1000 Jahre alter Mühlstein aus Nicaragua und eine sehr schöne Fuchsitmaske mit Augen und Zunge aus Muschelschalen, von den Mayas vor über 1500 Jahren hergestellt.

193 E2 ✉ Carrer de Montcada 14
☎ 93 310 45 16;
www.musee-barbier-mueller.org
Di–Sa 10–18 Uhr, So 10–15 Uhr
Jaume I 14, 17, 19, 39, 40, 45, 51
preiswert; jeden ersten So im Monat freier Eintritt

### 5 Museu Tèxtil i de la Indumentària

Das Museum für Bekleidung und Stoffe teilt sich den Palau Nadal mit dem Museu Barbier-Mueller. Beide können mit einer Eintrittskarte besucht werden. Das Museum erstreckt sich auch über einen Teil des im 13. Jahrhundert erbauten Palau dels Marquesos de Lió, dessen Besichtigung sich schon allein wegen seiner verschwenderischen Deckengemälde lohnt. Wenn Sie an Mode interessiert sind, wird Ihnen das Museum gefallen – allerdings ist die Sammlung nicht sehr gut präsentiert. Die Ausstellung reicht von schönen hispanisch-arabischen Textilien von barocker Extravaganz bis hin zu den eher nüchternen Sechzigerjahren des 20. Jahrhunderts. Cristóbal Balenciaga ist eines der führenden Modehäuser, die dem Museum eine Schenkung gemacht haben.

193 E3 ✉ Carrer de Montcada 12
☎ 93 319 76 03; www.museutextil.bcn.es
Di–Sa 10–18 Uhr, So 10–15 Uhr
Jaume I 14, 17, 19, 39, 40, 45, 51
Café-Restaurant im Innenhof und angrenzendes Designergeschäft preiswert, jeden ersten So im Monat freier Eintritt

### 6 Parc de la Ciutadella

Der Parc de la Ciutadella, eine idyllische grüne Oase, eignet sich ideal für einen schattigen Spaziergang, ein Picknick oder eine Bootsfahrt. Auf dem Parkgelände fand 1888 die Weltausstellung statt, und etliche der dafür errichteten modernistischen Gebäude sind erhalten geblieben. Der Arc de Triomf, ein ungewöhnlicher Bogen im maurischen Stil, an der Passeig de Lluís Companys außerhalb des eigentlichen Parks gelegen, bildete den Haupteingang. Suchen Sie im Park das »Schloss der drei Drachen«, eine sehenswerte pseudo-mittelalterliche Burg aus rotem Backstein, entworfen von dem modernistischen

Das katalanische Parlament im Parc de la Ciutadella

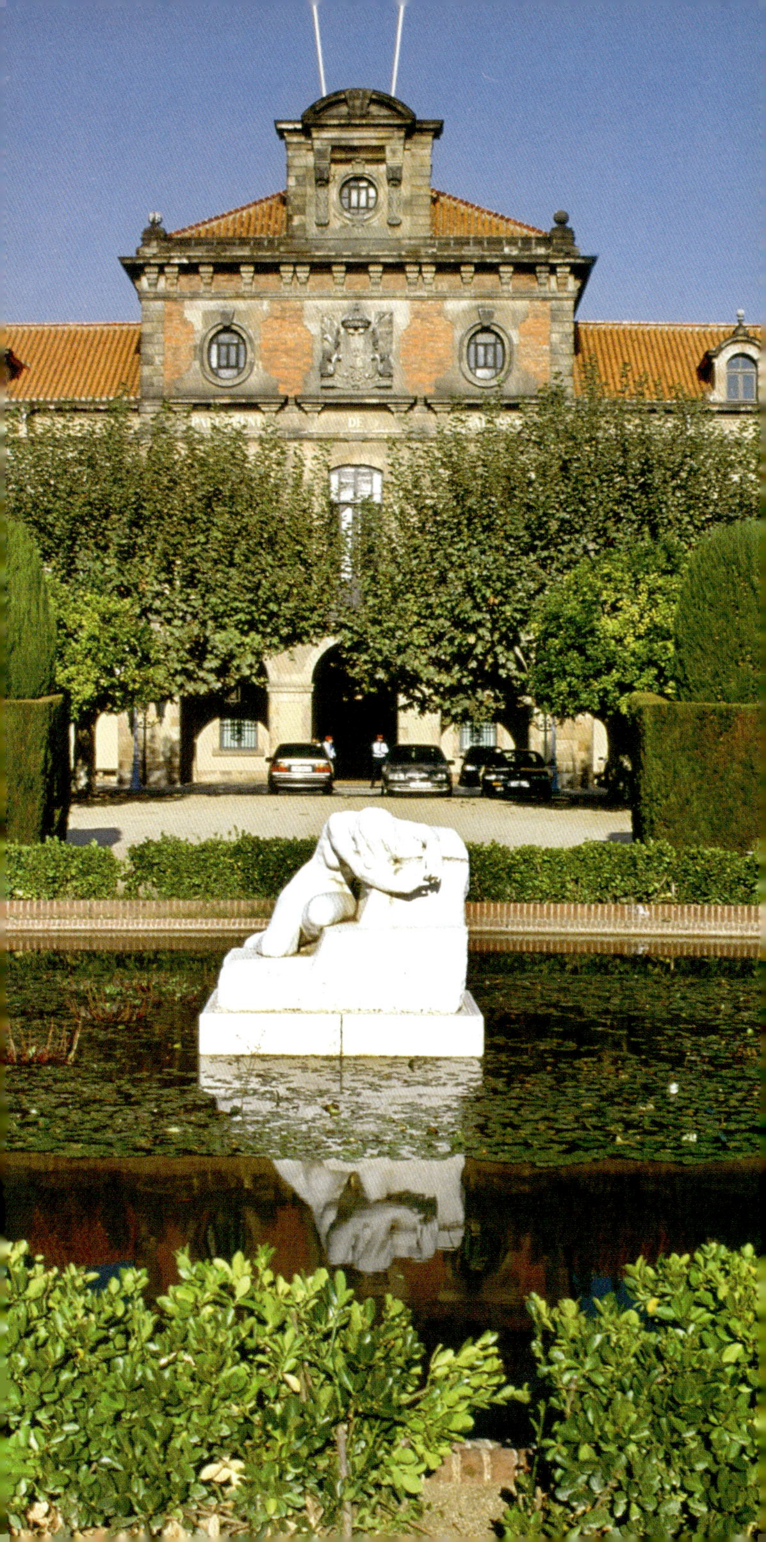

# La Ribera und Port Olímpic

Architekten Lluís Domènech i Montaner, die während der Weltausstellung als Café diente. Heute beherbergt sie ein zoologisches Museum. Das L' Umbracle, ein elegantes Gewächshaus aus Eisen und Glas, und der L' Hivernacle (➤ 93), der Wintergarten, stammen ebenfalls aus dieser Zeit. Am großen See in der Mitte des Parks stoßen Sie auf die *Cascada*, einen Brunnen mit Greifen und Meeresgottheiten. Die Grotte war eines von Gaudís ersten Projekten.

🚇 197 D3 ⏰ Park und Zoo im Sommer tägl. 10–19, im Winter tägl. 10–17 Uhr
🚉 Arc de Triomf, Barceloneta
🚌 14, 39, 40, 41, 42, 51, 141

### Die spanische Zitadelle
Der Parc de la Ciutadella nimmt das Gelände ein, auf dem sich früher einmal die im 18. Jahrhundert von Felip V erbaute Zitadelle befand. Als Symbol der spanischen Besatzung wurde sie schließlich zerstört und stattdessen ein Park angelegt.

**Gaudí wirkte beim Entwurf der monumentalen Cascada im Parc de la Ciutadella mit**

### Für Kinder
- Der Zoo im **Parc de la Ciutadella** (➤ 86ff) ist zwar teuer, zeigt aber über 450 verschiedene Tierarten in ausgesprochen naturnah gestalteten Gehegen. Im Park kann man auch Ruderboote mieten.
- Die interaktiven Bereiche des **Museu d'Història Catalunya** (➤ 88f)
- Frank Gehrys großer Fisch an der **Vila Olímpica** und die schönen Sandstrände in der Nähe (➤ 89f)

### 7 Museu d'Història de Catalunya
Der Palau de Mar, ein wunderschönes Ensemble restaurierter Backstein-Lagerhäuser, dominiert den nördlichen Teil des Port Vell in Barceloneta. Im Inneren führt eine aufwändige Ausstellung durch die Geschichte Kataloniens von der Vorgeschichte bis in die Gegenwart. Die attraktive Ausstellung ist interaktiv gestaltet, überaus aufschlussreich und verfügt über einige sehr gute Landkarten, Fotos und Rekonstruktionen.

**Nach Lust und Laune!**

Zu den Höhepunkten gehört eine Ritterrüstung zum Anprobieren. Die Exponate sind nur in Katalanisch beschriftet; Besucher, die kein Katalanisch sprechen, müssen mit den bruchstückhaften Informationen auskommen, die ihnen die übersetzte Broschüre liefert, die man mit der Eintrittskarte erhält. Die Mediathek im Obergeschoss bietet jedoch Informationen auf Englisch, und zwischen Juni und September werden ausgezeichnete Führungen auch in Englisch angeboten.

196 C2 ✉ Placa de Pau Vila 3
☎ 93 225 47 00; www.mhcat.net
Di, Do–Sa 10–19 Uhr, Mi 10–20 Uhr, So und feiertags 10–14.30 Uhr; geschl. am 25. und 26. Dez., 1. und 6. Jan.; Führungen Mi 22–24 Uhr, nur mit Anmeldung
Barceloneta 14, 17, 39, 40, 45, 57, 64, 157 preiswert; So und Feiertage inklusive Führungen um 12 und 13 Uhr. 1. So im Monat frei

### 8 Barceloneta

Klein-Barcelona besteht aus einem Gewirr enger, lebhafter Straßen, gesäumt von Fischerhäusern und niedrigen Mietshäusern; dazwischen befinden sich überall kleine Plätze und ein Park. Im 18. Jahrhundert durch Trockenlegung gewonnen, vergab man das neu geschaffene Land an Dockarbeiter und Matrosen. Heute kann man hier mediterranes Flair genießen. Das Zentrum bildet die hübsche Plaça de Barceloneta mit ihrer Kirche aus dem 18. Jahrhundert und dem Brunnen, an dem die Bewohner heute noch Trink-

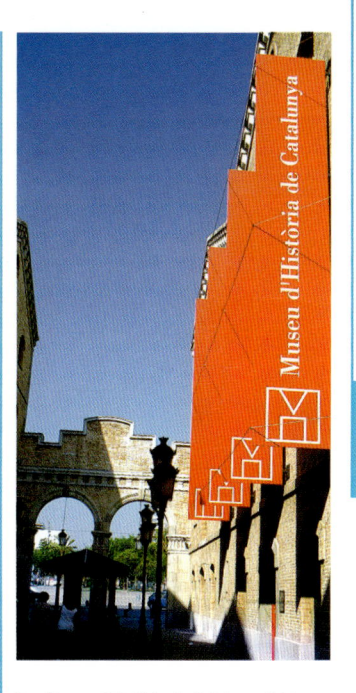

**Das Museu d'Història de Catalunya ist im Palau de Mar untergebracht**

wasser holen. Der Park ist ein guter Ort, um mittags ein Picknick zu machen – einkaufen kann man gleich auf dem nahe gelegenen Markt. Die alten *chiringuitos* – die Restaurants in den Strandhütten – sind weitgehend durch dauerhaftere Bauten ersetzt worden.

197 D1
Barceloneta, Cituadella-Vila Olímpica
17, 45, 57, 59, 64

### 9 Vila Olímpica

Die Olympischen Spiele von 1992 bescherten Barcelona einen beeindruckenden Komplex ultramoderner Apartmentblocks und einen schicken Yachthafen, den **Port Olímpic**. Zusammen sind sie unter dem Namen Vila Olímpica bekannt und

# La Ribera und Port Olímpic

**Die Strandbuden von Barceloneta (▶ 89) sind ideal zum Entspannen**

liegen nur einen kurzen, anregenden Spazierweg von Barceloneta entfernt. Ein Kasino, Einkaufszentren, Fischrestaurants, Bars und Erotikclubs wetteifern um Kundschaft. In Strandnähe befinden sich die zwei gewaltigsten Hochhäuser Spaniens. Das eine ist das Hotel Arts (▶ 36), das andere das Bürogebäude Torre Mapfre. In ihrem Schatten befindet sich die Bronzeskulptur eines gigantischen walartigen Fisches des amerikanischen Architekten Frank Gehry, der durch den Guggenheim-Neubau in Bilbao bekannt ist.
🚇 197 F2   Ⓜ Ciutadella-Vila Olímpica
🚌 10, 36, 41, 45, 57, 59, 71, 92, 157

## ❿ Die Strände von Barcelona

Wie viele andere Städte der Welt – einmal abgesehen von Rio und Sydney – können sich sauberer Sandstrände (*platges*) direkt vor ihrer Haustür rühmen? Barcelona erfreut sich gleich an fünf Kilometern davon, die sich von Barceloneta bis nach Diagonal Mar im Norden ausdehnen. Dahinter verläuft eine Strandpromenade, der von Palmen gesäumte Passeig Marítim. Duschen, Bars, Läden und Restaurants überall entlang dem Strand machen den Strandaufenthalt noch angenehmer. Auf die Wasserqualität wird geachtet, und es gibt Rettungsschwimmer und Erste-Hilfe-Stationen; Bojen im Wasser halten Boote und Jet-Skis von den Schwimmern fern. Die Strände, überdies gut mit den öffentlichen Verkehrsmitteln erreichbar, haben sich für den »Blaue-Flagge-Status« der EU qualifiziert, der Sauberkeit und Sicherheit garantiert.

Die drei Strände in direkter Stadtnähe (Platges Sant Sebastià, Barceloneta und Passeig Marítim) sind an heißen Tagen sehr voll, sodass es sich lohnt, etwas weiter nach Nova Icària, Bogatell, Mar Bella oder Nova Mar Bella zu gehen. An den beiden Letzteren kann man Wassersportgeräte ausleihen.
🚇 197 bei F2
Ⓜ Barceloneta, Ciutadella-Vila Olímpica, Bogatell, Llacuna, Poble Nou, Selva de Mar
🚌 10, 36, 41, 45, 57, 59, 71, 92, 157

# Wohin zum …
## Essen und Trinken?

### Preise
Ein Abendessen kostet pro Person (ohne Getränke):
€ unter 15 Euro €€ 15–35 Euro €€€ über 35 Euro

### Abàc €€€
Der elegante Raum mit Onyxvertäfelung, durch die sanftes Licht schimmert, bildet den richtigen Rahmen für die kreative Küche. Küchenchef Xavier Pellicer bietet unter anderem Taubenbraten mit Feigen und Meeräschen mit Wildpilzen. Der Service ist freundlich, die Auswahl an spanischen und katalanischen Weinen gigantisch. Zum krönenden Abschluss gibt's ausgefallene Desserts wie Erdbeeren in Vinaigrette.

🅟 193 F2 ✉ Carrer del Rec 79–89
☎ 93 319 66 00 🕐 Di–Sa 13.30–15.30, Mo–Sa 20.30–22.30 Uhr Ⓜ Barceloneta

### Agua €€
Wenn Sie Ihr Essen am Strand einnehmen wollen, schauen Sie bei Agua neben dem Hotel Arts (▶ 36) und nahe an der Vila Olímpica (▶ 89) vorbei. Die Speisekarte bietet eine gute Auswahl katalanischer und spanischer Gerichte, wie etwa gesalzenen Kabeljau mit getrockneten Tomaten, Naturreis mit grünem Gemüse und Ingwer; Nudeln, Hamburger und Salat gibt es auch. Die Spezialitäten des Hauses werden in einem Kohleofen zubereitet. Das Innere des Renaissance-Hauses ist modernisiert. Im Sommer sind Reservierungen notwendig.

🅟 197 E1 ✉ Passeig Marítim de La Barceloneta 30 ☎ 93 225 12 72
🕐 Mo–Sa 13.30–17, 20.30–24 Uhr (Fr und Sa bis 1 Uhr), So 13.30–17 Uhr Ⓜ Barceloneta

### Cal Pep €€
Wenn Sie es schaffen, schnappen Sie sich einfach einen Stuhl an der vollen Theke und zeigen auf irgendwelche Tapas (es sei denn, Sie sprechen Katalanisch). Oder warten Sie darauf, in dem kleinen Restaurant einen Platz zugewiesen zu bekommen. Probieren Sie die köstlichen Gerichte wie etwa *pebrots del padro* (gebackene grüne Paprika), Kichererbsen mit Spinat und katalanischer Sauce oder Flusskrebse in Chilisauce.

🅟 197 E2 ✉ Plaça de les Olles 8
☎ 93 310 79 61 🕐 Di–Sa 13.30–16, 20–23.45 Uhr, Mo 20–23.45 Uhr; geschl. Ostern, Aug., Feiertage Ⓜ Jaume I

### Can Ramonet €€€
Eine neue Terrasse ist zu den Attraktionen dieses Familienbetriebs hinzugekommen. An einem renovierten Platz im Herzen Barcelonetas gelegen, hat das Restaurant vorne eine Bar mit Stehtischen und einige Sitzgelegenheiten, wo man Meeresfrüchte-Tapas, Bier und manchmal regionale Weine bestellen kann. Das ist zwar enger, aber billiger als das Essen in einem der zwei Speiseräume mit Holztischen im hinteren Bereich. Die Meeresfrüchte sind ausnehmend gut, und es lohnt sich, den Preis für fangfrischen Meerhecht, Engelbarsch oder Schellfisch zu bezahlen, die spektakulär am Eingang ausgestellt sind. Zu den Spezialitäten gehören Hummer mit Muscheln, Kabeljau mit *romesco* und eingelegten Sardellen. Vegetarier können sich für geschmorte Artischocken oder *tortilla* mit Spinat und Bohnen entscheiden.

🅟 193 F1 ✉ Carrer de la Maquinista 17
☎ 93 319 30 64 🕐 tägl. 12–24 Uhr Ⓜ Barceloneta

### Can Ros €
In diesem beliebten Fischrestaurant in Barcelonета gibt es neben einer langen Liste von Tapas auch eine reiche

## 92 La Ribera und Port Olímpic

Auswahl an klassischen Gerichten wie Paella oder *arròs negre* (Reis gekocht mit Sepia-Tinte). Während Sie auf Ihr Hauptgericht warten, können Sie *peixet* (frittierte Breitlinge), Krabben und Miesmuscheln knabbern. Angesichts der Qualität des Essens sind die Preise geradezu bescheiden.

🗺 196 C1 ✉ Carrer de l'Almirall Aixada 7 ☎ 93 221 50 79 🕐 Do–Di 13–17, 20–24 Uhr, Mo 13–17 Uhr Ⓜ Barceloneta

### Euskal Etxea €€

*Pintxos* sind die baskische Version von Tapas – angeblich die besten in Spanien. Für die beste Auswahl müssen Sie früh am Abend kommen, aber selbst dann müssen Sie wahrscheinlich stehen. Es gibt zwar im hinteren Teil ein baskisches Restaurant – aber ein Teil des Vergnügens ist der Kampf an der belagerten Bar um ein Stück Thunfisch, Krebszangen und viel, viel mehr.

🗺 193 E2 ✉ Placeta de Montcada 1–3 ☎ 93 310 21 85 🕐 Bar: Di–Sa 20.30 bis 23.30 Uhr, So 12.45–15.30 Uhr; Restaurant: Di–Sa 13–15.30, 21–23.30 Uhr Ⓜ Jaume I

### Little Italy €€

In diesem beliebten Restaurant kann man zwei Vergnügen miteinander kombinieren: gute mediterrane Küche und Jazz (Montag bis Donnerstag). Auf der Karte stehen italienische Pasta- und Reisgerichte ebenso wie spanische Köstlichkeiten. Früher wurde auf diesem Gelände Dorsch getrocknet. In der Stadt gibt es noch zwei weitere Filialen.

🗺 193 F2 ✉ Carrer del Rec 30 ☎ 93 319 79 33; www.littleitaly.es 🕐 tägl. 13–16, 21–24 Uhr, Mo–Do Live-Jazz Ⓜ Barceloneta

### Oben €

Ein großes Restaurant mit Kost aus der Bio-Küche; der Bio-Laden nebenan verkauft unbehandeltes Obst und Gemüse. Die Speisekarte des Restaurants ist recht umfangreich, alles wird lecker zubereitet und ist nicht überteuert.

🗺 193 D2 ✉ Via Laietana 28 ☎ 93 295 50 69 🕐 tägl. 9–24 Uhr Ⓜ Jaume I

### Passadís d'en Pep €€€

Auch wenn dieses Restaurant von der Straße aus so gut wie unsichtbar und schwer zu finden ist (man muss eine lange, nicht beschilderte Passage am Caixa-Bürogebäude hinunter gehen), lohnt es sich, sich auf die Suche zu begeben: Die Meeresfrüchte hier sind phantastisch. Es gibt keine Speisekarte, nur jeweils das, was frisch angeliefert wird. Im Preis für die gut zubereiteten katalanischen und spanischen Gerichte inbegriffen ist ein Büfett, das einem das Wasser im Munde zusammenlaufen lässt, sowie *cava*. Unbedingt reservieren.

🗺 193 E1 ✉ Plaça del Palau 2 ☎ 93 310 10 21; www.passadis.com 🕐 Mo–Sa 13.30–15.30, 21–23.30 Uhr; geschl. drei Wochen im Aug. Ⓜ Barceloneta

### El Rey de la Gamba €€

Krabben und Miesmuscheln – mit geräuchertem Speck serviert – gehören zu den besonderen Spezialitäten dieses großen Restaurants in Barceloneta. An den Wochenenden ist es brechend voll, aber wenn Sie es geschafft haben, einen Platz im Freien zu ergattern, können Sie den wunderschönen Blick auf den Hafen genießen.

🗺 196 C1 ✉ Passeig Joan del Borbó 46–53 ☎ 93 225 64 00; www.elreydelagamba.com 🕐 tägl. 12–24 Uhr Ⓜ Barceloneta

### El Rovell €–€€

Im Herzen des Born-Viertels werden immer mehr neue gute Restaurants wie dieses hier eröffnet. Das katalanische Wort *rovell* bedeutet »Eigelb« und soll auf die frischen, gesunden Speisen hinweisen, die im Inneren des Lokals auf den Teller kommen. Man sitzt an sauberen Holztischen und speist eine Auswahl moderner Tapas.

🗺 193 E2 ✉ Carrer de l'Argentaria 6 ☎ 93 269 04 58; www.elrovelldelborn.com 🕐 Di–So 11–24 Uhr Ⓜ Jaume I

### Senyor Parellada €€

Die helle katalanische *taberna* mit Tischen und Bänken in einem überdachten Patio blickt auf eine 50-jährige Geschichte zurück und serviert entsprechend solide Hausmannskost. Die farbenfrohen Karten sind in Stoffservietten eingewickelt, und ein kleines Schälchen mit Oliven lädt zum Knabbern ein, während man auf die Hauptspeise, zum Beispiel auf Lamm mit ganzen Knoblauchknollen oder Stockfisch mit Honig wartet.

✚ 193 E2 ✉ Carrer de l'Argentería 37
☎ 93 310 50 94 ⏰ tägl. 13–15.45, 20.30–23.45 Uhr Ⓜ Jaume I

### Les Set Portes €€€

Wenn Sie in Barcelona nur einmal Paella essen wollen, dann hier. Das riesige, historische Restaurant öffnete seine sieben Pforten schon 1836 und serviert seitdem täglich eine Auswahl unterschiedlicher Paellas. Die Schalentier-Paella ist ein Klassiker, aber auch Varianten mit Tintenfischtinte, Kaninchen oder Sardinen lohnen den Versuch. Es gibt auch leckere Fisch- und Schmorgerichte. Hoher Standard, flinker Service und erstaunlich moderate Preise.

✚ 193 E1 ✉ Passeig d'Isabell II 14
☎ 93 319 29 50 ⏰ 13–1 Uhr Ⓜ Barceloneta

### Vascelum €€€

Hier wird die moderne katalanische Küche zelebriert, die in einer eleganten Umgebung mit Blick auf Santa Maria de Mar dargeboten wird. Die Preise sind leider relativ hoch, aber es gibt auf der Speisekarte ein etwas billigeres Mittagessen.

✚ 193 E2 ✉ Plaça de Santa Maria 4
☎ 93 319 01 67 ⏰ Mi–Mo 12.30–16, 20–24 Uhr Ⓜ Jaume I

## BARS UND CAFÉS

### Café de la Ribera €

Setzen Sie sich draußen auf den friedlichen verkehrsfreien Platz und genießen Sie die nicht allzu teuren Tapas, die bis 1 Uhr nachts serviert werden. Zur Mittagszeit kann es voll sein.

✚ 193 E2 ✉ Plaça de les Olles 6
☎ 93 319 50 72 ⏰ Mo–Sa 8.30–1 Uhr
Ⓜ Barceloneta

### L'Hivernacle €

Das märchenhaft modernistische Gewächshaus im Parc de la Ciutadella (▶ 86) ist Kulisse eines Freiluft-Bar-Cafés. Unter »Luftwedeln«, die für Erfrischung sorgen, werden Getränke und kleine Mahlzeiten serviert.

✚ 197 D3 ✉ Parc de la Ciutadella
☎ 93 295 40 17 ⏰ tägl. 10–13 Ⓜ Arc de Triomf

### Palau Dalmases €

Im Erdgeschoss eines Palastes mit einem wunderschönen Innenhof gelegen, wirkt der Palau Dalmases wie eine Filmkulisse. Das Innere der Bar ist in barockem Stil eingerichtet und entsprechend luxuriös dekoriert.

✚ 193 E2 ✉ Carrer de Montcada 20
☎ 93 310 06 73 ⏰ Di–Sa 20–2 Uhr, So 18–22 Uhr Ⓜ Jaume I

### Têxtil Café €

Das Têxtil Café ist eine Oase der Ruhe und befindet sich im Innenhof des im 14. Jahrhundert erbauten Palau dels Marquesos, der sowohl das Museu Têxtil i de la Indumentària wie auch das Museu Barbier-Mueller d'Art Precolombí beherbergt (▶ 86). Hier gibt es einfache, leichte Gerichte.

✚ 193 E3 ✉ Carrer de Montcada 12–14
☎ 93 268 25 98; www.museu-textil.bcn.es
⏰ Di–So 10–24 Uhr Ⓜ Jaume I

### El Xampanyet €

Diese kleine Bar ist ein Muss auf jeder *cava*- und *tapas*-Tour. Die Dekoration mit bunten Kacheln und antikem Nippes hat sich seit den Dreißigerjahren wenig verändert. Weitere Spezialitäten sind Cava – der Rosé ist eine beliebte Variante – und Cidre. Probieren Sie die hervorragenden Sardellen und die Tortillas.

✚ 193 E2 ✉ Carrer de Montcada 22
☎ 93 319 70 03
⏰ Di–Sa 12–16, 18.30–23.30 Uhr, So 12–16 Uhr; geschl. im Aug.
Ⓜ Jaume I

# Wohin zum... Einkaufen?

In La Ribera finden Sie jede Menge Designermodeboutiquen, Galerien und kleine Läden. Schmuck, ein breites Angebot an Kunstgewerbe und verlockende Lebensmittel kann man hier besonders gut einkaufen. Die neuesten Informationen über die Läden der Gegend und die gerade angesagtesten Bars und Restaurants finden Sie in *Born Circuit*, einer überall erhältlichen, mehrsprachigen Broschüre.

## MÄRKTE

Jeden Montag, Mittwoch, Freitag und Samstag findet der bunte Flohmarkt **Els Encants** auf der Carrer Dos de Maig in der Nähe der Plaça de le Glories (U-Bahn: Glòries) statt. Von 9 Uhr morgens bis 20 Uhr abends können Sie sich durch das Angebot wühlen – wer weiß, vielleicht finden Sie eine Antiquität oder einfach etwas, was Ihnen gefällt.

## KUNST UND KUNSTHANDWERK

Die **Galeria Maeght** (Montcada 25, Tel. 93 310 42 45, U-Bahn: Jaume I) ist vielleicht die exklusivste Kunstgalerie der Stadt, untergebracht in einem bemerkenswerten Renaissance-Palast. Der angrenzende Buchladen besitzt eine großartige Auswahl an Veröffentlichungen zu den Themen Kunst, Architektur, Design und Fotografie des 20. Jahrhunderts sowie eine Reihe hochwertiger Reproduktionen und Plakate. Töpfer- und Glaswaren finden Sie im eleganten **1748** (Plaça Montcada 2, Tel. 93 319 54 13, U-Bahn: Jaume I). **Ici et Là** (Plaça Santa Maria 2, Tel. 93 268 11 67, U-Bahn: Jaume I) ist auf Accessoires einheimischer Designer spezialisiert. Die Pappmaché-Figuren, etwa die Drachen oder die von Gaudí inspirierten Monster, die es bei **Kitsch** (Placeta de Montcada 10, Tel. 93 319 57 68, U-Bahn: Jaume I) gibt, sind sehr ungewöhnliche Souvenirs. **Montcada Taller** (Placeta de Montcada 10 bis, Tel. 93 319 15 81, U-Bahn: Jaume I) bietet tolle und innovative Glaswaren von einheimischen Handwerkern – viele talentierte Künstler beginnen ihre Karriere hier.

## MODE UND ACCESSOIRES

Die feinen silbernen Ohrringe und Ringe, die das Fenster von **0,925 Argenters** (Montcada 25, Tel. 93 319 43 18, U-Bahn: Jaume I) schmücken, werden auch Sie hineinlocken. Werfen Sie auch einen Blick in die **Botiga Texil** (Carrer de Montcada 12, Tel. 93 310 74 03, U-Bahn: Jaume I) am Museu Têxtil i de la Indumentària (▶ 86), sie ist eine Fundgrube für neueste Mode. Wenn Sie nach Taschen suchen, werden Sie sicher in der **Casa Antich** (Carrer Consolat del Mar 27–31, Tel. 93 310 43 91, U-Bahn: Barceloneta) fündig. Das schicke Mini-Einkaufszentrum und Restaurant **Café de la Princesa** (Carrer Flassaders 21, Tel. 93 268 15 18, U-Bahn: Jaume I) hat den Wahlspruch *Et Volem* (»Wir wollen Sie«) – sobald Sie die hübschen Boutiquen gesehen haben, die Schmuck, modische Kleidung und Geschenke verkaufen, wird dieses Bedürfnis ein gegenseitiges sein.

## LEBENSMITTEL UND WEIN

**Bubo** (Caputxes 10, Tel. 93 268 72 24, U-Bahn: Jaume I) ganz in der Nähe von Santa Maria del Mar verkauft wirklich wundervolles Konfekt. Die köstlichen Süßwaren und Kuchen sind wahre Kunstwerke. Die **Casa Gispert** (Carrer Sombrerers 23, Tel. 93 319 75 35, U-Bahn: Jaume I) verkauft säckeweise geröstete Walnüsse, Mandeln und Pistazien. Ebenso köstlich ist **El Magnificio** (Carrer Argenteria 64, Tel. 93 319 60 81/93 310 33 61, U-Bahn: Jaume I), wo ein großartiges Sortiment an Kaffeebohnen – einschließlich der Sorte *Blue Mountain* aus Jamaika – ein herrliches Aroma verbreitet. Der exklusive Teeladen

# Wohin zum ... Ausgehen?

Auch wenn in La Ribera, und insbesondere im In-Viertel Born, nachts durchaus etwas los ist, so hat sich doch das Zentrum von Barcelonas Nachtleben zur Küstenseite und in die neue Olympische Stadt verlagert. Nachtclubs dort haben keinerlei Auflagen, was Lärmbelastung und Öffnungszeiten anbelangt, und die Clubs dort haben sich zu den beliebtesten Stammkneipen der Stadt entwickelt.

## SPORT

Erwartungsgemäß zählt Wassersport zu den Hauptaktivitäten, obgleich Sitges, Castelldefels und die Costa Brava zum Windsurfen, Segeln und Paddeln besser geeignet sind. An der **Base Nautica de la Mar Bella** (Tel. 93 221 04 32, U-Bahn: Selva de Mar), einem der Strände entlang der Avinguda Litoral, können Sie Windsurf- und Schnorchel-Ausrüstungen und auch kleine Boote mieten. Sie können hier auch segeln lernen. Alternativ können Sie aber auch einfach nur an einem der nahe gelegenen Strände schwimmen (▶ 90).

## MUSIK

Der **Palau de la Musica Catalana** (▶ 78f) hat vielleicht nicht die beste Akustik der Welt, aber ein Konzert in diesem extravaganten Ambiente ist unvergesslich. Versuchen Sie eine Aufführung des Amateurchors **Orfeó Català** mitzuerleben, für den die Konzerthalle ursprünglich gebaut

---

**Sans & Sans** (Argenteria 59, Tel. 93 319 60 81, U-Bahn: Jaume I) wird von denselben Besitzern betrieben. Ganz andere Gerüche dringen aus dem Laden **Tot Formatge** (Passeig del Born 13, Tel. 93 319 53 75, U-Bahn: Barceloneta). Die Auswahl an Käse ist riesig, und es werden alle guten katalanischen Ziegenkäse und *mató* (Hüttenkäse) angeboten. Ergänzen Sie Ihren Einkauf mit einer Flasche von der **Vila Vinateca** (Carrer Agullers 7–9, Tel. 93 268 32 27, U-Bahn: Jaume I), einem der führenden Weinläden der Stadt.

## VERSCHIEDENES

Da Sie sich in La Ribera an der Küstenseite Barcelonas befinden, können Sie hier garantiert einen Laden für Angelzubehör finden, etwa die **Casa Calico** (Plaça de les Olles 9, Tel. 93 319 18 18, U-Bahn: Barceloneta), ein traditionsbewusster Betrieb, der Generationen von Fischern und Sportanglern gedient hat. **La Casa del Feltre** (Carrer Canvis Vells 8, Tel. 93 319 39 00, U-Bahn: Barceloneta) verkauft Filz in allen Farben des Regenbogens. Nostalgische Haushalts- und Küchenwaren im Stil der 40er-Jahre finden sich bei **Ivo & Co** (Carrer del Rec 20, Tel. 93 268 33 31, U-Bahn: Barceloneta). Comicfans müssen **Norma Comics** (Passeig de Sant Joan 9, Tel. 93 244 84 23, U-Bahn: Arc de Triomf) aufsuchen: Neben einer Galerie, die historische Comics ausstellt, und einem besonderen *Tim-und-Struppi*-Laden hat das Geschäft Tausende von Comics aus Europa, Nordamerika und Japan im Angebot. Angehende Magier und Möchtegern-Zauberer sind in dem Laden **El Rei de la Magia** (Carrer Princesa 11, Tel. 93 319 39 20, U-Bahn: Jaume I) richtig aufgehoben, einem der außergewöhnlichsten Läden der Stadt. Barcelonas Verbindung zu Kuba wird angesichts des Warenangebots in **L'Estanc de Via Laetana** augenfällig (No 4, Tel. 93 310 10 34, U-Bahn: Jaume I). Auch dieser Laden ist eine Institution; Havanna-Zigarren sind die Stars unter dem Riesensortiment von Luxus-Rauchwaren.

wurde, oder besuchen Sie dessen professionelle Entsprechung, den Kammerchor **Cor de Cambra del Palau de la Música**. Einer von beiden gibt während der Saison mindestens einmal in der Woche ein Konzert. Die Kasse (Tel. 902 442 882) ist von Montag bis Samstag von 10 bis 21 Uhr geöffnet. Bei Sonntagskonzerten öffnet die Kasse eine Stunde vor Konzertbeginn. Sie können es auch über Servi-Caixa versuchen (▶ 42).

Das **OBC**, das nationale katalanische Orchester, spielt im **L'Auditori** (Carrer Lepant 150, U-Bahn: Marina). In der Sala Simfònica finden 2300 Besucher Platz. Kammerkonzerte und Liederabende finden in der recht kleinen Sala Polivalente statt. Der Einrichtungsstil ist sehr modern und einige konservative Zuschauer boykottierten das Gebäude, aber das Programm ist beeindruckend. Die Kasse (Tel. 902 101 212) ist Mo-Sa von 10 bis 21 Uhr geöffnet. Nach einem Konzert am Abend bringt Sie der **Bus de les Arts** schnell zurück zu Plaça de Catalunya. Die herrliche **Basílica de Santa Maria del Mar** (▶ 80f) bildet einen überwältigenden Rahmen für gelegentliche klassische Konzerte.

Ein ganz anderes Publikum zieht das **Magic** an (Passeig de Picasso 40, Tel. 93 310 72 67, U-Bahn: Barceloneta), ein Wochenend-Treffpunkt für Pop-, Rock- und Jazz-Livekonzerte. **Penúltimo** (Passeig del Born 19, Tel. 93 310 35 96, U-Bahn: Jaume I) im Herzen von Born bietet Jazz, Flamenco, Tango und andere Latinomusik. Auf der anderen Seite, in Richtung Poble Nou, liegt das **Zeleste** (Carrer Almogàvers 122 und Pamplona 88, Tel. 93 468 44 22, U-Bahn: Marina), ein beliebter Rockclub, der donnerstags bis sonntags geöffnet hat.

## KINO

Das hochmoderne **Icària Yelmo Cineplex** (Carrer Salvador Espriu 61, Tel. 93 221 75 85/72 56, U-Bahn: Ciutadella-Vila Olímpica) im olympischen Dorf umfasst 25 Leinwände. Die Hälfte der Filme sind Hollywood-Filmhits, aber es gibt auch ein ganz anständiges Programm mit ernsthafteren, unabhängigen Streifen. Es ist eines der wenigen Kinos in Barcelona, das behindertengerecht ist.

## THEATER

Wenn Sie kein Katalanisch sprechen, ist das **Teatre Nacional de Catalunya** (Plaça de les Arts 1, Tel. 93 306 57 00, U-Bahn: Glòries) von wenig Interesse. Aber häufig gibt es dort auch Tanzvorführungen.

## NACHTCLUBS

Der Born ist noch immer eines der Zentren von Barcelonas Nachtleben. Gehen Sie ins **Magic/Magic in the Air** (Passeig de Picasso 40, Tel. 93 310 72 67, U-Bahn: Barceloneta), einen etwas überfüllten Club, der die Leute mit seiner Musik – stark und brandaktuell – anzieht.

Das **Astin** (Carrer Abaixadors 9, Tel. 93 300 00 90, U-Bahn: Jaume I) gilt als Vorreiter in Sachen Rock. Wenn Ihre Ohren müde sind, gönnen Sie sich einen Cocktail in einer der Bars am Passeig del Born: im **Miramelindo** (Nr. 15), der besten, oder im **Berimbau** und dem **Trípode** (beide Nr. 17).

Während die zahlreichen Diskos – einige von ihnen sehr ausgefallen – im Olympischen Dorf noch florieren, sind neue interessante Plätze in Poblenou entstanden. Das riesige **Razzmatazz** etwa (Carrer Almogàvers 122, Tel. 93 272 09 10; U-Bahn: Marina) präsentiert nationale und internationale Rockbands. In der umgebauten Fabrik ist viel Platz, um am Wochenende ganze Nächte durchzutanzen.

House, Funk, R&B, Rap, Techno und Hip Hop – oder auch nur ein Drink – locken ins **Catwalk** (Carrer de Ramon Trias Fargas 2–4, Tel. 93 221 61 61, U-Bahn: Ciutadella-Vila Olímpica). Der **Baja Beach Club** (Passeig Marítim de la Barceloneta 34, Tel. 93 221 61 61, U-Bahn: Ciutadella-Vila Olímpic) besitzt die größte Strandterrasse von ganz Barcelona. Hier kann man die ganze Nacht über tanzen und sich amüsieren.

# Eixample

An einem Tag 100
Nicht verpassen! 102
Nach Lust und Laune! 118
Wohin zum … 122

# Erste Orientierung

Der Stadtteil Eixample ist der krasse Gegensatz zur engen und unübersichtlichen Altstadt. Hier lebt die wohlhabende Mittelschicht Barcelonas. Im Herzen liegt das »Quadrat d'Or« (goldenes Viereck) mit eleganten Straßen und Jugendstilbauten, darunter zwei Gebäude von Gaudí. Einen märchenhaften Park und die weltweit innovativste Kathedrale gibt es gleichsam gratis dazu.

Als sich Barcelona vor 150 Jahren über seine mittelalterlichen Stadtmauern hinaus ausdehnte, wurde die Stadterweiterung, das Eixample, im perfekten Schachbrettmuster mit quadratischen Hausblöcken (*manzanas*) gestaltet. Die Hauptstraße, der elegante Passeig de Gràcia, bietet gehobene Restaurants und noch schickere Boutiquen dicht an dicht. Der beeindruckendste Block am Passeig de Gràcia, bekannt als Manzana de la Discordia, fungiert gleichsam als Schaufenster der drei größten modernistischen Architekten, unter ihnen Gaudí.

Der Boulevard fällt leicht in Richtung Gràcia ab, einem Künstlerdorf, das sich stur weigert, sich in die Stadt integrieren zu lassen. Auf dem Weg dorthin passiert man ein weiteres Gaudí-Meisterwerk, die Casa Milà. In dieser Gegend liegt auch Gaudís märchenhafter Parc Güell.

Auf dem Rückweg nach Eixample kann man die Sagrada Família besichtigen, Gaudís unvollendetes Meisterwerk und die beeindruckendste Sehenswürdigkeit Barcelonas.

**Vorherige Seite: Gaudís schmiedeeiserne Palmenblätter schmücken die Tore der Casa Vicens**

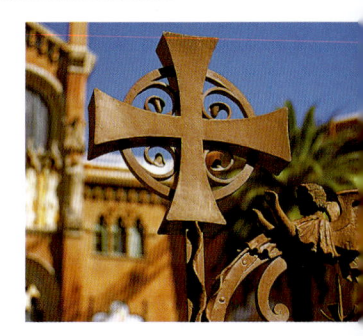

**Oben: Ein Detail am Hospital de la Santa Creu i de Sant Pau**

**Rechts: Die Cafés am Passeig de Gràcia laden zu einer Pause beim Einkaufsbummel ein**

**Links: Das Avinguda Portal de l'Angel**

**Erste Orientierung**

## ⭐ Nicht verpassen!

1. Manzana de la Discordia ➤ 102
5. Casa Milà ➤ 105
7. Gràcia ➤ 108
8. Parc Güell ➤ 110
10. La Sagrada Família ➤ 113

## Nach Lust und Laune!

2. Fundació Antoni Tàpies ➤ 118
3. Museu Egipci ➤ 118
4. Fundació Francisco Godia ➤ 119
6. Casa Taller Durancamps ➤ 120
9. Hospital de la Santa Creu i de Sant Pau ➤ 121

**Eixample**

Die außergewöhnliche Architektur von Gaudí und anderen Modernisten reicht für einen ganzen Tag unvergesslichen Sightseeings – mit unglaublichen Fassaden, einem unwirklich erscheinenden Park und einer Kathedrale, die gar keine ist …

# Eixample an einem Tag

## 9 Uhr

In Eixample hat man schon am frühen Morgen die Qual der Wahl, wohin man auf eine Tasse Kaffee gehen soll. Besuchen Sie entweder das Bracafé (Carrer de Casp 2), um einen starken *tallat* (einen kleinen Kaffee mit Milch, im Spanischen *cortado* genannt) zu trinken, oder schlürfen Sie einen leckeren Cappuccino im Laie Llibreria-Café (Carrer de Pau Claris 85).

## 9.30 Uhr

Schlendern Sie den Passeig de Gràcia bis zur **1 Manzana de la Discordia** (links, ➤ 102ff) hinauf. Der Block besteht aus drei sehr unterschiedlichen modernistischen Fassaden. Verbringen Sie danach einige Zeit in der nahe gelegenen **2 Fundació Antoni Tàpies** (➤ 118) oder in der **4 Fundació Francisco Godia** (➤ 119), je nachdem, ob Sie alte Meister oder zeitgenössische Kunst vorziehen.

## 11.30 Uhr

Folgen Sie dem leicht ansteigenden Passeig de Gràcia; die ungewöhnlichen, modernistischen Laternenpfähle mit Bänken laden zur Rast ein, während der Sie die Fassade der **5 Casa Milà**, auch als La Pedrera bekannt (➤ 105ff), bewundern können. Gehen Sie dann hinein und genießen Sie die Aussicht vom Dach (rechts). Besuchen Sie die Ausstellung im ersten Stock, wenn Sie Lust haben.

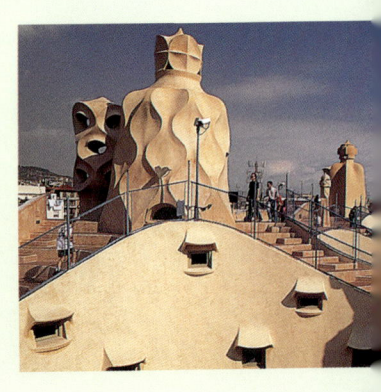

**An einem Tag**

## 13 Uhr

Es wird Zeit, ans Mittagessen zu denken – am besten in **7 Gràcia** (links, ➤ 108f) mit seinen einfachen Restaurants. Sie erreichen Gràcia, indem Sie den Passeig de Gràcia weiter hinaufgehen, bis sich die Straße zur Carrer Gran de Gràcia verengt. Biegen Sie auf einen der kleinen Plätze wie die Plaça Rius i Taulet oder die Plaça del Sol ab, wo Sie sich mit einem *menú del dia* stärken können.

## 15.30 Uhr

Von der Plaça Lesseps, am Ende der Carrer Gran de Gràcia, gehen Sie die Travessera de Dalt entlang und folgen den Schildern zum **8 Parc Güell** (➤ 110ff), die Avinguda del Santuari de Sant Josep de la Muntanya hinauf und dann weiter auf der Carrer d'Olot. Planen Sie mindestens eine Stunde für den Park und die herrliche Aussicht ein.

## 17.30 Uhr

Kehren Sie rechtzeitig zur **10 Sagrada Família** (rechts, ➤ 113ff) zurück: Der Blick von den Türmen bietet bei Sonnenuntergang ein wunderschönes Panorama. Nehmen Sie ein Taxi oder nutzen Sie die öffentlichen Verkehrsmittel – mit dem Bus Nr. 24 oder mit der U-Bahn bis zur Diagonal und dann weiter zur Station Sagrada Família.

## 20.30 Uhr

Am Abend bietet Eixample zahllose Unterhaltungsmöglichkeiten: Ein Abendessen in einem schicken Restaurant, Cocktails in einer Designerbar, ein Film in einem Programmkino oder eine durchtanzte Nacht in einem »In«-Club. An Sommerwochenenden amüsiert man sich gerne auf dem Dach der Casa Milà (➤ 105ff).

# Manzana de la Discordia

Seite an Seite stehen am Passeig de Gràcia die Casa Lleó Morera, die Casa Amatller und die Casa Batlló und bilden so eines der berühmtesten architektonischen Gebäudeensembles in Barcelona. Die Häuser wurden von drei führenden Köpfen des Modernismus gebaut.

### Der Häuserblock der Zwietracht
Der Name »Manzana de la Discordia« ist ein raffiniertes Wortspiel, denn Manzana meint im Spanischen sowohl »Häuserblock« als auch »Apfel«, sodass der Begriff sich als »Häuserblock der Zwietracht« oder als »Zankapfel« übersetzen lässt – Letzteres ist eine Anspielung auf die griechische Mythologie. Im Katalanischen funktioniert dieses Wortspiel nicht, denn für »Häuserblock« und »Apfel« gibt es verschiedene Wörter. In Barcelona werden Sie eher Hinweise auf die Illa de la Discordia sehen – der eigentliche katalanische Name.

## Casa Lleó Morera
An der Ecke zur Carrer del Consell de Cent (Passeig de Gràcia 35) steht die Casa Lleó Morera, die reich verzierte Neugestaltung eines Hauses, die Lluís Domènech i Montaner im Auftrag eines Wirtschaftsbosses aus Barcelona, Albert Lleó i Morera, 1905 vornahm. Die an Steinverzierungen reiche Neorenaissance-Doppelfassade weist unzählige Symbole auf, wobei wiederkehrende Motive auffallen: Achten Sie auf den Löwen (*lleó*) und den Maulbeerbaum (*morera*) sowie dessen Blätter. Der Haupteingang an der Nebenstraße ist mit grüner Keramik dekoriert, und an einem Erker an der Ecke kann man eine Marmorsäule entdecken – tatsächlich ist nur der sichtbare Teil aus Marmor, der Rest einfacher Stein. Besichtigungen sind nicht möglich.

200 B1
Passeig de Gràcia 35–45  Passeig de Gràcia
7, 16, 17, 20, 22, 24, 28, 43, 44

**Casa Amatller**
93 487 72 17  Mo–Sa 10–20 Uhr
frei

**Casa Batlló**
93 216 03 06; www.casabattlo.es
tägl. 9–20 Uhr  teuer

**Manzana de la Discordia** ★ 103

### Casa Amatller

Bei der Casa Amatller (Nr. 41), die in 1900 vor der Casa Lleó Morera fertig gestellt wurde, verfolgte der Architekt Josep Puig i Cadafalch eine andere Gestaltung. Für seinen Auftraggeber Antoni Amatller erstellte er eine ausgefallene Version eines holländischen oder flämischen Spitzgiebelhauses. Er fügte einige gotische Details hinzu, etwa Wasserspeier, gewundene Säulen und steinerne Wappen, außerdem eine (falsche) Marmorsäule. Katalonien wird durch den heiligen Georg verkörpert: Der Drachentöter klammert sich an eine Säule der mittelalterlich gestalteten Türen. Das fein gearbeitete Sgraffito an der Hauptfassade wird durch ungewöhnliche Keramikverzierungen noch betont.

Die Fenster und die Hausform selbst sind stilisierte Versionen des Buchstaben A nach den Initialen von Antoni Amatller.

*Die Casa Amtller und die Casa Batlló am Passeig de Gràcia mühen sich redlich, nicht zusammenzupassen*

*Links: Außen an der Casa Amatller erlegt der hl. Georg den Drachen*

*Rechts: Eine der schädelartigen Balkonbrüstungen an der Casa Batlló*

## Casa Batlló

Schließlich erreichen Sie die Casa Batlló, eines der modernistischen Glanzstücke Barcelonas. Der eindrucksvolle Bau wurde einst von Gaudí für den Textilindustriellen Josep Batlló i Casanovas errichtet. Die Gestaltung ist bewusst im Kontrast zu den anderen Häusern im Block gehalten; der Bau ist einige Meter höher als die umliegenden Häuser und überschritt damit bei seinem Bau 1907 die damals geltende Gebäudehöhe. Wie bei allen Werken vermied Gaudi auch bei dieser Casa Geraden und rechte Winkel. Jedes Detail der Casa erhielt Gaudis volle Aufmerksamkeit.

Das Äußere gibt die Legende des heiligen Georg wieder, des Schutzheiligen der Stadt: Der blaugrüne Keramikschmuck an den Wänden erinnert an den Schuppenhaut des Drachens, das geschwungene Dach bildet den gekrümmten Drachenrücken, die Balkonbrüstungen und die Säulen stellen Schädel und Knochen seiner einstigen Opfer dar – kein Wunder, dass das Haus den Spitznamen »Haus der Knochen« trägt.

Zur Hundertjahrfeier der Casa Batlló wurden auch die bogenförmige Mansarden und die **Dächer** mit ihren von vielfarbigen Ziegeln bedeckten Schornsteinen der Öffentlichkeit zugänglich gemacht.

**Gaudís kurvenreiche Haupttreppe in der Casa Batlló**

### KLEINE PAUSE

Überall am Passeig de Gràcia gibt es Restaurants, die Tapas, Snacks und leichte Mahlzeiten anbieten. Das **Quasi Queviures** (Passeig de Gràcia 24, Tel. 93 317 45 12) ist eines der besten. Es verkauft auch leckere katalanische Wurstwaren.

---

### MANZANA DE LA DISCORDIA: INSIDER-INFO

**Top-Tipps:** Meiden Sie an sonnigen Tagen die Mittagszeit – wegen der starken Sonne können Sie die Details am Gebäude kaum erkennen.
• Das Büro der **Ruta del Modernisme** ist von der Casa Amatller in das Hauptgebäude der Touristeninformation (▶ 34) umgezogen; es werden aber weiterhin Manzana-Touren angeboten.

**Muss nicht sein!** Der nächste **Block am Passeig de Gràcia** verdient wegen seiner hässlichen Metall- und Glasfassade ebenfalls den Titel »Block der Zwietracht«.

**Geheimtipp:** Gehen Sie zur **Rückseite der Casa Batlló**, um die wunderschönen, oberen Stockwerke mit den mit Blumenmotiven verzierten Mosaikkacheln zu sehen.

**Casa Milà** ★ 105

# Casa Milà

Der Häuserblock wurde von Gaudí gestaltet und heißt offiziell Casa Milà, nach dem Auftraggeber Pere Milà. Er ist allgemein als La Pedrera (Steinbruch) bekannt und gilt heute als eines der Wahrzeichen Barcelonas.

**Bei ihrer Fertigstellung umstritten, gilt die Casa Milà heute jedoch als architektonisches Meisterwerk**

Die felsähnliche Silhouette von La Pedrera beherrscht eine Ecke des eleganten Passeig de Gràcia. Das merkwürdige, aber doch faszinierende Äußere ist wegen seiner mit Flecken übersäten, crèmefarbenen Sandsteinkurven, den verwirrenden, schmiedeeisernen Balkonen und dem spinnennetzartigen Haupteingang bemerkenswert – und erregte bei seiner Fertigstellung 1912 sehr viel Aufsehen. Das Gebäude ist verschiedentlich als »versteinertes Aquarium«, als »Hangar für Zeppeline« und sogar als »ein in eine Skulptur gegossenes Erdbeben« beschrieben worden. In den Zwanzigerjahren soll sich der französische Politiker Georges Clemenceau von dem Anblick des Hauses so gestört gefühlt haben, dass er eine Lesereise in Barcelona abbrach.

200 B2   Passeig de Gràcia 92 und Carrer de Provença 261–265
902 400 973; www.fundaciocaixacatalunya.es   März–Okt. tägl. 10–20 Uhr, Nov.–Feb. 9–18.30 Uhr, Führungen Okt.–Juni jeden 2. So 11 Uhr   Diagonal
7, 16, 17, 22, 24, 28, N4   Espai Gaudí, Dachgeschoss und Dach (Kombiticket): mittel

**Eixample**

### Wussten Sie das?
- Ein schmiedeeisernes Gitter aus dem Keller wurde in den Siebzigerjahren für 50 000 US-Dollar an einen Amerikaner verkauft, der es als Kopfteil für sein Bett verwendete, bis er es dem Museum of Modern Art in New York stiftete.
- Ursprünglich waren die Rampen im Gebäude breit genug geplant, um Pferdekutschen und später auch Automobile bis zum Dach fahren zu lassen – doch der Entwurf wurde geändert. Erstaunlicherweise wurden auch Fahrstühle aus dem Entwurf gestrichen und erst Jahre später eingebaut.

Das Apartmenthaus war eine von Gaudís letzten Arbeiten, bevor er sich ganz der Sagrada Família (▶ 113ff) zuwandte. Die eleganten Linien, glatten Oberflächen und kurvenreichen Formen gehen über den reinen Modernismus weit hinaus: Der Bau ist ein Triumph der Ästhetik über die Funktionalität. Als sich einer der Mieter beklagte, dass es so schwer sei, ein Klavier in einem runden Raum aufzustellen, soll Gaudí ihm geraten haben, stattdessen Geige zu spielen. Das Gebäude geriet auch wesentlich höher als ursprünglich geplant: Der Stadtrat von Barcelona ordnete an, dass Milà das oberste Stockwerk abtragen oder 100 000 Peseten Strafe zahlen müsse (heute ungefähr eine Million US-Dollar). Milà konnte die Strafgebühr nicht zahlen, blieb aber

*Schimmernde Wände, gemusterte Decken und gekrümmte Treppengeländer – das ungewöhnliche Treppenhaus der Casa Milà*

dennoch verschont, da die Stadtverwaltung schließlich einsah, dass es sich bei diesem Gebäude um ein Kunstwerk handelte. Im Jahre 1984 erklärte es die UNESCO zu einem Weltkulturerbe, das erste im 20. Jahrhundert errichtete Gebäude der Welt, das in die Liste aufgenommen wurde.

### Ausstellungen und Dach
Den ersten Stock, den man über den Eingang am Passeig de Gràcia 92 erreicht, nutzt die Caixa-Catalunya-Sparkasse für bedeutende **wechselnde Kunstausstellungen**. Das Treppenhaus mit seinem grottenähnlichen Aussehen führt von einem der sehenswerten Innenhöfe aus nach oben. Vom anderen Eingang an der Carrer de Provença 261–265 aus erreicht man die **Espai Gaudí**, eine Ausstellung über die Ursprünge der Casa Milà. Hier werden ein Film, ein Nachbau eines Apartments aus den Zwanzigerjahren und Erläuterungen zur Architektur gezeigt. Von hier aus geht es über ein paar Stufen hinauf in das beeindruckende **Dachgeschoss** mit seinem Labyrinth eleganter, parabolischer Bögen.

Hier kann man eine interessante Ausstellung mit Modellen von Gaudí-Bauten besichtigen.

Der Höhepunkt eines jeden Besuchs ist jedoch das gewellte **Dach** (vom Dachgeschoss aus zu erreichen) mit seinem Wald von Schornsteinen, die mit Tonscherben dekoriert sind. Die Aussicht auf die Stadt von hier oben ist schier atemberaubend.

Ursprünglich sollte eine riesige Statue der Jungfrau Maria auf dem Dach aufgestellt werden, doch diese Idee wurde von Milà verworfen, der antireligiöse Angriffe der Anarchisten fürchtete, die damals einen starken Einfluss in Barcelona hatten.

Zwei Meisterwerke Gaudís zum Preis von einem: Blick auf die Sagrada Família vom Dach der Casa Milà

### KLEINE PAUSE

**La Bodegueta** (Rambla de Catalunya 100, Tel. 93 215 48 94) serviert die besten Tapas und Weine im Viertel; dazu gibt es *cava* im Glas. Schinken, Aufschnitt, Käse und *pa amb tomàquet* (▶ 40) sind hier ebenfalls ausgezeichnet, die Preise angemessen.

## CASA MILÀ: INSIDER-INFO

**Top-Tipps:** Die Ausstellungen der Caixa Catalunya sind kostenlos.
- Die Eintrittskarte, die am Eingang an der Carrer de Provença 261–265 gekauft wurde, gilt für den Besuch der Espai Gaudí, des Dachgeschosses und des Dachs.
- Es lohnt sich, abends hierher zurückzukommen, **wenn das Gebäude beleuchtet ist**.
- An den Sommerwochenenden (Freitag und Samstag 21–24 Uhr) kann man **Opernarien oder Flamencosängern lauschen** und dabei ein Glas eiskalten *cava* auf dem Dach genießen (La Pedrera de Nit).

**Geheimtipp:** Einige der **Originalmöbel** aus der Casa Milà werden im Museu Nacional d'Art de Catalunya (MNAC) (▶ 136ff) ausgestellt.

**Muss nicht sein!** Den **Film** über die Geschichte der Casa Milà im Videoraum im sechsten Stock können Sie sich sparen, er ist wenig informativ.

# Gràcia

Gràcia ist das Künstlerviertel Barcelonas: Schriftsteller, Maler und Studenten haben seit langem die engen Straßen und schattigen Plätze für sich entdeckt. Einst war Gràcia ein eigenständiges Dorf, das einen radikalen politischen Ruf genoss, der Ort erklärte sich sogar zur unabhängigen Republik. Zwar erfuhr Gràcia in den vergangenen Jahren einige städtebauliche Veränderungen, doch noch immer ist es ein Stadtteil mit eigenem Charakter, mit niedrigen Gebäuden und einem dörflichen Flair.

Gràcia ist vor allem der ideale Ort zum Spazierengehen, wobei man über die kleinen Märkte bummeln oder die Atmosphäre der lebendigen kleinen Plätze auf sich wirken lassen kann. Das Viertel beginnt am Anfang des Passeig de Gràcia, gleich hinter der Avinguda Diagonal. Hier trifft man auf die **Casa Fuster**, einen modernistischen Apartmentblock, errichtet von Lluís Domènech i Montaner und seinem Sohn Pere, das man in ein 5-Sterne-Hotel umgewandelt hat. Wenn Sie die Carrer Gran de Gràcia weiter hinaufgehen, passieren Sie weitere modernistische Gebäude.

Die Carrer Moya führt rechts zur **Plaça de Rius i Taulet**, dem inoffiziellen Zentrum von Gràcia. Der Platz ist allgemein als Plaça del Rellotge bekannt, nach dem Uhrenturm aus dem 19. Jahrhundert, der sich 30 Meter hoch über den Platz erhebt und weithin sichtbar den Platz beherrscht. Einst war der Turm Freiheitssymbol und Treffpunkt für revolutionäre Demonstrationen. Das ehemalige Rathaus nicht weit davon erinnert daran, dass Gràcia einst Spaniens neuntgrößte Stadt war, bevor es 1897 von Barcelona eingemeindet wurde.

Auf der anderen Seite der Travessera de Gràcia liegt die **Plaça del Sol**, ein weiterer, typischer, lebhafter Platz, der in den Achtzigerjahren er-

**Oben: Die modernistische Casa Fuster am Passeig de Gràcia**

**Links: Der Uhrenturm an der Plaça de Rius i Taulet**

200 C4  Fontana, Joanic  22, 24, 27, 28, 31, 32

Gràcia ist ein Dorf inmitten der Stadt

folgreich neugestaltet wurde. Es gibt dort zahlreiche Bars und Nachtclubs. Von den Cafés aus kann man spontane Fußballspiele, *sardana*-Tänze und *castell*-Proben beobachten. Nicht weit von hier (zu erreichen über die Carrer Gran de Gràcia) liegt der **Mercat de la Llibertat** (1893), eine schöne modernistische Markthalle, die Gaudís Assistent Francesc Berenguer gestaltete.

Die berühmteste Sehenswürdigkeit in Gràcia ist jedoch die **Casa Vicens** (Carrer de les Carolines 24), die ein Stückchen hinauf an der Hauptstraße liegt. Der Bau war einer der ersten Aufträge Gaudís in Barcelona und entstand in den Jahren 1883–88 als Sommerhaus für den Fliesenhersteller Manuel Vicens. Als Gaudí den Bauort zum ersten Mal besuchte, wuchs dort eine gelbe Zinnie; diese übernahm er als Motiv für die Kacheln, die das Äußere des maurisch wirkenden Gebäudes bedecken. Ein Palmenblatt, ebenfalls auf dem Grundstück vorgefunden, diente als Inspiration für den phantastischen Eisenzaun. Das Haus ist heute in Privatbesitz, sodass es nicht besichtigt werden kann. Allerdings kann man eventuell einen Blick durch die Fenster auf das verschwenderisch gestaltete Raucherzimmer werfen.

Die Casa Vicens war Gaudís erster Auftrag in Barcelona

### KLEINE PAUSE

Im überaus beliebten **Envalira** (Plaça del Sol 13, Tel. 93 218 58 13) kann man auch noch super essen. Die Karte hält keine großen Überraschungen bereit, Fisch und Meeresfrüchte nach katalanischer, baskischer oder galizischer Art bilden den Schwerpunkt. Die üppigen Portionen der Reisgerichte und die Salate und Wurstteller sind sehr zu empfehlen.

### GRÀCIA: INSIDER-INFO

**Top-Tipps:** Wenn Sie auf einem Rundgang das Beste in Gràcia sehen wollen, folgen Sie dem Gràcia-Spaziergang (► 173ff).
• Die **Festa Gran de Gràcia** ist ein einwöchiges Festival und beginnt am 15. August. Die Straßen werden aufwändig geschmückt, die Einwohner feiern die ganze Nacht. Die Eröffnungsfeier ist ein buntes und lautes Spektakel mit *castells* (dabei stehen junge Männer Schulter auf Schulter und bilden so eine Pyramide), Riesen und anderen traditionellen katalanischen Festaktivitäten.

# Parc Güell

Errichtet als Verwirklichung eines Traums, strotzt der Parc Güell nur so von Gaudís geheimnisvoller Symbolik und kühner Phantasie – ein Mikrokosmos seines Erfindungsreichtums.

Im Jahre 1900 beauftragte Eusebi Güell, der von den Gartenstädten rund um London beeindruckt war, Gaudí mit der Planung eines neuen Wohnviertels außerhalb des Stadtzentrums. Güells Plan, der ein Areal mit Erholungsflächen und 60 Häusern vorsah, wurde jedoch von den wohlhabenden Einwohnern abgelehnt. Nur eine Hand voll der geplanten Häuser, darunter das Wohnhaus, in dem Gaudí kurze Zeit lebte (heute die Casa Museu Gaudí), wurde je verwirklicht, doch blieb der Park als kostspieliges, schmückendes Beiwerk erhalten – später von der Stadt gekauft.

*Eine aufwändige Treppe führt vom Haupteingang des Parks zur Sala Hipóstila*

201 D5
Carrer d'Olot
Mai–Aug. tägl. 10–21 Uhr; April und Sept. 10–20 Uhr; März und Okt. 10–19 Uhr; Nov.–Feb. 10–18 Uhr
Lesseps, Vallcarca
24

**Casa Museu Gaudí**
201 D5
Parc Güell, Carrer del Carmel
93 219 38 11
April–Sept. tägl. 10–20 Uhr, Okt.–März 10–18 Uhr
mittel

# Parc Güell

## Innerhalb der Mauern

Der 15 Hektar große Park hat mehrere Tore (ursprünglich sollten es wie in der antiken Stadt Theben sieben werden), doch am beeindruckendsten ist der **Haupteingang** an der Carrer d'Olot, den man am besten mit dem Bus Nr. 24 oder 25 erreicht. Die gewaltigen eisernen Torgitter wurden mit demselben Palmenblattmotiv wie an der Casa Vicens (▶ 109) verziert. Am Eingang gibt es zwei märchenhafte **Pförtnerhäuschen**: Das eine ist wie ein Elefant geformt mit vier dicht gesetzten Säulen (als Beinen) und einem überdachten Elefantensitz aus gebrannten Dachziegeln darüber. Einer der Schornsteine könnte den Rüssel des Elefanten darstellen (aufrecht gehalten). Das andere Häuschen ist wie ein Fliegenpilz geformt; Verzierungen zeigen das Abbild einer Morchel, einer katalanischen Delikatesse.

*Die Sala Hipóstila wurde als Marktplatz gestaltet*

Hinter den Toren führt eine aufwändig gestaltete **Treppe** zur Sala Hipóstila, dem Herzstück des Parks. Die bunte, mit Zinnen geschmückte Treppe wird von zwei farbenfrohen Wasserfontänen dominiert, eine in Form eines Salamanders (als Symbol für die Alchemie), aus dessen Maul Wasser tröpfelt, und darüber der Kopf einer Schlange mit brozenen Hörnern (als Symbol für die Heilkunst), die aus den roten und gelben Streifen der katalanischen Flagge herausgrinst. Am oberen Ende der Treppe steht eine Bank, die einem weit geöffneten Mund gleicht. Die Position der Bank ist so gewählt, dass sie im Sommer Schatten und im Winter Licht spendet – der ideale Ort für eine Pause und für einen Blick hinunter zum beeindrucken Eingang des Parks.

## Zeichen und Symbole

Nach Gaudís Vorstellung sollte die **Sala Hipóstila** den Marktplatz der Gartenstadt darstellen: 86 dorische Säulen tragen ihr Dach, das mit vier Scheiben verziert ist, auf denen Sonnen dargestellt sind, die aus Fliesen- und Glasflaschenscherben sowie Steinresten zusammengesetzt sind: Diese symbolisieren die vier Jahreszeiten. Darum gruppieren sich kleine Kreise, die die Mondphasen symbolisieren. Figuren aus der griechischen Mythologie, christliche Zeichen, Sanskrit-Schriftzeichen, ägyptische Symbole und Figuren aus dem Alten Testament gehören zu den Ausschmückungen.

Auf der Plattform über der Sala Hipóstila dient eine Reihe **wellenförmiger Bänke** als Geländer: Ihre bunten Kurven bilden

*Der gewellte Rand auf der Terrasse über der Sala Hipóstila wird von einer Reihe von Bänken geformt*

**Eixample**

*Gaudís glucksende Salamander-Fontäne an der Treppe ist nicht zu übersehen*

Nischen wie kleine Theaterlogen und laden zum Verweilen ein. Von hier oben hat man einen tollen Blick auf den Park und die Stadt bis hin zum Meer.

Ebenso beeindruckend sind die **gewundenen Viadukte und Portiken**, die sich an die bewaldeten Hügel schmiegen, auf denen der Park liegt. Die organisch wirkenden Säulen, die sie tragen, muten wie sich krümmende Palmen oder wie der gewundene Stiel eines Champagnerglases an. Salvador Dalí schrieb einmal: »Im Parc Güell betraten wir Grotten durch Tore, die wie Ochsenlebern geformt waren.« Er bewunderte den surrealen Park; eines seiner Lieblingsfotos (1933) zeigt ihn hier an einer der wellenförmigen Bänke.

**KLEINE PAUSE**

Zwar ist die Bar auf der Hauptterrasse ein beliebter Stopp für einen Drink und zum Ausruhen, doch für ein gutes Essen lohnt es sich, mit dem Taxi den kurzen Weg zu **Can Travi Nou** (Carrer Jorge Manrique, Tel. 93 428 03 01) hinüberzufahren. In dem reizvollen alten katalanischen Bauernhaus kann man im schattigen Garten oder im eleganten Inneren traditionelle Gerichte probieren: *Mar i muntanya* (eine Kombination aus Fleisch und Fisch) sind hier eine Spezialität.

*Die reich verzierten Pförtnerhäuschen am Eingang zum Parc Güell*

---

### PARC GÜELL: INSIDER-INFO

**Top-Tipps:** Die Aussicht vom Park ist herrlich, deshalb sollten Sie möglichst **an einem klaren Tag kommen**.
• **Vermeiden Sie Sonntagnachmittage und Feiertage**, da der Park dann überfüllt ist.

**Geheimtipp:** Die **Capelya**, teils mallorquinischer Wachturm, teils Druidenschrein, ist eine typische Gaudí-Verrücktheit. Sie liegt etwas abseits der Hauptwege, links vom Haupteingang. Man kann zwar nicht hineingehen, sehenswert ist sie aber allemal.

**Muss nicht sein!** Die **Casa Museu Gaudí** an der Carretera del Carmel, in dem Gaudí-Memorabilia und einige seiner Möbel ausgestellt sind, kann man sich sparen, es sei denn, man hat sehr viel Zeit übrig.

# La Sagrada Família

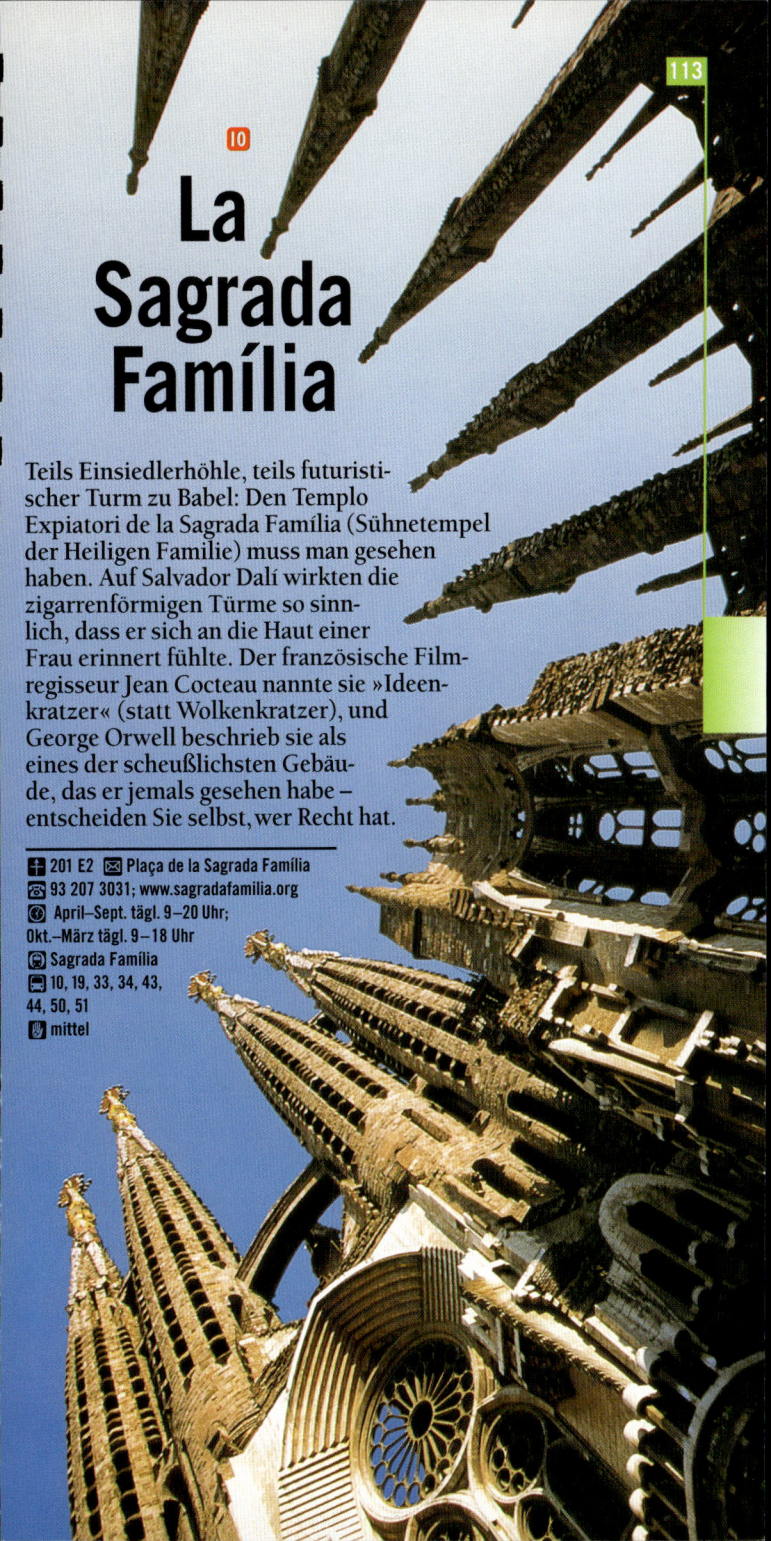

Teils Einsiedlerhöhle, teils futuristischer Turm zu Babel: Den Templo Expiatori de la Sagrada Família (Sühnetempel der Heiligen Familie) muss man gesehen haben. Auf Salvador Dalí wirkten die zigarrenförmigen Türme so sinnlich, dass er sich an die Haut einer Frau erinnert fühlte. Der französische Filmregisseur Jean Cocteau nannte sie »Ideenkratzer« (statt Wolkenkratzer), und George Orwell beschrieb sie als eines der scheußlichsten Gebäude, das er jemals gesehen habe – entscheiden Sie selbst, wer Recht hat.

201 E2  Plaça de la Sagrada Família
93 207 3031; www.sagradafamilia.org
April–Sept. tägl. 9–20 Uhr;
Okt.–März tägl. 9–18 Uhr
Sagrada Família
10, 19, 33, 34, 43, 44, 50, 51
mittel

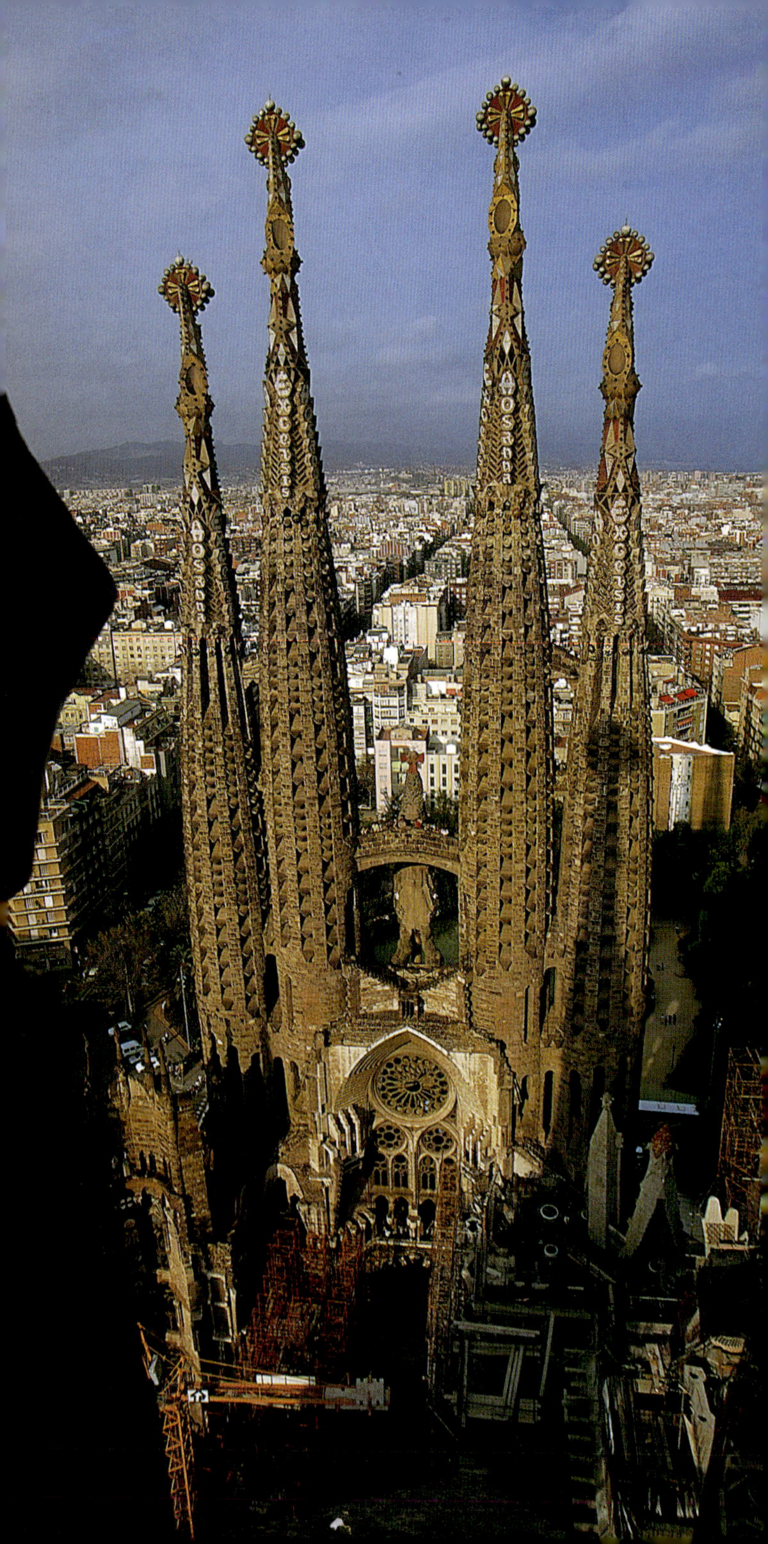

# La Sagrada Família 115

## Ein Lebenswerk

Im Jahre 1883 übernahm der junge Antoni Gaudí das Projekt vom ursprünglichen Architekten Francisco de Villar: Dieser hatte die Errichtung eines herkömmlichen, neogotischen Gebäudes geplant. Doch der überzeugte Katholik Gaudí war ein revolutionärer, junger Architekt und hatte seine ganz eigenen Vorstellungen. Ihm schwebte eine »Kirche für die Armen« vor, ein Projekt, ambitionierter und einzigartiger als alles, was je gebaut worden war. Gaudí widmete den Rest seines Lebens dem Bau der Kathedrale und arbeitete noch immer an den Entwürfen, als er 1926 bei einem Verkehrsunfall ums Leben kam. Fast ein Jahrhundert später harrt sein großartiges Werk noch immer der Vollendung. Viele sind der Meinung, man hätte die Kathedrale nach Gaudís Tod nicht mehr verändern sollen; andere befürworten die Weiterführung seiner Ideen.

*Links und vorherige Seite: Die Sagrada Família, Gaudís visionäres Projekt, an dem bis heute gearbeitet wird*

## Grandiose Entwürfe

Zu Gaudís Lebzeiten waren nur die Krypta, die Apsis, die Weihnachtsfassade sowie einer der Glockentürme fertig gestellt. Nach seinem Tod wurde lange darüber gestritten, ob man die Arbeit fortsetzen solle oder nicht. Seit 1952 ist die Passionsfassade hinzugefügt worden; außerdem gibt es heute acht Türme, die mit Keramikmosaiken verkleidet sind, die das lateinische Gebet *Sanctus, Sanctus, Sanctus, Hosanna in Excelsis* abbilden. Die Pläne sehen vier weitere Kirchtürme und einen monumentalen Kirchturm über der Vierung vor – dieser 170 Meter hohe Koloss soll Christus symbolisieren, die vier umgebenden Türme die vier Evangelisten. Das Kirchenschiff soll zwischen ihnen eingefügt werden – als wohl einzige Kathedrale von außen nach innen gebaut. Schließlich soll die Westfassade, die Fassade der himmlischen Glorie, über eine Brücke über die Carrer de Mallorca mit einem offenen Atrium verbunden werden.

## Die Weihnachtsfassade

Um die Weihnachtsfassade, den Höhepunkt der Kathedrale, am besten sehen zu können, sollte man die Carrer de la Marina überqueren und in den kleinen Park an der Plaça Gaudí gehen: Die Fassade widmet sich der Geburt und dem frühen Leben Christi. Die drei Torbögen symbolisieren den Glauben, die Hoffnung und

*Die Fußgängerbrücke verbindet zwei Türme der Weihnachtsfassade und bietet einen herrlichen Blick auf die Kathedrale*

Gaudís Weihnachtsfassade (ganz oben) quillt an Details förmlich über, Subirachs' Passionsfassade (oben) ist dagegen ein Musterbeispiel an Schlichtheit

die Barmherzigkeit und ähneln denen gotischer Kathedralen – freilich so, als ob man sie in einem Hochofen eingeschmolzen hätte. Über der zentralen Szene kann man flügellose Engel mit überlangen bronzefarbenen Trompeten entdecken: Sie wurden angeblich nach dem Vorbild der Gardisten gestaltet, die in der Nähe der Kathedrale exerzierten. Hoch über dem Torbogen ist der Lebensbaum zu sehen, eine Zypresse aus grünen Keramikkacheln, auf der sich weiße Tauben niedergelassen haben. Darunter findet sich ein weißer Pelikan, der seine Jungen füttert. In dem Mosaik an der Fassade sind mindestens 36 verschiedene Vogel- und 30 Pflanzenarten identifizierbar.

## Die Passionsfassade

Der Eingang liegt an der Plaça Sagrada Família. Er führt direkt zur Passionsfassade, die 1990 von dem katalanischen Bildhauer Josep Maria Subirachs fertig gestellt wurde. Die Türme folgen in ihrer Gestaltung zwar Gaudís Entwurf, doch die bildhauerische Ausführung der Fassade (die die Passionsgeschichte Christi und seinen Tod erzählt) wirkt eckig und nüchtern im Vergleich zu Gaudís fließendem, organischem Stil. Die Fassade hat für Kontroversen gesorgt, zumal manche Betrachter die Skulpturen mit Figuren aus

# La Sagrada Família

Science-Fiction-Filmen verglichen. Viele sind jedoch der Auffassung, dass Gaudí die Fassade wohl gefallen hätte und dass er die Kirche sowieso von verschiedenen Generationen in unterschiedlichen Stilrichtungen hätte gestalten lassen wollen.

## Das Kircheninnere

Große Teile der Innenräume wirken wie eine Baustelle, da man bestrebt ist, La Sagrada Família vor dem hundertsten Todestag Gaudís im Jahre 2026 fertig zu stellen. Einige der Entwürfe sind im Dommuseum in der Krypta ausgestellt; man erreicht sie durch einen Eingang neben der Passionsfassade. In einer der Kapellen, die der heiligen Carmen geweiht ist, befindet sich Gaudís einfache Steingrabplatte zu Füßen einer Marienstatue. Auf dem Grab findet sich deutlich sichtbar die lateinische Inschrift *Antonius Gaudí Cornet, Reusensis* (aus Reus, der Stadt, in der er 1852 geboren wurde).

Ein Detail von der Passionsfassade, die nach Gaudís Tod gebaut wurde

### KLEINE PAUSE

Schöne Sicht auf die Sagrada Familia bieten die Terrassen der **Bars** und **Pizzerias** entlang der Avinguda de Gaudí. Der Anblick von Gaudis Gebäuden ist ein Genuss.

Ungewöhnliche Säulen von Gaudí im Palau Güell (➤ 60ff)

---

## LA SAGRADA FAMÍLIA: INSIDER-INFO

**Top-Tipps:** **Erklimmen Sie einen der Türme**, entweder per Fahrstuhl oder über die lange Wendeltreppe, um die Kirchtürme aus der Nähe zu sehen. Die bunten Spitztürme sind mit allen möglichen Dingen – von Weißweinflaschen bis zu Billardstöcken – verglichen worden und sind eine von Barcelonas eindrucksvollsten Sehenswürdigkeiten. **Kommen Sie jedoch früh**, dann können Sie die Treppe an der Weihnachtsfassade benutzen.

• Vergessen Sie nicht, ein **Fernglas** mitzunehmen, um auch die kleinen Details, vor allem an den Spitzen der Kirchtürme, sehen zu können.

• Es gibt **zwei Fahrstühle**, je einen an jedem Ende des Gebäudes. Die Aussicht von der Weihnachtsfassade ist jedoch schöner.

**Geheimtipps:** Gaudí versteckte **Hunderte von Symbolen und Anspielungen**. Schauen Sie sich die Basis der zwei Hauptsäulen an der Weihnachtsfassade genauer an: Eine Schildkröte mit Flossen trägt die seezugewandte Säule und eine Landschildkröte mit Krallen die landzugewandte Säule. Das **Chamäleon**, eines von Gaudís liebsten Tiermotiven, findet sich überall an der Kathedrale in Stein gemeißelt.

# Nach Lust und Laune!

### ❷ Fundació Antoni Tàpies

Dieser beeindruckende rote Backsteinbau entstand um 1880 für das Verlagshaus Montaner i Simon. Das Gebäude gestaltete der modernistische Meisterarchitekt Lluís Domènech i Montaner; es beherbergt heute die Stiftung für zeitgenössische Kunst, die Antoni Tàpies (▶ 27) gründete. Die reich dekorierte Fassade wird von einer seiner Skulpturen gekrönt, dem *Nuvoli i Cadira* (Wolke und Stuhl): Sie sieht gerade so aus, als habe er sich mit Stacheldraht gründlich ausgetobt. Im Innern zeigen die Sammlungen entweder Tàpies' eigene Gemälde – er hat die katalanische Kunst seit Mirós Tod dominiert – oder die Werke zeitgenössischer Künstler, die sich vorübergehend in Barcelona aufhalten.

✚ 200 B1  ✉ Carrer d'Aragó 255
☎ 93 487 03 15; www.fundaciotapies.org
🕒 Di–So 10–20 Uhr  Ⓜ Passeig de Gràcia
🚌 7, 16, 17, 20, 22, 24, 28, 43, 44
💶 mittel

### ❸ Museu Egipci

Spaniens einziges Museum für ägyptische Kunst umfasst mehr als 4000 Jahre Kulturgeschichte, von schlichten prädynastischen Vasen bis zur Goldenen Dame, einem herrlichen Artefakt aus Gips und Goldblatt aus der römischen Epoche. Das private Museum zeigt vor allem schöne Statuetten aus verschiedenen Materialien wie Holz, Bronze und Kalkstein. Sie stellen alle möglichen Götter und heilige Tiere wie Schakale, Ibisse und Paviane dar. Außerdem gibt es mumifizierte Katzen, Falken, ein Babykrokodil und eine menschliche Mumie zu sehen, ergänzt durch Totenmasken aus Holz und Ton sowie prächtige Sarkophage. Beim Schmuck sticht vor allem der wunderbare goldene Osiris-Kopf ins Auge – genau wie die Bronzestatue desselben Gottes.

Tàpies Arbeit *Nuvoi i Cadira* (Wolke und Stuhl) krönt die Fundació Antoni Tàpies

## Nach Lust und Laune!

**Der goldene Osiris-Kopf im Museu Egipci**

Zum Museum gehören ein ausgezeichnet bestückter Laden, ein helles Terrassencafé und interessante Wechselausstellungen. Regelmäßig erfüllen bei Abendveranstaltungen kostümierte Darsteller das ganze Museum mit Leben.

- 200 B1
- Carrer de Valencia 284
- 93 488 01 88; www.fundclos.com
- Mo–Sa 10–20, So 10–14 Uhr; Führungen nur in spanischer Sprache
- Passeig de Gràcia
- 7, 16, 17, 20, 22, 24, 28, 39, 43, 44, 45, 47
- mittel

### 4 Fundació Francisco Godia

Die im Jahre 2000 eröffnete Fundació Francisco Godia ist eine willkommene Bereicherung der Museumslandschaft Barcelonas. Francisco Godia (1921–90) mit der festen Überzeugung, dass ein Autorennen die schönste Sache der Welt sei, hatte ein ausgezeichnetes Auge für Malerei und Bildhauerkunst.

Im ersten Raum (links, wenn Sie das Museum betreten) kann man einen kurzen Videofilm über den Mann sehen, der als »Paco, der Gentleman-Fahrer« bekannt war. Sie können auch eine Sammlung von Erinnerungsstücken, vor allem Pokale, ansehen. Zu Godias Kunstsammlung zählen sowohl gotische Meisterwerke wie die *Jungfrau der Demut* aus dem 14. Jahrhundert, wahrscheinlich von Llorenc Saragossa, wie auch Gemälde und Skulpturen aus dem 20. Jahrhundert, darunter Werke von Julio González und Antoni Tàpies. Im Porzellankabinett dominieren vor allem islamisch beeinflusste Teller aus Manises, die im 15. Jahrhundert entstanden. Viele der Stücke hier sind so gut wie jene im Museu de la Ceràmica (▶ 156f). Das Bild *Auf der Pferderennbahn* (1905) von Ramon Casas im letzten Raum ist eines der Werke des Noucentismus schlechthin.

- 200 C1
- Carrer de València 284
- 93 272 31 80; www.fundacionfgodia.org
- Mi–Mo 10–20 Uhr; Führungen Sa und So 12 Uhr
- Passeig de Gràcia
- 7, 16, 17, 20, 22, 24, 28, 39, 43, 44, 45, 47
- mittel

### Fünf schöne modernistische Eingänge

- **Casa Comalat** an der Avinguda Diagonal 4442 (Ecke zur Carrer de Córsega)
- **Casa Jaume Forn** an der Carrer de Roger de Llúria 52 (Ecke zur Carrer de València)
- **Casa Ramon Casas** am Passeig de Gràcia 96
- **Farmàcia Bolós** an der Rambla de Catalunya 77 (Ecke zur Carrer de València)
- **Farmàcia Puigoriol** an der Carrer de Mallorca 312

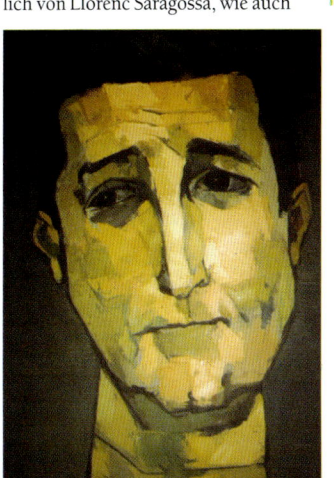

Porträt des Rennfahrers Francisco Godia in der gleichnamigen Fundació

# Eixample

**Der kapellenähnliche Eingang zum Hospital de la Santa Creu i de Sant Pau**

zigerjahren ließ er sich in Paris nieder, wo er Pablo Picasso traf, doch sein Stil blieb rein realistisch. Stillleben, die meist Nahrungsmittel (Fische, Speck und Zwiebeln zählen zu den ungewöhnlicheren Objekten) darstellen, stehen im Mittelpunkt seiner Arbeit. Der eher konservativ eingestellte Künstler wurde in der Farbwahl von Tintoretto und in der Klarheit der Formen von Cézanne beeinflusst. Die Nachbildung des eleganten Salons seiner Pariser Wohnung ist eine weitere Attraktion.

✚ 200 B2
✉ Avinguda Diagonal 407, entresol 1 a
☎ 93 415 39 11; www.durancamps.org
🕐 Di, Do–Sa 10–13.30, Mi 16–20 Uhr
🚇 Diagonal
🚌 6, 7, 15, 24, 27, 28, 32, 33, 34
🎫 frei

## ❻ Casa-Taller Durancamps

Rafael Durancamps (1891–1979) war einer der führenden katalonischen Maler des 20. Jahrhunderts. In diesem kleinen Museum kann man sein Atelier besichtigen und sich in einer Dauerausstellung und Wechselausstellungen einen Überblick über sein Werk verschaffen. In den Zwan-

### Für Kinder
- zwei von Gaudís beeindruckendsten Werken, der **Parc Güell** (▶ 110ff) und **La Sagrada Família** (▶ 113ff)
- die **Festa Gran de Gràcia** im August (▶ 109)

## Nach Lust und Laune!

### ❾ Hospital de la Santa Creu i de Sant Pau

Das wunderschöne Gartenstadt-Krankenhaus wurde 1901 von Lluís Domènech i Montaner begonnen und erst 1930 von seinem Sohn Pere vollendet. Es sollte eine funktionale, aber nicht deprimierende oder unangenehme Einrichtung sein. Der neue Bau ersetzte das Antic Hospital de la Santa Creu in El Ravel, wo Gaudí 1926 gestorben war. Jeder der 30 Pavillons ist einzigartig und als Spezialabteilung gebaut. Das Hauptempfangsgebäude ist ein Meisterwerk aus Stein, Keramik und Buntglas.

Da das Krankenhaus nicht mehr dem heutigen medizinischen Standard entsprach, sind einige Abteilungen bereits in ein neues Gebäude übergesiedelt. Allerdings bleibt der Gebäudekomplex selbst davon unberührt – schließlich steht er auf der Liste des UNESCO-Weltkulturerbes.

201, bei F3 ✉ Carrer de Sant Antoni Maria Claret 167 ☎ 93 291 90 00; www.santpau.es 🚇 Hospital de Sant Pau
🚌 15, 19, 20, 35, 45, 47, 50, 51, 92, N1, N4

### Abseits der Touristenwege

Ein herrliches Labyrinth aus Zypressen, mit einer Eros-Statue im Zentrum (oben), ist die Hauptattraktion in dem romantischen **Parc del Laberint**, der sich im nordwestlich gelegenen Stadtviertel Horta versteckt. Der Park entstand Ende des 18. Jahrhunderts im Auftrag des exzentrischen Marquis von Llúpia. Das reich geschmückte Haupthaus, ein ungewöhnlicher Moosgarten, ein romantischer Kanal mit rustikaler Brücke und die wunderschöne Aussicht auf die Stadt machen den Park so attraktiv. Viele Liebespärchen ziehen sich gerne in das unübersichtliche Labyrinth zurück. (bei 201 F5, Carrer del Germans Desvalls, im Sommer tägl. geöffnet 10–21 Uhr, im Winter tägl. 10–18 Uhr, im Frühjahr und Herbst tägl. 10–19 Uhr, U-Bahn Mundet, Bus 27, 60, 73 oder 76; Eintritt: preiswert, freier Eintritt Mi und So).

# Wohin zum ...
# Essen und Trinken?

### Preise
Ein Abendessen kostet pro Person (ohne Getränke):
€ unter 15 Euro   €€ 15–35 Euro   €€€ über 35 Euro

### Botafumiero €€€
*Mariscos* (Meeresfrüchte) sind in diesem legendären, aber irrwitzig teuren galizischen Fischrestaurant ein unvergessliches Erlebnis. Das Restaurant wird von Barcelonas internationaler Geschäftswelt und der Königsfamilie frequentiert. Hier ist man stolz auf die Qualität und die Frische der Fische und Meeresfrüchte, von denen viele täglich aus Galizien eingeflogen werden. Die Speisekarte umfasst Fisch- und Fleischgerichte.
✚ 200 B3  ⌂ Carrer Grand de Gràcia 81
☎ 93 218 42 30  ⏰ tägl. 13.30–1.30 Uhr; 3 Wochen im Aug. geschl.  Ⓜ Fontana

### Flash Flash €
Designstudenten werden in einer der ältesten Designerbars Barcelonas voll auf ihre Kosten kommen. Der Dekor ist strahlend weiß mit vielen Ledersofanischen und abgerundeten Ecken. Hausspezialität sind *tortillas* (Omeletts), die in über 50 Variationen auf den Tisch kommen. Eine Auswahl an Burgern, Salaten und Sandwiches ergänzt das Angebot.
✚ 200 B3
⌂ Carrer de la Granada del Penedès 25
☎ 93 237 09 90
⏰ tägl. 13–1 Uhr
Ⓜ Diagonal

### Gaig €€€
Das Restaurant wurde nach der Familie benannt, die diese elegante Weihestätte katalanischer Kochkunst mehr als ein Jahrhundert lang geführt hat; vielen gilt das Haus als bestes Restaurant der Stadt. Wie in vielen erstklassigen Lokalen Barcelonas kann man sich auch hier für ein *menú degustación* entscheiden; der Koch wählt dann die Proben der Einzelgerichte, die man bekommt, wobei man natürlich kleine Änderungen aushandeln kann. Die gewählten Zutaten sind oft recht ungewöhnlich, aber passend.
✚ 200 B3  ⌂ Carrer d'Aragó 214
(Ecke Carrer d'Aribau)
☎ 93 429 10 17;
www.restaurantgaig.com
⏰ Di–So 13.30–16, 21–23 Uhr
Ⓜ Passeig de Gràcia

### El Glop €€
El Glop, »das Schlückchen«, ist eine lebhafte katalanische Kneipe, die traditionelles Grillfleisch, aber auch Salate und frisches Gemüse anbietet. Spezialität neben Schnecken sind in Wein eingelegte Chorizo. El Glop ist so beliebt, dass es zwei »Zweigstellen« hat: **El Nou Glop** befindet sich quasi in der Nachbarschaft in der Carrer de Montmany.
✚ 201 D3  ⌂ Carrer de Montmany 46
☎ 93 213 70 58
⏰ Mo–Fr 13–16 und Mo–Sa 20–1 Uhr
Ⓜ Joanic

### El Nou Glop
✚ 201 D3  ⌂ Carrer de Montmany 49
☎ 93 219 70 59

### El Glop de la Rambla
✚ 200 B1  ⌂ Rambla de Catalunya 65
☎ 93 487 00 97

### L'Illa de Gràcia €
Um in diesem vegetarischen Restaurant an Wochenenden einen Tisch zu bekommen, muss man vorbestellen.
✚ 200 C3  ⌂ Carrer de Sant Domènec 19
☎ 93 238 02 29
⏰ Di–Fr 13–16, 21–24 Uhr, Sa und So 14–16, 21–24 Uhr; geschl. Ende Aug.
Ⓜ Fontana

## Wohin zum ...

### Jean-Luc Figueras €€€

Jean-Luc Figueras ist Franzose katalanischer Abstammung, und seine Küche ist eine gelungene Kombination beider kulinarischer Traditionen. In dem eleganten Interieur einer großzügigen Villa aus dem 19. Jahrhundert kann man von einer phantasiereichen Speisekarte wählen.

✠ 200 C2
🏠 Carrer de Santa Teresa 10
☎ 93 415 28 77
🕐 Mo–Fr 13.30–15.30, 20.30–23.30 Uhr, Sa 20.30–23.30 Uhr
Ⓜ Diagonal

### Laurak €€€

In diesem dezenten Restaurant gibt es außergewöhnlich gute baskische Küche, dazu eine tolle Weinauswahl. Service und Atmosphäre sind ziemlich kühl, das Essen ist jedoch tadellos. Unter den Hauptgerichten findet man Steak mit Kohl oder Blutwurst mit Apfelsoße, bei den Desserts unter anderem Idiazabal, Käsemousse mit Quitten-Apfelwein-Coulis. Bei Entscheidungsschwierigkeiten empfiehlt sich das vom Chef zusammengestellte *menú degustación*.

✠ 200 B3
🏠 Carrer de la Granada del Penedès 14–16
☎ 93 218 71 65
🕐 Mo–Sa 13–16 u. 21–23.30 Uhr
Ⓜ Diagonal

### Roig Robí €€€

Merce Navarro ist nicht nur eine der wenigen Frauen, die in Barcelona als Chefköchin arbeiten, sondern in ihrer Kunst auch eine der besten. Im Sommer öffnen sich die Glastüren auf einen schattigen Innenhof. Schriftsteller, Künstler und Politiker gehören zu den Stammgästen, die hier saisonale, marktfrische Gerichte wie Hummer mit Reis oder Huhn, gefüllt mit Gänseleberpastete, genießen. Die Preise sind hoch, aber die Leistungen entsprechend.

✠ 200 B3
🏠 Carrer de Sèneca 20
☎ 93 218 92 22; www.roigrobi.com
🕐 Mo–Sa 13.30–16, 21–23.30 Uhr
Ⓜ Diagonal

### La Valenciana €

Diese berühmte *orxateria* und *torroneria* (Nougatgeschäft) ist einer der wenigen Orte, wo noch *granizado* verkauft wird, ein traditionelles Getränk, bestehend aus zerstoßenem Eis, ebenso wie *orxata*, ein kaltes Getränk aus zerkleinerten Mandeln. Es stehen eine Reihe leichter Snacks zur Wahl; anschließend kann man eine der ausnehmend guten Eiscremes genießen. Ein günstiges Mittagsmenü in legerer Atmosphäre wird ebenfalls angeboten.

✠ 196 A5
🏠 Carrer d'Aribau 16 bis
☎ 93 217 27 71
🕐 Mo–So 8.30–22.30 Uhr, Fr–Sa 9–2 Uhr; die Öffnungszeiten ändern sich manchmal
Ⓜ Universitat

## BARS UND CAFÉS

### La Gran Bodega €

In dieser günstigen und beliebten Tapasbar kann man seine Geschicklichkeit testen: Versuchen Sie aus einem *porrón* zu trinken, einem Glaskrug mit einer lang gezogenen, schnabelförmigen Öffnung, der (wenn Sie gut zielen) den Wein direkt in die Kehle fließen lässt.

✠ 200 A2
🏠 Carrer de València 193
☎ 93 453 10 53
🕐 tägl. 8.30–1 Uhr
Ⓜ Passeig de Gràcia

### Laie Llibreria Café €

Das legere Café hat einen eigenen Eingang: Es war einst Barcelonas erstes Buchcafé; hier kann man sitzen, lesen und einfach nur entspannen oder sich mit Kuchen, Kaffee und einem günstigen Mittagsmenü stärken. Bei gutem Wetter kann man auf einer Veranda sitzen; abends gibt es manchmal Live-Jazzmusik.

✠ 196 C5
🏠 Carrer de Pau Claris 85
☎ 93 302 73 10
🕐 Mo 9–23 Uhr, Di–Sa 9–1 Uhr
Ⓜ Urquinaona

# Wohin zum... Einkaufen?

In Eixample, vor allem am Passeig de Gràcia und an der dazu parallel verlaufenden Rambla de Catalunya, kann man geradezu dem Einkaufsrausch verfallen. Designer und Modeschöpfer zaubern hier extravagante Kreationen aus teuren Stoffen. Auch gute traditionelle Lebensmittelläden wirken hier seltsamerweise inmitten all des Luxus nicht fehl am Platze – dank ihrer ausladenden modernistischen Fassaden.

## MODE

Damen- und Herrenmode für alle Altersklassen von spanischen und internationalen Designern, von A wie Armani bis Z wie Zegna, findet man bei **Gonzalo Comella** (Passeig de Gràcia 6, Tel. 93 416 66 00, U-Bahn: Catalunya). Der galizische Designer Adolfo Domínguez, der »Erfinder« des Knitter-Looks bei Leinenanzügen und Baumwollhemden, unterhält sein Hauptgeschäft am Passeig de Gràcia 32 (Tel. 93 487 41 70). Bei **Vermont** (Rambla de Catalunya 64, Tel. 93 215 19 43, U-Bahn: Passeig de Gràcia) gibt es vor allem Sandalen für Damen. **Janina** (Rambla de Catalunya 90–94, Tel. 93 215 04 84, U-Bahn: Diagonal) ist das beste Geschäft für Unterwäsche und Badebekleidung. **Groc** (Rambla de Catalunya 100, Tel. 93 215 01 80, U-Bahn: Diagonal) bietet Designermode mit Miró-Motiven an, verkauft aber auch Silber- und anderen Schmuck. **Antoni Miró**, der berühmte Sohn Barcelonas, hat an der Carrer Consell de Cent 349 (Tel. 93 487 06 70, U-Bahn: Passeig de Gràcia) sein Geschäft und verkauft dort locker sitzende Jacketts und figurbetonende Cocktailkleider, wohingegen **David Valls** (Carrer de València 235, Tel. 93 487 12 85, U-Bahn: Passeig de Gràcia) eine Kollektion von New-Age-Strickwaren präsentiert. Die Kollektion von **Burberry** (Passeig de Gràcia 56, Tel. 93 215 81 04, U-Bahn: Passeig de Gràcia) sollte man auch nicht verpassen. **Muxart** (Carrer Rosselló 230, Tel. 93 488 10 64, U-Bahn: Diagonal) verkauft einige sehr fein gearbeitete Lederwaren, aber auch sehr gute Damen- und Herrenschuhe. Der **Bulevard Rosa**, eine moderne Einkaufspassage am Passeig de Gràcia 53 (U-Bahn: Passeig de Gràcia), lockt mit Boutiquen mit Trendsettermode und Silberschmuck z. B. bei **Ona Ioia**. Eines der besten Schuhgeschäfte der Stadt ist **Lottusse** (Rambla de Catalunya 103, Tel. 93 215 89 11, U-Bahn: Diagonal), aber auch **Geox** (Rambla de Catalunya 106, Tel. 93 272 35 47, U-Bahn: Diagonal) ist empfehlenswert. Ein weiteres Schuhgeschäft ist **Camper** (Rambla de Catalunya 122, Tel. 93 217 23 84, U-Bahn: Passeig de Gràcia).

## BÜCHER, SCHMUCK UND TASCHEN

Wer mehr über Barcelona nachlesen möchte, sollte bei der gut sortierten Reisebuchhandlung **Altair** (Gran Via de les Corts Catalanes 616, Tel. 93 342 71 71, U-Bahn: Universitat) vorbeischauen. Fremdsprachige Bücher und Zeitungen findet man bei **Crisol** (Carrer Consell de Cent 341, Tel. 93 315 21 31, U-Bahn: Passeig de Gràcia): Dieser internationale Zeitungskiosk ist auch an Sonntagen und feiertags geöffnet. Bücher und Zeitschriften, außerdem CDs und Capuccino werden bei **Laie Libreria** (▶ 123) verkauft. Die Buchhandlung ist bis 1 Uhr morgens geöffnet. Am CCCB (▶ 64) gibt es eine Filiale, in der man wunderbar stöbern kann. Das tolle Interieur, eingerichtet von Josep Lluís Sert (1934), bildet den idealen Rahmen für den Schmuck bei **Roca** (Passeig de Gràcia 18, Tel. 93 318 32 66, U-Bahn: Passeig de Gràcia). **Bagués** (Passeig de Gràcia 41, U-Bahn: Passeig de Gràcia), untergebracht in der von

# Wohin zum ... Ausgehen?

Puig i Cadafalch erbauten Casa Amatller, ist ein weiterer, sehr guter Juwelier. Im Erdgeschoss der nahe gelegenen Casa Lléo Morera (▶102) versteckt sich das renommierte spanische Kette **Loewe** (Passeig de Gràcia 35, Tel. 93 216 04 00, U-Bahn: Passeig de Gràcia), die vor allem für ihre teuren Leder-Accessoires bekannt ist. Im **Bulevard dels Antiquaris,** einer höhlenartigen Einkaufspassage am Passeig de Gràcia 55 (Tel. 93 215 44 99, U-Bahn: Passeig de Gràcia), findet man alles von Jugendstilmöbeln bis hin zu Kristalllüstern. Im selben Gebäude befindet sich auch das **Centre Català d'Artesania**, ein Showroom für bereits bekannte und noch aufstrebende katalanische Designer. **Bd Ediciones de Diseño** (Carrer de Mallorca 291, Tel. 93 458 69 09, U-Bahn: Passeig de Gràcia. Diagonal, Provença), das ebenfalls Designerstücke verkauft, befindet sich in einem tollen, von Domenech i Montaner entworfenen Gebäude. Ein witziges **Parfummuseum** (Museu del Perfum) gibt es im **Regia** (Passeig de Gràcia 39, Tel. 93 216 01 21, geöffnet Mo–Fr 10.30–13.30, 16.30–20 Uhr, Sa 11–13.30 Uhr, U-Bahn: Passeig de Gràcia), wo man die Nase mit allerlei Wohlgerüchen verwöhnen und eine Duftflasche von Salvador Dalí entdecken kann.

## ESSEN UND TRINKEN

**Colmado Quílez** (Rambla de Catalunya 63, Tel. 93 215 23 56, U-Bahn: Passeig de Gràcia) ist ein toller Lebensmittelladen. **La Taste** (Rambla de Catalunya 75, Tel. 93 487 15 68, U-Bahn: Passeig de Gràcia) bietet alles von Porzellan bis die Delikatessen. Ebenso edel sind die Delikatessen, Kuchen und Eiscremes, die in der **Pastisseria Mauri** (Rambla de Catalunya 102, Tel. 93 215 10 20, U-Bahn: Diagonal, Provença) locken. Zu guter Letzt sollte man bei **Quevíures Múrria** (Carrer Roger de Llúria 85, Tel. 93 215 57 89, U-Bahn: Passeig de Gràcia) vorbeischauen – wegen des Landkäses und der stilvollen Weinauswahl.

Das Nachtleben in Eixample und Gràcia ist trotz des eher ruhigen Erscheinungsbildes alles andere als langweilig: Sie finden hier unter anderen der besten Nachtclubs Barcelonas, außerdem einige sehr gute Kinos, die auch fremdsprachige Filme mit Untertiteln zeigen. Hier ist auch das Schwulenviertel Barcelonas. Rund um den Consell de Cent (wo er Casanova und Muntaner kreuzt) gibt es so viele Schwulenlokale und -kneipen, dass man die Gegend auch »Gayxample« nennt. Die neuesten Infos zu Veranstaltungen findet man im Nois-Magazin (www.revistanois.com), das auch an Rambla-Kiosken verkauft wird.

## NACHTCLUBS

In Gràcia, im **KGB** (Alegre de Dalt 55, Tel. 93 210 59 06, U-Bahn: Joanic), einem umgebauten Lagerhaus, wird House-Musik bis in die Morgenstunden gespielt. Hier finden auch Pop- und Rockkonzerte statt. Das schicke, aber witzige **Otto Zutz** (Carrer Lincoln 15, Tel. 93 238 07 22, U-Bahn: Fontana) ist seit jeher einer der beliebtesten Nachtclubs in Gràcia. Manchmal wird hier sogar Live-Jazz geboten; sonntags und montags ist geschlossen. Gute Kleidung ist ratsam.

Im **Mojito Club** in Eixample (Carrer Rosselló 217, Tel. 65 420 10 06, U-Bahn: Diagonal) kann man jede Nacht zu Latino-Rhythmen tanzen. Von Montag bis Samstag (16–21 Uhr) erteilt die Buenavista Dance School dort Salsa-Unterricht. Falls Sie kubanische Tänze bevorzugen, sollten Sie ins **Antilla BCN** gehen. Dort spielt man ebenfalls Salsa und Merengue und andere lateinamerikanische Tänze; gelegentlich werden ein paar Gratis-Lektionen eingestreut. **La Cova del Drac** (Carrer Vallmajor 33, Tel. 93 200 70 32, FGC Muntaner, Busse: 14, 58, 64, Nitbus 8) ist auf Jazz spezialisiert; mittwochs gibt es meist Jam-Sessions, an den anderen Abenden Pop- oder Folkmusik. Ein großer Name im Nachtleben des Eixample ist das **Luz de Gas** (Carrer Muntaner 246, Tel. 93 209 77 11, Busse 6, 7, 15, 58, 64, Nitbus 8). Dieser Club ist in einem Theater untergebracht, und das Musikprogramm wechselt ständig; gelegentlich finden Live-Konzerte statt. Hier trifft man nachts die Schönsten der Schönen. Ebenfalls in Eixample befindet sich **Costa Breve** (Carrer d'Aribau 230, Tel. 93 414 71 95, Metro: Diagonal/Muntaner). Auch das coolen Partys. Das **Ommsession** im Untergeschoss des Hotel Omm (▶ 38) hat es rasch an die Spitze der nächtlichen Höhepunkte der Stadt gebracht und lohnt das Vorbeischauen allemal. Wer gerne Jive, Foxtrott oder Ähnliches tanzt, sollte sich – vielleicht mit Cha-Cha-Cha-Schritten – ins **Sala Cibeles** (Carrer Corsega 363, Tel. 93 457 38 77, U-Bahn: Diagonal) wagen.

### Schwules Nachtleben

Im **Punto BCN** (Carrer Muntaner 63, Tel. 93 453 61 23, U-Bahn: Universitat) lässt sich der Abend gut beginnen. Später kann man bei **Arena Madre** (Carrer Balmes 32, Tel. 93 487 83 42, U-Bahn: Universitat) vorbeischauen, einem beliebten Schwulenclub, oder ins **Arena VIP** (Gran Via de les Corts Catalanes 593, Tel. 93 487 83 42, U-Bahn: Universitat) mit eher gemischtem Publikum gehen. Das **Martin's** (Passeig de Gràcia 130, Tel. 93 218 71 67, U-Bahn: Diagonal) ist die Grande Dame unter den Schwulen-Diskotheken: Auf drei Stockwerken wird hier vor allem an Wochenenden getanzt. Auch das **Metro** (Carrer Sepúlveda 158, Tel. 93 323 52 27, U-Bahn: Universitat) ist eine Riesendisko mit zwei Tanzflächen und drei Bars und jeden Abend die ganze Nacht lang geöffnet. House-Musik und gute DJs erlebt man im **Salvation** (Ronda de Sant Pere 19–21, Tel. 93 318 06 86, U-Bahn: Urquinaona).

Restaurants mit Transvestitenshows gibt es zahlreiche in Barcelona. Die beiden empfehlenswertesten in Eixample sind das **Miranda** (Casanova 30, Tel. 93 453 52 49, U-Bahn: Universitat) und das **Diva** (Carrer Diputació 172, Tel. 93 454 63 98, U-Bahn: Universitat).

### KINO

Das **Casablanca** (Passeig de Gràcia 115, Tel. 93 218 43 45, U-Bahn: Diagonal) zeigt unkonventionelle Filme, oft in englischer Sprache, mit spanischen Untertiteln. Im **Melies** (Carrer Villaroel 102, Tel. 93 451 00 51, U-Bahn: Urgell) werden sehr gute Retrospektiven zu Themen oder Regisseuren geboten. Das **Verdi** in Gràcia ist noch immer eines der führenden Kinos der Stadt. Das ursprüngliche Lichtspielhaus (Carrer Verdi 32, Tel. 93 237 05 16, U-Bahn: Fontana) und das neuere Kino mit vier Leinwänden, **Verdi Park** (Carrer Torrijos 49, Tel. 93 238 79 90, U-Bahn: Fontana), zeigen Klassiker und neue Hits.

### SONSTIGE UNTERHALTUNG

Im **CAT** (Travessera de St Antoni 6–8, Tel. 93 218 44 85, U-Bahn: Fontana) gibt es heimischen und internationalen Folk. Das **Teatre Lliure - Lliure de Gràcia** (Carrer Montseny 47, Tel. 93 218 92 51, U-Bahn: Fontana) ist eine Institution. Obwohl die Kompanie in eine völlig neue Umgebung in Montjuic (▶ 144) umgezogen ist, finden im alten Theater noch kleinere Produktionen statt. Zur Zeit der Recherche wegen Renovierungsarbeiten geschlossen.

Im **La Pedrera de Nit** (▶ 107) kann man der Musik lauschen, die Stadtsilhouette bewundern und auf dem Dach der Casa Milà cava trinken.

# Montjuïc und Sants

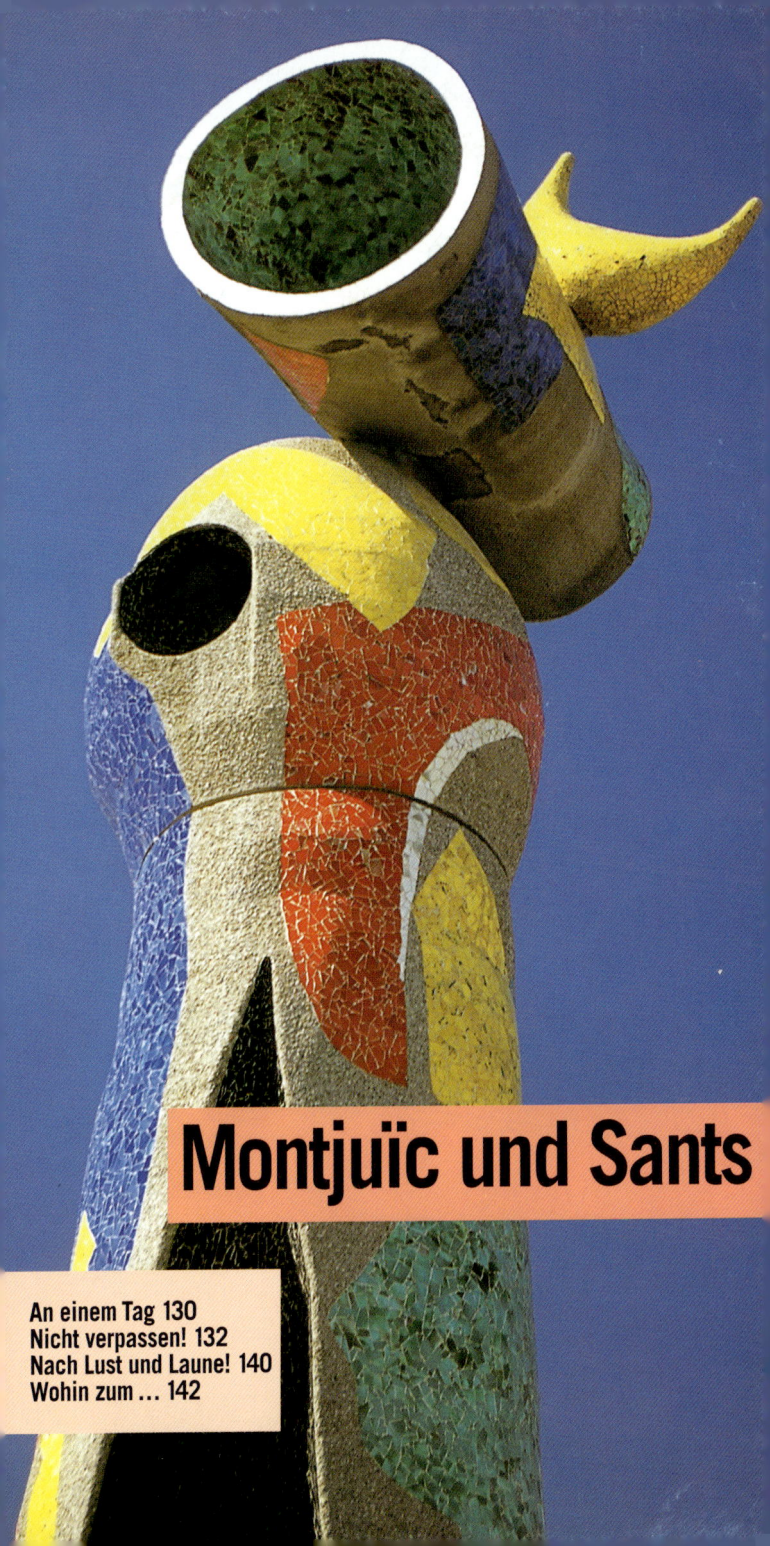

An einem Tag 130
Nicht verpassen! 132
Nach Lust und Laune! 140
Wohin zum … 142

# Erste Orientierung

Montjuïc, ein steiler, landschaftlich schöner Berg im Süden der Stadt, trägt den Spitznamen »Zauberberg« – ein Relikt aus keltiberisch-römischer Zeit, als auf der Spitze eine Festung und ein Jupitertempel standen. Jahrhundertelang schnitt der Montjuïc Barcelona vom Rest der Welt ab. Sein Friedhof und die Ehrfurcht gebietende Festung, von der aus die Spanier das besetzte Gebiet beherrschten, lösten düstere Assoziationen aus. Seit der Weltausstellung 1929, als Designer-Pavillons, Ausstellungshallen, Olympiastadien und Konzertsäle errichtet wurden, wirkt alles viel freundlicher.

Den Montjuïc erreicht man am bequemsten mit der Seilbahn von der U-Bahnstation Paral.lel aus. Die Drassanes, die mittelalterlichen Werftanlagen, liegen östlich des Montjuïc am hafenseitigen Ende der Ramblas ganz in der Nähe der U-Bahn: der ideale Startpunkt für einen Tagesausflug.

Die Drassanes hat man in Barcelonas vielgelobtes Museu Marítim umgewandelt, das der Seefahrer-Vergangenheit der Stadt huldigt.

Auf dem Montjuïc findet man zwei der besten Kunstmuseen Barcelonas. Eines ist Joan Miró und seinen farbenfrohen Arbeiten gewidmet, das andere stellt weltberühmte katalonisch-romanische Fresken aus, die man aus verfallenden Kirchen in den Pyrenäen geborgen hat.

**Vorherige Seite: Mirós Statue *Dona i Ocell* im Parc de Joan Miró**

**Unten: Blick vom Castell de Montjuïc**

## Erste Orientierung

### ★ Nicht verpassen!
1. Museu Marítim ➤ 132
2. Fundació Joan Miró ➤ 134
6. Museu Nacional d'Art de Catalunya (MNAC) ➤ 136

### Nach Lust und Laune!
3. Castell de Montjuïc ➤ 140
4. Poble Espanyol ➤ 140
5. Pavelló Mies van der Rohe ➤ 140
7. Caixa Forum ➤ 141
8. Plaça d'Espanya ➤ 141
9. Sants ➤ 141

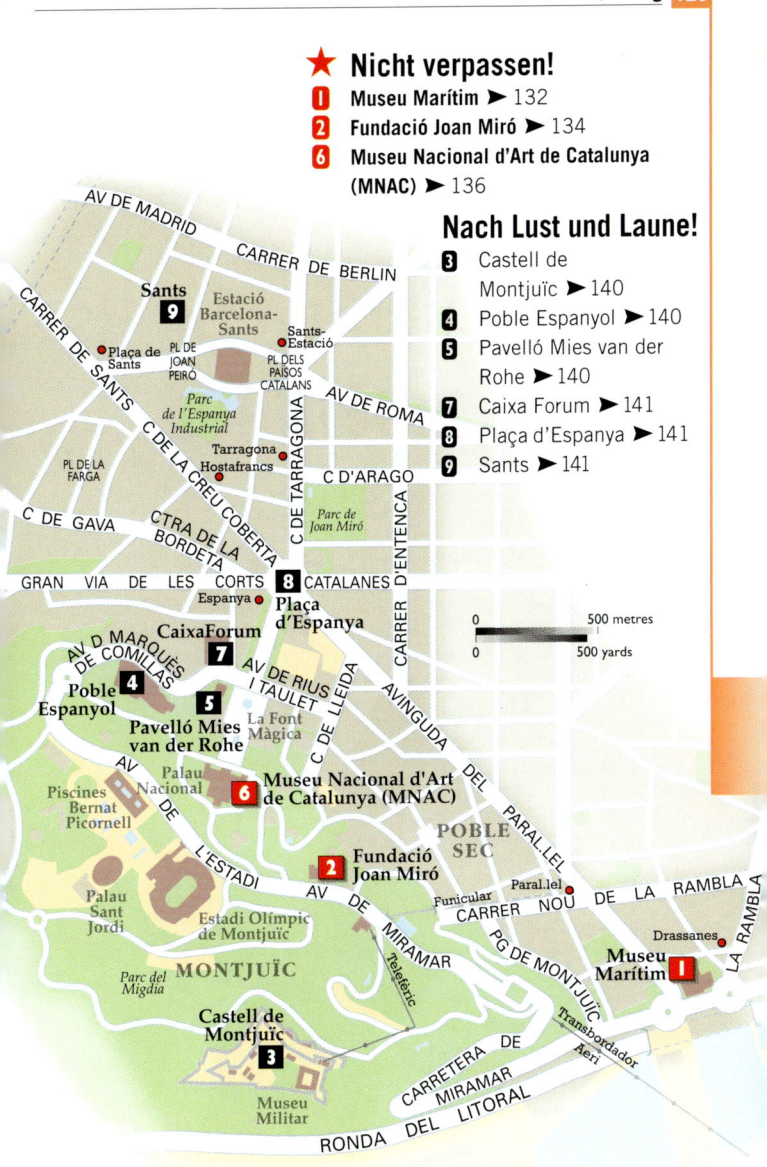

Das Viertel Sants liegt im Norden Montjuïcs. Hier befindet sich Barcelonas Hauptbahnhof, sodass viele Barcelonabesucher in Sants ankommen. Einst stark industrialisiert, ist Sants mittlerweile Experimentierfeld für verschiedene Stadtentwicklungsprojekte (manche sind mehr, andere weniger erfolgreich) geworden. Statt Werkstätten und Fabriken findet man heute Straßenkunst, weite, offene Plätze und Cafés, die zum Verweilen in entspannter Atmosphäre einladen.

**130** Montjuïc und Sants

Auf dieser Tagestour werden Sie den Berg hinauf- und wieder heruntergehen, um romanische und gotische Meisterwerke, moderne Kunst und Architektur zu besichtigen sowie Einblicke in Barcelonas maritime und militärische Vergangenheit zu erhalten. Für die herausragende Sammlung des MNAC sollte man auf jeden Fall genug Zeit einplanen.

# Montjuïc und Sants an einem Tag

## 9.30 Uhr

Lassen Sie den Tag entspannt angehen, und wandern Sie zu den Drassanes (mittelalterliche Werften) und zum Café-Restaurant Drassanes (➤ 133) für einen Morgenkaffee mit Croissant. Danach geht's ins **❶ Museu Marítim** (➤ 132f), wo Barcelonas Geschichte als Seemacht erzählt wird.

## 11.30 Uhr

Man verlässt die Drassanes am Carrer de Portal, wandert an der massiven bronzenen Katze *El Gat*, ein Werk des kolumbianischen Künstlers Fernando Botero, vorbei die Avinguda del Paral.lel entlang zur U-Bahn-Station. Dort befindet sich auch der Zugang zur Seilbahn, die Sie zur **❷ Fundació Joan Miró** (➤ 134f) hinaufbringt. Eine Stunde sollte für Mirós Arbeiten (rechts) und eventuelle Ausstellungen genügen. Man kann entweder vor Ort in dem schönen Café zu Mittag essen oder bis zum Poble Espanyol gehen, besser jedoch mit dem Bus (50 oder 61) hinfahren, um dort die regionalen Spezialitäten zu genießen.

**An einem Tag** 131

## 13 Uhr

Nach dem Mittagessen kann man das ❹**Poble Espanyol** (Spanisches Dorf, ➤ 140) erkunden. In den vielen Werkstätten (rechts) finden Sie ein großes Angebot an Souvenirs.

## 15 Uhr

Die elegante Avinguda del Marquès de Comillas schlängelt sich zu den Messenhallen der Stadt hinunter. Im ❺**Pavelló Mies van der Rohe** (links, ➤ 140f) kann man einen Moment der Ruhe genießen, bevor es die Stufen oder die Rolltreppe zum Palau Nacional hinaufgeht, wo das ❻**Museu Nacional d'Art de Catalunya** (MNAC, ➤ 136ff) untergebracht ist.

## 16 Uhr

Highlight des Tages ist das MNAC. Es beherbergt fünf bedeutende Kunstsammlungen, und stolz ist man vor allem auf die romanischen Fresken. Lassen Sie sich Zeit für die gotischen Meisterwerke, die Sammlung Thyssen-Bornemisza oder die Abteilungen für Kunst des 19. und 20. Jahrhunderts.

## 19 Uhr

Wenn Sie noch Energie übrig haben, dann gehen Sie hinunter zur ❽**Plaça d'Espanya** (➤ 141), um das Viertel ❾**Sants** (➤ 141) zu erkunden. Stärken Sie sich mit Tapas oder einem Aperitif. In Sants kann man gut den ganzen Abend verbringen. Im Sommer sollte man sich die **Font Màgica** (➤ 141) nicht entgehen lassen. Alternativ kann man den Abend mit einem Besuch in einem Nachtclub in Montjuïc oder mit einem Konzert im **Palau Sant Jordi** (➤ 143) ausklingen lassen.

# Museu Marítim

Dieses Museum, untergebracht in den ehemaligen königlichen Werften, lohnt den Besuch schon allein wegen des Gebäudes. Die Drassanes Reials stammen aus dem 13. Jahrhundert, der Blütezeit der katalonischen Seemacht. Sie sind ein Triumph ziviler gotischer Architektur in Barcelona und ein weltweit bedeutendes Beispiel mittelalterlicher Werftanlagen. Mit ihren frei schwebenden Bögen, eleganten Gewölben und Steinnischen haben diese Hallen das Flair einer weltlichen Kathedrale.

Die Werften stellten einst Schiffe für die katalonisch-aragonesische Flotte her, als das Königreich Aragón zu einer wichtigen Mittelmeermacht aufstieg. Während andere mächtige Hafenstädte wie Venedig und Palermo ihre mittelalterlichen Werftanlagen zerstörten, nutzte Barcelona sie bis ins 18. Jahrhundert. Noch während des Bürgerkriegs dienten sie als Munitionsdepot. Seit 1941 beherbergen die fachmännisch renovierten Gebäude das Schifffahrtsmuseum der Stadt.

Die Exponate erzählen umfassend die Geschichte der Seefahrt. Gezeigt werden etwa antike Karten und Kompasse, Modelle von Fischerbooten und zeitgenössischen Schiffen. Ein besonderes Highlight ist der Nachbau der **La Real**, einer königlichen Galeere, die 1568 für Don Juan d'Austria gebaut wurde. Sie war das Flaggschiff der Christlichen Flotte, die der Heiligen Liga (Spanien, Venedig, Malta und der Vatikan) den Sieg über das

Oben: Der Nachbau des Kriegsschiffes *La Real* aus dem 16. Jahrhundert

Rechts: Eine der antiken Galionsfiguren, die im oberen Stock zu sehen sind

192 A1 ✉ Avinguda de les Drassanes s/n ☎ 93 342 99 20; www.museumaritimbarcelona.com
🕒 tägl. 10–19 Uhr; geschl. 1. und 6. Jan., 25. und 26. Dez. Ⓜ Drassanes
🚌 14, 18, 36, 57, 59, 64, 91 🍴 erstklassiges Café-Restaurant 💶 mittel

# Museu Marítim

Osmanische Reich in der Schlacht von Lepanto am 7. Oktober 1571 einbrachte. Lepanto gilt als Wendepunkt im Schicksal der verschiedenen Mittelmeerreiche. Der Nachbau von 1971 zum 400. Jahrestag der Schlacht ist 60 Meter lang. Darin sitzen Modelle der 236 Ruderer, die nötig waren, um das Schiff zu bewegen. Mit seiner goldenen Galionsfigur – einem Neptun auf einem Delphin – und der reichen Goldverzierung wirkt *La Real* eher wie ein barocker Altar denn wie ein Schlachtschiff.

Leihen Sie sich Kopfhörer aus und folgen Sie der anschaulichen Führung **Abenteuer der Meere** (in verschiedenen Sprachen). Dabei erlebt man etwa einen Seesturm und trifft auf den Nachbau eines U-Boot-Vorläufers des katalonischen Erfinders Narcís Monturiol. Im Eintrittspreis enthalten ist auch der Besuch des Schoners *Santa Eulàlia*, der im alten Hafen von Barcelona liegt.

### KLEINE PAUSE

Die luftigen Gewölbe des Museums beherbergen das Restaurant **Drassanes** (Tel. 93 317 52 56). Dem Ambiente der Umgebung entsprechend finden sich einige mittelalterliche Gerichte auf der Karte. Das Zweigänge-Menü steht in gutem Preis-Leistungs-Verhältnis.

> Das Museum dokumentiert die Geschichte der Seefahrt von primitiven Kähnen bis zu modernen Segelyachten

### MUSEU MARÍTIM: INSIDER-INFO

**Top-Tipp:** Man sollte früh am Morgen ins Museum gehen, bevor die Schulklassen einfallen.

**Geheimtipp:** Verpassen Sie auf gar keinen Fall die Ausstellung von Galionsfiguren (18. und 19. Jahrhundert) im oberen Stockwerk.

# Fundació Joan Miró

Joan Mirós verspielte Skulpturen und Malereien finden in dieser auf sie abgestimmten Galerie ihre ideale Umgebung. Das Gebäude bietet einen herrlichen Blick über die Stadt; seine weißen Mauern, die Terrakotta-Fliesen und das elegant geschwungene Dach verbreiten ein mediterranes Flair.

Mit seinen klaren Formen und dem kindlichen Umgang mit den Primärfarben verkörpert Joan Miró (1893–1983) den künstlerischen Esprit Barcelonas. Seine Werke finden sich in der ganzen Stadt, von der Wandmalerei am Flughafen über das Mosaik auf dem Gehsteig der Ramblas (➤ 51) bis zur Skulptur im Parc de Joan Miró (➤ 135). Die Katalanen lieben ihn, denn anders als Picasso stammt er tatsächlich aus Barcelona. Seine eingängigen abstrakten Bilder wurden zum Symbol der Stadt, sie finden sich auf T-Shirts, Aschenbechern oder im Logo der Bank La Caixa, das Miró entworfen hat.

### Ein Querschnitt der Arbeiten
Die umfangreiche Sammlung – größtenteils von Miró selbst gestiftet – bietet einen guten Einstieg in sein Werk. Neben 200 Bildern, 150 Skulpturen und einer Reihe schöner Wandteppiche umfasst die Sammlung auch 5000 Skizzen und alle seine grafischen Arbeiten. Obwohl das Museum besonders für seine mittlere Schaffenszeit Lücken aufweist, kann man Mirós künstleri-

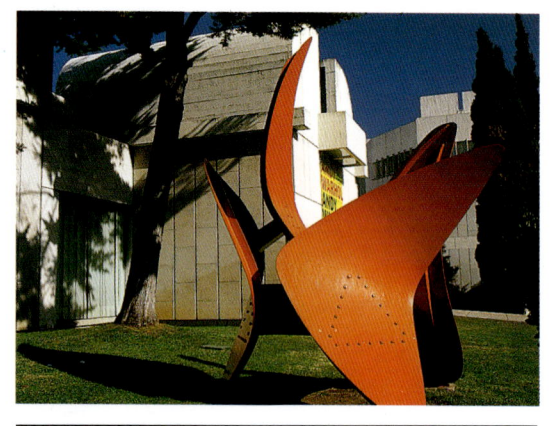

Die Skulpturen unter freiem Himmel gehören zu den besonderen Attraktionen der Fundació Joan Miró

194 C3 ✉ Plaça de Neptú, Parc de Montjuïc ☎ 93 443 94 70; www.bcn.fjmiro.es ⏰ Juli–Sept. Di–Sa 10–20 Uhr, So und feiertags 10–14.30 Uhr; Okt.–Juni Di–Sa 10–19 Uhr; sonst Do bis 21.30 Uhr; Führungen Sa und So 12.20 Uhr 🚇 Paral.lel und Funicular de Montjuïc 🚌 50, 55 Bus Turístic (blau) 🍴 Café-Restaurant; ausgezeichneter Museumsshop und Buchhandlung 💶 mittel

sche Entwicklung gut nachvollziehen: von den Skizzen seiner Kindheit und den jugendlichen Experimenten mit dem Kubismus hin zu seinem persönlichen unverwechselbaren Stil, jener Mischung aus Surrealismus und abstrakter Kunst. Die besten seiner frühen Arbeiten sind in der Sala Joan Prats, Mirós Freund und Förderer, zu sehen. Dazu gehören **Straße in Pedralbes** (1917) und **Portrait eines jungen Mädchens** (1919) sowie das verstörende **Mann und Frau vor einem Haufen Kot** (1935). Seine vertrauten Themen begegnen in Bildern wie **Morgenstern** (1940), obwohl er zeitgleich, unter dem Eindruck des Bürgerkriegs, an **Barcelona** (1944) arbeitete, einer für ihn ungewöhnlichen Serie kraftvoller Schwarz-Weiß-Lithografien.

In der Sala Pilar Juncosa, nach Mirós Frau benannt, hängen viele seiner späteren Arbeiten, die entstanden, nachdem er nach Mallorca gezogen war (1956). Dazu gehören **Figur vor der Sonne** (1968) und **Frau bei Nacht** (1973), großformatige, sehr formenklare Gemälde in Gelb und Rot. In der Galerie sind auch etliche der bekannteren Skulpturen ausgestellt, z. B. der **Sonnenvogel** (1968) aus weißem Carrara-Marmor. Auf der Dachterrasse und im Park stehen weitere Skulpturen.

*Kräftige Farben und klare Formen zeichnen Mirós Werk aus*

### KLEINE PAUSE

Nach dem Rundgang durch die Galerie zieht es die meisten Besucher schnurstracks ins Café im schattigen Hof. Alternativ kann man zur **Miramar Bar** (Avinguada Miramar 93, Tel. 93 442 31 00) an der Seilbahn, die zum Hafen führt, hinuntergehen. Hier gibt es zwar nur Snacks, dafür aber einen herrlichen Blick über den Hafen. Das kleine Restaurant **Miramar** (▶ 142) liegt unterhalb.

---

### FUNDACIÓ JOAN MIRÓ: INSIDER-INFO

**Top-Tipp:** In den Sommermonaten finden im Museum exzellente **Konzerte** statt (▶ 144).

**Geheimtipp:** Gegenüber der Placa d'Espanya, am Fuße des Montjuïc, kann man im Parc de Joan Miró eine berühmtesten Skulpturen von Miró bewundern. Neben dem ehemaligen Escorxador (Schlachthaus, deshalb auch der andere Name, nämlich Parc de l'Escorxador) wird das Gelände von der gigantischen Figur **Dona i Ocell** (Frau und Vogel) beherrscht – einem kachelverzierten Obelisken, der zu den Hauptsehenswürdigkeiten der Stadt zählt.

# MNAC

Das Museu Nacional d'Art de Catalunya (MNAC) verfügt über eine der erlesensten Sammlungen mittelalterlicher Kunst in Europa und wurde 2004 durch die Aufnahme der Sammlung Thyssen-Bornemisza und einer Sammlung von katalanischen Gemälden, Skulpturen und Möbeln des 19. und 20. Jahrhunderts noch attraktiver. Sämtliche Sammlungen sind im Palau Nacional untergebracht, einem Palast in pseudo-barockem Stil mit einer Kuppel, der für die Weltausstellung von 1929 errichtet wurde.

Neben schönen Beispielen für die Kunst der katalanischen Gotik, zwei herausragenden Sammlungen alter Meister und einer Ausstellung mit Werken der Moderne präsentiert das Museum sehenswerte romanische Fresken, die aus baufälligen Kirchen in den Pyrenäen geborgen wurden. Für die eindrucksvollen großen Galerien zeichnet Gae Aulenti verantwortlich, die italienische Architektin, der mit der Umwandlung eines alten Pariser Bahnhofs ins viel gerühmte Musée d'Orsay ein Durchbruch gelang. Nicht minder sehenswert ist der atemberaubende Blick von der Terrasse über die Plaça d'Espanya und die Dächer der Stadt auf den Tibidabo.

*Die Apsis-Malerei aus dem 12. Jahrhundert aus Sant Climent de Taüll gehört zu den Kostbarkeiten des Museums*

## Romanische Abteilung

Man sollte chronologisch vorgehen und mit der Romanik beginnen. Die Säle sind in *ambits* – abgetrennte Bereiche anstelle von geschlossenen Räumen – eingeteilt. Jedes *ambit* bietet auf Englisch und Katalanisch bebilderte Informationen zu den Kirchen, aus denen die Exponate stammen. Die romanischen Exponate bestechen durch ihre Schlichtheit. Im Mittelalter konnten die meisten der katalanischen Dorfbewohner weder schreiben noch lesen, sodass die Kirchenwände zu bunten Bilderbüchern, zur »Bibel des armen Mannes«, wurden. Bemerkenswert ist die **Apsis der Hl. Maria d'Àneu** (Ambit III), gerettet aus einem abgelegenen Pyrenäental: Die allwissenden Augen auf den Engelsflügeln sind Symbol der Macht Gottes. Höhepunkt der Sammlung sind die **Wandmalereien aus Sant Climent de Taüll** (Ambit V) aus dem Jahre 1123. Die Christusfigur im Zentrum mit den weit geöffneten Augen, dem wallenden Haar und dem Buch in der linken Hand ist sehr ausdrucksstark. Die Inschrift lautet: Ego Sum Lux Mundi (»Ich bin das Licht der Welt«).

194 C4 ✉ Palau Nacional, Parc de Montjuïc
☎ 93 622 03 76; www.mnac.es
Di–Sa 10–19 Uhr, So und feiertags 10–14.30 Uhr
Espanya 9, 13, 50, 55, 57, 91, 109, 157
mittel, freier Eintritt am ersten Do des Monats

## Museu Nacional d'Art de Catalunya (MNAC) ★ 137

### Gotische Abteilung

Auf der gegenüberliegenden Seite des Hauptganges befinden sich die gotischen Säle – ebenfalls eingeteilt in *ambits* –, die mit farbenfrohen Wandmalereien beginnen. Diese wirken wie mittelalterliche Comics und erzählen die Geschichte der katalanischen Eroberung Mallorcas im Jahre 1229. In weiteren *ambits* finden sich verschiedene Exponate wie Truhen, Statuen, Münzen und Schränke sowie eine feine Sammlung religiöser Malerei aus Katalonien und anderen Teilen Europas. Der **Altaraufsatz von St. Barbara**, der Gonçal Peris Sarrià zugeschrieben wird (Ambit VIII), ist eines der Highlights: eine magische Komposition von Farbe und Blattgold, märchenhafte Zinnen steigern

Die Jungfrau Maria mit dem Kind, der hl. Ines und der hl. Barbara stammt aus dem Kreis um Jaume Huguet und wird in Ambit XII gezeigt

seinen Charme. Der Federkiel und die Krone der Heiligen sind mit filigranen Pinselstrichen hingehaucht. In *Ambit* XII sollte man Jaume Huguets **Altaraufsatz von St. Michael** nicht verpassen, der als eines der edelsten Beispiele gotischer Kunst gilt Die reiche Kleidung des Erzengels und seine insektenähnlichen Flügel machen ihn zu einer auffallenden Figur. Zu seinen Füßen erkennt man die Reste des Drachens, den er gerade besiegt hat.

### Ein Muss!

Die fünf herausragenden Stücke unter den Schätzen des Museums sind:
- die **Apsis aus Santa Maria d'Àneu** (Romanik, Ambit III)
- die **Wandgemälde aus Sant Climent de Taüll** (Romanik, Ambit V)
- Frau Angelico`s Temperagemälde **Demütige Madonna** (Sammlung Thyssen-Bornemisza)
- Jaume Huguets **Altaraufsatz von St. Michael** (Ambit XII)
- Von Gaudí gestaltete **Möbel** (Kunst des 19. und 20. Jahrhunderts, Räume X–XIII).

**138** ★

Fra Angelicos *Demütige Madonna* allein lohnt den Besuch des MNAC

## Sammlungen Thyssen-Bornemisza und Cambó

Während der 1920er- und 1930er-Jahre trug der deutsche Industrielle Heinrich Thyssen eine Sammlung europäischer Kunstgegenstände zusammen, die der spanische Staat 1993 erwarb. Der größte Teil befindet sich heute in Madrid, ein kleinerer Teil kam nach Barcelona, zunächst in das Monestir de Pedralbes (▶ 150ff), 2004 dann an den heutigen Standort. Die wichtigsten Gemälde stammen aus dem italienischen Trecento (14. Jh.), doch gibt es auch schöne Werke aus dem 15. und 16. Jahrhundert. Die in Temperafarben gemalte **Demütige Madonna** (um 1435) von Fra Angelico ist ebenso zart wie majestätisch, die Komposition mit Maria im blauen Gewand, die vom Jesuskind eine Lilie als Symbol der Reinheit geschenkt bekommt, ist perfekt. Die **Geburt Jesu** (1325) von Taddeo Gaddi und die **Madonna mit Kind** (1340–45) von Bernardo Daddi gehören zu den herausragenden Beispielen der auf Schlichtheit bedachten italienischen Kunst des 14. Jahrhunderts. Lorenzo Monacos Temperagemälde **Maria mit Kind auf dem Thron im Kreise von sechs Engeln** (1415–20) transportiert große Gefühle, während

## Museu Nacional d'Art de Catalunya (MNAC)

Veroneses dekorative, lyrische **Verkündigung** (1570) dem triumphalen Monumentalismus des 16. Jahrhunderts entspricht. Unter den barocken Gemälden von Künstlern aus Italien, Holland, Flandern und Spanien ragt Francisco de Zurbaráns **Christus am Kreuz** (1630) heraus. Die einflussreiche Familie Cambó hinterließ der Stadt Barcelona eine kleinere Sammlung. Sie umfasst Arbeiten von Tiepolo, Goya und Rubens und ist in Sälen am Ende der gotischen Galerie untergebracht.

### Kunst des 19. und 20. Jahrhunderts

Dieser Teil der Sammlung umfasst die Zeit von 1800 bis zum Spanischen Bürgerkrieg mit neoklassizistischen und modernistischen Künstlern und Vertretern des Noucentismo, der sich mit einer Rückkehr zu klassischen Formen gegen die Dekadenz des Modernismus richtete. Zu der Sammlung gehören Gemälde bekannter katalanischer Künstler wie Santiago Rusiñol (1861–1931) und Ramon Casas (1866–1932). Letzterer war der Kopf der frühen Modernisten. Er ist in Saal VI mit **Werkstatt in La Galette** (1890) und **Im Freien** (1890) vertreten. Casas' Selbstporträt zusammen mit Pere Romeus **Auf dem Tandem** (1897) gehört zu den bekanntesten Arbeiten des ausgehenden 19. Jahrhunderts aus Barcelona. Josep Clarà (1878–1958) ist der berühmteste Bildhauer des Noucentismo. Seine Marmorskulptur **Ruhe** (Saal XIX) wurde für die Weltausstellung 1929 angefertigt. Das Museum zeigt auch Möbelstücke und Ornamente von **Gaudí** und Puig i Cadafalch, die einst das Innere der Casa Milà (▶ 105ff) und des Gebäudes der Manzana de la Discòrdia (▶ 102ff) schmückten (Saal X–XIII). Versäumen Sie keinesfalls Gaudís kurvenreiches Holzsofa aus der Casa Batlló.

*Ramon Casas und Pere Romeu auf dem Tandem im MNAC*

**KLEINE PAUSE**

Spektakuläre Blicke über die Stadt bietet das Restaurant **Oleum** im MNAC, vielleicht bevorzugen Sie aber auch das Restaurant im Caixa Forum (▶ 141; Di–So 10–20 Uhr). Die Speisekarte bietet katalonische Gerichte.

---

### MNAC: INSIDER-INFO

**Top-Tipps:** Es ist unmöglich, alle Objekte bei einem Besuch anzuschauen. Bei wenig Zeit sollte man sich auf die **romanischen Fresken** konzentrieren.

**Geheimtipp:** Die wechselnden Kunstausstellungen im Untergeschoss sind ebenfalls sehr lohnenswert, falls die Zeit es erlaubt.

# Nach Lust und Laune!

## ❸ Castell de Montjuïc – Museu Militar

Die Fahrt mit der *telefèric*-Seilbahn zur Festung aus dem 18. Jahrhundert hinauf ist aufregend, der Blick von oben unschlagbar. Die Festung wurde von den Spaniern erbaut, um Barcelona in Schach zu halten. Sie symbolisiert eine düstere Vergangenheit, die die Katalanen gerne vergessen würden. 1940 wurde hier der katalanische Präsident Lluís Companys von Franco-Truppen exekutiert.

Das Museu Militar (Militärmuseum) befindet sich in der Burg. Es könnte eine Aktualisierung vertragen, zeigt aber trotzdem faszinierende Stücke. Einige der Exponate kann man sogar schön nennen, etwa eine marokkanische Muskete. In einem der Säle findet man mittelalterliche Grabsteine vom nahen jüdischen Friedhof, die wertvolle Hinweise für die jüdische Geschichte der Stadt liefern.

🗺 194 C2 ☎ 93 329 86 13
🕓 März–Okt. Di–So 9.30–20 Uhr;
Nov.–Feb. 9.30–17.30 Uhr
Ⓜ Paral.lel, auch Funicular und Telefèric de Montjuïc (➤ 182)
🚌 50 💰 preiswert

## ❹ Poble Espanyol

Für die Weltausstellung 1929 wurden hier über 100 Gebäude errichtet, die Spaniens architektonische und kulturelle Vielfalt demonstrieren sollten. Sogar die attraktive Plaza Mayor (Hauptplatz) vereint verschiedene Stile. Das Dorf, von den katalanischen Nationalisten lange abgelehnt, zerfiel zusehends, bis es in den Neunzigerjahren wieder aufgemöbelt wurde.

Einige der schönsten Gebäude im Dorf sind Nachbauten von Häusern und Palästen aus verschiedenen Regionen Kataloniens, z. B. aus Gerona, Lleida und den Pyrenäen. Es gibt hier viele Kunsthandwerker, und in den zahlreichen Geschäften kann man hochwertige Artikel kaufen (➤ 143). Man kann im Dorf auch gut essen: Unzählige Restaurants und Bars bieten Spezialitäten aus Andalusien, dem Baskenland, Kastilien oder Galizien an. Auch bei Nacht ist eine Menge los.

🗺 194 B4 ✉ Avinguda del Marquès de Comillas 13 ☎ 93 508 63 00;
www.poble-espanyol.com
🕓 Mo 9–20 Uhr, Di–Do 9–14 Uhr,
Fr 9–16, Sa 9–17, So 9–24 Uhr
Ⓜ Espanya 🚌 13, 50, 61 💰 teuer

## ❺ Pavelló Mies van der Rohe

Der Pionier unter den Architekten, Mies van der Rohe, baute dieses funktionale Gebäude (auch Pavelló Barcelona genannt) als deutschen Beitrag für die Weltausstellung von 1929. Der Pavillon wurde zum 100. Geburtstag des Architekten 1980 restauriert. Er zeichnet sich durch klare Linien und einfache Formen aus. Die Kombination von glattem Marmor, Granit, Glas und den Wasserflächen vermittelt eine ruhige, fast meditative Atmosphäre – der perfekte Rückzugsort, um dem Lärm der Stadt zu entgehen.

Unter den Ausstellungsstücken, die Leben und Werk des Architekten dokumentieren, befindet sich der Barcelona-Stuhl, den Mies van der

**Nach Lust und Laune!** 141

Die klaren Linien des Pavelló Mies van der Rohe heben sich von der übrigen Architektur der Stadt ab

Rohe speziell für diesen Pavillon entwarf. Der Leder-Stahl-Stuhl mit der quadratischen Sitzfläche ist später zu einem beliebten Utensil in öffentlichen Wartezimmern avanciert.

194 B4 Avinguda del Marquès de Comillas s/n 93 423 40 16; www.miesbcn.com
tägl. 10–20 Uhr Espanya
13, 50, 100 preiswert

## 7 Caixa Forum

Die schlossähnliche Casaramona, eine 1911 von Puig i Cadafalch sehr eigenwillig gebaute Textilfabrik, stand jahrzehntelang leer, bis die Fundació La Caixa die Idee hatte, das Gebäude in ihr neues Kunstzentrum umzuwandeln. Der japanische Architekt Arata Isozaki gestaltete einen von Barcelonas elegantesten und lohnendsten Ausstellungsräumen. Neben einer Dauerausstellung zeitgenössischer Kunst finden außergewöhnliche Sonderausstellungen statt.
Beispielweise wurden Gemälde von Lucian Freud und Skulpturen von Auguste Rodin hier bereits präsentiert. Eine Abteilung für Kinder, Workshops, Konzerte, ein Laden und eine Cafétéria erhöhen die Anziehungskraft.

194 B/C4 Avinguda Marquès de Comillas 6–8 93 476 86 00
April–Okt. Di–So 10–20 Uhr; Nov.–März Di–So 10–18.20 Uhr
Espanya 9, 13, 27, 30, 37, 50, 56, 57, 65, 79, 91, 105, 109, 157, 165
frei

## 8 Plaça d'Espanya

Dieser monumentale Platz, überrragt von zwei majestätischen Backstein-Campaniles im venezianischen Stil, wurde als Eingang zur Internationalen Ausstellung von 1929 angelegt. Der Blick wird von einer Reihe von Treppen nach oben gelenkt, zum prächtigen Palau Nacional. An Sommerabenden erwachen die Brunnen in der Mitte der Treppe zum Leben: als La Font Màgica, eine grandiose, leicht kitschige Ton-Licht-Schau.

194 C5 Espanya

## 9 Sants

Viele Leute kommen in Sants nur an – hier liegt Barcelonas Hauptbahnhof. Dabei ist es ein lebhaftes Viertel mit einigen guten Restaurants (➤ 142) und einem ganz eigenen Charakter. Sants war einst voller Fabriken und Werkstätten, von denen einige geschlossen sind, andere als Kunstzentren weiterexistieren. Der Parc de l'Espanya Industrial (➤ 23) wurde nach Jahren des Verfalls in einen schönen Park verwandelt.

Den ganz eigenen Charakter des Viertels kann man während der Festa Major im späten August erleben. Dazu gehören das traditionelle *corre-foc* (Feuergang), *castells*, *sardanes* und ausgelassenes Feiern auf den wichtigsten Plätzen des Viertels, der Plaça del Centre, der Plaça de la Farga und der Plaça de Joan Peiro.

198 B2 Hostafrancs, Plaça de Sants, Sants-Estació

---

### Für Kinder
• die futuristische Technik und die historischen Schiffe im **Museu Marítim** (➤ 132f)
• die Fahrt mit der Seilbahn den **Montjuïc** hinauf und hinunter (➤ 182)
• die satten Farben und phantasievollen Formen in der **Fundació Joan Miró** (➤ 134f)
• **La Font Màgica** oberhalb der Plaça d'Espanya (➤ 141)
• Souvenirs aussuchen im **Poble Espanyol** (➤ 140)

# Montjuïc und Sants

# Wohin zum ...
## Essen und Trinken?

### Preise
Ein Abendessen kostet pro Person (ohne Getränke):
€ unter 15 Euro   €€ 15–35 Euro   €€€ über 35 Euro

### Blau €
Das in einem Stadthaus aus dem frühen 20. Jahrhundert im Bezirk Sants untergebrachte Restaurant serviert Gerichte aus der Mittelmeerküche. Wegen der preiswerten Speisen und der bedachten Innenterrasse ist das Lokal bei jungen Leuten beliebt.

🕂 198 A2   ✉ Carrer de; Tenor Masini 61
☎ 93 330 0112   🕐 Di–Sa 13–16, 20–24 Uhr (im Sommer bis 2 Uhr), So 13–16 Uhr
🚇 Sants Estació

### Bar Primavera €
Diese schattige Gartenbar auf halbem Weg den Montjuïc hinauf bietet sich zum Ausruhen für jene an, die zu Fuß hinaufsteigen.

🕂 195 D3   ✉ Carrer Nou de la Rambla 192
☎ 93 329 30 62   🕐 tägl. 8–22 Uhr; im Winter ab 17 Uhr geschl.   🚇 Paral.lel

### La Parra €€
Wenige Restaurants haben so viel Atmosphäre wie diese ehemalige Kutscherkneipe, versteckt in einer kleinen Seitenstraße. Hier gibt es bodenständige Küche in Bestform: Riesige Koteletts vom Lamm, Kaninchen oder Schwein, gegart über einem offenen Grill und serviert auf Holztellern zusammen mit *alioli* und deliziösen *escalivades*. Dazu gibt es Wein aus der Gegend. Im Sommer wird draußen gegessen. Reservierung empfiehlt sich.

🕂 198 B1
☎ 93 332 51 34
🕐 Di–Sa 20.30–24 Uhr, Sa, So 14–16.30 Uhr; Aug. geschl.
🚇 Hostafrancs

### El Peixerot €€€
Diese Zweigstelle eines Fischrestaurants in Vilanova i la Geltrú, dem größten Hafen zwischen Barcelona und Tarragona, wird stets frisch mit dem Fang des Tages beliefert.

🕂 198 C1   ✉ Carrer de Tarragona 177
☎ 93 424 69 69
🕐 Mo–Sa 13–16, 20.30–23 Uhr, So 13–16 Uhr; im Aug. Sa nachm. und So geschl.
🚇 Sants-Estació

### Quimet & Quimet €–€€
Im Herzen von Poble Sec liegt diese kleine Bodega, wo die Tapas vor den Augen der Gäste zubereitet werden. Die Qualität ist herausragend. Man probiere geschmorte Schweineschulter, getrockneten Thunfisch oder Sardellen. Es gibt offene Weine und verschiedene Biersorten. Der Wermut des Hauses wird mit Soda-Wasser gereicht.

🕂 195 D1/E1
✉ Carrer del Poeta Cabanyes 25
☎ 93 442 31 42
🕐 Di–Sa 11.30–16, 19–22.30 Uhr, So 11.30–16 Uhr   🚇 Paral.lel

### Restaurant Miramar €€€
Neben einem großartigen Hafenblick bietet das Restaurant chinesische Gerichte aus Hongkong und katalanische Küche – beides in elegantem Ambiente. In der oben gelegenen Bar gibt es kleine Snacks, die allerdings deutlich überteuert sind – die Aussicht von hier oben ist aber besonders schön.

🕂 199 E2   ✉ Carretera Miramar 40
☎ 93 443 66 27
🕐 tägl. Mittag- und Abendessen (Zeiten erfragen)   🚇 Paral.lel, dann Funicular de Montjuïc oder die Seilbahn vom alten Hafen aus

# Wohin zum... Einkaufen?

## MUSEUMSSHOPS

Montjuïc und Sants sind nicht die besten Einkaufsecken der Stadt. Trotzdem lohnen die Museumsshops im Museu Marítim (▶ 132f), Fundació Joan Miró (▶ 134f), MNAC (▶ 136ff) und das Poble Espanyol (▶ 140) einen Besuch. Neben den museumstypischen Souvenirs – Modellschiffe, Nachdrucke und Signiertes von Miró, Bücher über gotische Malerei und Kunsthandwerk aus allen Regionen Spaniens – gibt es auch die unvermeidlichen Kitsch-Souvenirs.

Das **Museu d'Arqueologia** im Poble Sec hat ebenfalls einen guten Laden (Passeig de Santa Madrona 39–41, Tel. 93 424 65 77, Di–Sa 9.30–19 Uhr, So 10–14.30 Uhr, U-Bahn: Poble Sec). Er verkauft bemerkenswerte Nachbildungen antiker Gegenstände, darunter westgotische Keramik. Man muss nicht das Museum besichtigen, um hier einkaufen zu können.

## KUNSTHANDWERK

Die Werkstätten im **Poble Espanyol** (▶ 140) stellen eine breite Palette von Kunstgegenständen her, darunter Buntglas, Zinngefäße, Spitze und Schmuck. Ein Besuch lohnt sich, weil die Qualität der Waren meist sehr gut ist. Allerdings gibt es in manchen Läden auch nur die üblichen Touristenangebote.

## ESSEN UND TRINKEN

Einige der Lebensmittelläden in **Sants** haben unschlagbare Preise. **El Celler de Gèlida** (Carrer Vallespir 65, Tel. 93 339 26 41, U-Bahn: Sants-Estació) ist einer der besten Weinläden der Stadt. Das Geschäft führt viele Sorten katalanischer und spanischer Weine und berät die Kunden sehr gut.

# Wohin zum... Ausgehen?

## SPORT

In Montjuïc versteht man unter Unterhaltung hauptsächlich Sport, aktiv oder passiv. Das Schwimmbad **Piscine Bernat Picornell** (Avinguda de l'Estadi, Tel. 93 424 40 41, U-Bahn: Espanya 30–38) gehört zur Anella Olímpica, dem Olympia-Komplex. Wenn keine Wettkämpfe stattfinden, kann man wochentags täglich von 7 Uhr bis Mitternacht schwimmen. An Wochenenden schließt das Bad um 21 Uhr. Während des **Festival del Grec** (▶ rechts) wird die Schwimmhalle für Veranstaltungen genutzt, darunter Schwimm-Kino-Abende mit einer riesigen Leinwand am Ende des Beckens, samstagabends auch textilfrei.

Der nahe **Palau Sant Jordi**, ein Prachtbau moderner Architektur, ist gleichzeitig Sport- und Konzerthalle. Die meisten Rock-Konzerte in Barcelona finden hier statt. Für aktuelle Veranstaltungen achte man auf Plakat-Ankündigungen.

Das **Estadi Olímpic de Montjuïc**, in das ein Stadion, das 1929 von Mila und Correa errichtet wurde, integriert ist, war die Hauptspielstätte während der Olympischen Spiele 1992. Heute ist es das Heimatstadion von Espanyol, Barcelonas zweiter Fußballmannschaft und Erzrivalen von Barça.

## THEATER

Das jährliche **Festival del Grec** findet von Ende Juni bis Mitte August statt. Gespielt wird an verschiedenen Orten in der ganzen Stadt, z. B. im

**Teatre Grec**, einem Amphitheater auf dem Montjuïc, von dem das Festival seinen Namen hat. Klassisches und Avantgarde-Theater sind Hauptbestandteil des Festivals, aber es gibt auch Tanz-, insbesondere Flamencovorführungen, Jazz- und Rockkonzerte, ein Kurzfilmfestival und jede Menge Straßenkünstler. Wenn man es schafft, sollte man eine Aufführung im Teatre Grec selbst besuchen (U-Bahn: Poble Sec). Hier wird unter freiem Himmel in Katalanisch oder anderen Sprachen Theater gespielt. Auch die größeren Tanzveranstaltungen des Festivals finden hier statt. Mehr Informationen bietet die Internetseite www.bcn.es/icub oder die Touristeninformation (▶ 34).

In der Nähe liegt das **Teatre Mercat de les Flors** (Plaça Margarida Xirgu, Carrer Lleida 59, Tel. 93 426 18 75, U-Bahn: Poble Sec), das in den Hallen des ehemaligen Blumenmarktes untergebracht ist. Bislang waren die Inszenierungen meist sehr unkonventionell. Eine Tür weiter besitzt das **Teatre Lliure** (Tel. 93 289 77 70) im Landwirtschaftspalast von 1929 einen futuristischen Raum, den Fabià Puigserver entworfen hat. Es gehört zur Ciutat del Teatre. Abwechselnd werden Schauspiel und Tanz von hohem Niveau dargeboten.

## KONZERTE UND SHOWS

Von Juli bis September finden meist donnerstagabends im Auditorium der **Fundació Joan Miró** Konzerte zeitgenössischer Musik statt. Mehr Informationen und Karten gibt es bei Tel-entrada (▶ 42) oder dem Kartenvorverkauf (Tel. 93 329 19 08).

Für **Flamenco** ist die richtige Adresse das **El Tablao de Carmen** (Carrer dels Arcs 9, Tel. 93 325 68 95, U-Bahn: Espanya) im Poble Espanyol. Tanzvorführungen gibt es Dienstag bis Sonntag von 19.45 bis 21 Uhr und von 22 bis 23.15 Uhr. Es ist nicht billig, aber man muss nicht ein ganzes Abendessen bestellen, sondern kann auch nur Sekt trinken. Die Tänzer, Musiker und Sänger sind jedenfalls sehr sehenswert.

Vom späten Juni bis September findet von Donnerstag bis Sonntag und feiertags, jeweils von 21.30 bis 23.30 Uhr (von Oktober bis April früher), das Spektakel **Font Màgica** (▶ 141) statt. Die Fontäne, bei der die Licht-, Klang- und Wassershow abgehalten wird, befindet sich zwischen der Plaça d'Espanya und dem Palau Nacional.

## NACHTCLUBS

In einem Kiefernhain gleich hinter dem Poble Espanyol liegt **La Terrazza** (Avinguda Marqués de Comillas, Tel. 93 423 12 85, U-Bahn: Espanya), einer der gefeiertsten und zügellosesten Clubs der Stadt. Trotz seiner Größe kann es richtig eng werden. Um den Club richtig in Fahrt zu erleben, braucht man nicht vor 3 Uhr morgens kommen, wenn die Musik- und Tanzorgie ihren Höhepunkt erreicht. Geöffnet nur an Sommerwochenenden. Ein anderer beliebter Club, **Torres de Ávila** (Tel. 93 424 93 09), liegt am Haupteingang zum Poble Espanyol. Der von Mariscal (▶ 27) im Rahmen der Olympischen Spiele entworfene Club ist einer der schönsten der Stadt. Für das Eintrittsgeld bekommt man sieben Bars, eine Dachterrasse mit herrlicher Aussicht, eine Tanzfläche für Techno und einen Drink geboten. Das luxuriöse Ambiente und die schönen Menschen sind gratis.

Der **Nitsaclub** (im **Sala Apolo**, Carrer Nou de la Rambla 113, Tel. 93 441 40 01, U-Bahn: Paral.lel) in Poble Sec war einst ein Ballsaal. Heute hört man an Wochenenden House und Techno.

Entlang der Avinguda del Paral.lel befanden sich früher nur schäbige Tanzlokale. Ein oder zwei davon gibt es immer noch; hier feiern vor allem Singlegruppen oder Junggesellen die letzte Nacht vor der Hochzeit. **Tinta Roja**, nicht weit von der Avinguda Paral.lel (Carrer Creu dels Molers 17, Tel. 93 443 32 43, U-Bahn: Poble Sec), ist ein kleines Tangolokal mit einer Kunstgalerie.

# Pedralbes und Tibidabo

An einem Tag 148
Nicht verpassen! 150
Nach Lust und Laune! 156
Wohin zum ... 159

**Pedralbes und Tibidabo**

# Erste Orientierung

Um das Flair der Stadt zu erleben, ist es wichtig, auch die außerhalb liegenden Stadtteile zu besuchen. Zwar erreicht man sie nicht zu Fuß, aber mit Bus und U-Bahn ist man schnell dort.

Im westlichen Stadtteil Pedralbes befindet sich das prächtige königliche Kloster gleichen Namens. Im kühlen Kreuzgang des Klosters hört man nur das Plätschern eines Brunnens und die leisen Gesänge der Nonnen aus der Kapelle – der perfekte Rückzugsort, um dem Lärm der Stadt zu entgehen.

Südlich des Klosters, fast an der Avinguda Diagonal, liegt der Palau Reial de Pedralbes. In dem königlichen Palast ist heute ein Museum für Keramik und dekorative Kunst untergebracht. Der Teil der Avinguda Diagonal, der durch das Viertel Les Corts führt – zwischen dem Palau Reial de Pedralbes und der Plaça de Francesc Macià – wird von Büros, Banken und modernen Apartmenthäusern gesäumt. In letzter Zeit sind einige hypermoderne Einkaufsstraßen hinzugekommen, sodass man hier gut shoppen kann.

Im Süden liegt das riesige Stadion des FC Barcelona, Camp Nou, die Pilgerstätte der Barça-Fans. Westlich schließen Barcelonas ultramodernes Wissenschaftsmuseum CosmoCaixa und der Stadtteil Tibidabo an, wo man von einem Riesenrad aus eine hinreißende Aussicht auf die Stadt zu seinen Füßen hat.

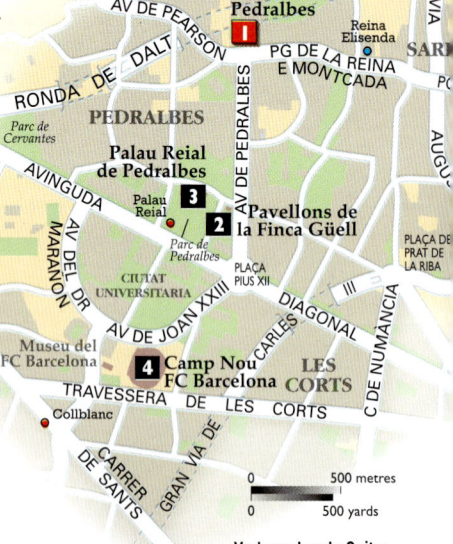

Links: Monestir de Pedralbes, ein wunderschönes Kloster in Barcelonas grünem Viertel Pedralbes

Vorhergehende Seite: Blick vom Tibidabo auf den Torre de Collserola, entworfen vom Architekten Sir Norman Foster für die Olympischen Spiele 1992

**Erste Orientierung** 147

### ★ Nicht verpassen!
- **1** **Monestir de Pedralbes** ➤ 150
- **5** **CosmoCaixa** ➤ 152
- **6** **Tibidabo** ➤ 154

### Nach Lust und Laune!
- **2** Pavellons de la Finca Güell ➤ 156
- **3** Palau Reial de Pedralbes ➤ 156
- **4** Camp Nou – FC Barcelona ➤ 157

Oben: Ein Detail an den Pavellons de la Finca Güell

Unten: Die eindrucksvolle Aussicht vom Tibidabo aus; an einem klaren Tag kann man bis Mallorca sehen

Bei diesem Ausflug findet sich etwas für jeden: Fußball oder Töpferarbeiten, Wissenschaften und ein Jahrmarkt mit Panoramablick. Man sollte jedoch besser ein Picknick mitnehmen, denn auf der Strecke gibt es nur wenige Einkehrmöglichkeiten.

# Pedralbes und Tibidabo an einem Tag

## 9 Uhr

Heute müssen Sie sich nicht hetzen. Nach einem ausgedehnten Frühstück machen Sie sich nach **1 Monastir de Pedralbes** (➤ 150f) auf, mit U-Bahn, FGC, Linienbus oder mit dem Bus Turístic. Das Frühstück ist auch deshalb wichtig, weil es vor Ort keine nennenswerten Cafés gibt. Um das Kloster (unten) im milden Morgenlicht zu bewundern, sollte man sollte bei Toresöffnung um 10 Uhr am Konvent sein.

## 11 Uhr

Zu Fuß oder mit dem Bus (der Bus Turístic verkehrt hier) geht es die kurvige Avinguda de Pedralbes hinunter, am Eingang **2** der **Pavellons de la Finca Güell** vorbei (➤ 156), wo der schmiedeeiserne Drachen von Gaudí die Blicke auf sich zieht.

**An einem Tag** 149

## 12 Uhr

Als Nächstes steht die Keramik- und Design-Sammlung im ❸ **Palau Reial de Pedralbes** (➤ 156f) auf dem Programm, oder man schließt sich den Barça-Fans für ein Match in ❹ **Camp Nou** an (➤ 157f). Um dorthin zu kommen, überquert man die Avinguda Diagonal an der Plaça de Pius XII und geht die Avinguda de Joan XXIII hinunter. Alternativ bietet sich eine Shoppingtour entlang der Avinguda Diagonal (➤ 160) an.

## 13.30 Uhr

In den Gärten des Palau Reial de Pedralbes lässt es sich gut picknicken. Oder man nimmt sich ein Taxi, um im Restaurant La Balsa (➤ 153) Mittag zu essen. Anschließend sollte man zu Barcelonas aufregendem neuen Wissenschaftsmuseum ❺ **Cosmo Caixa** (rechts; ➤ 152f) aufbrechen.

## 17 Uhr

Langsam sollte man sich zum ❻ **Tibidabo** aufmachen (➤ 154f). Benutzen Sie die öffentlichen Verkehrsmittel, um dorthin zu kommen: die Tramvia Blau (Blaue Tram) und die Seilbahn, die einen nach oben bringt. Die Fahrt dauert zwischen 30 und 45 Minuten, man muss also ein wenig vorausplanen, um noch vor Sonnenuntergang oben zu sein. Der Blick über die Stadt ist herrlich.

## 20 Uhr

Man kann den ganzen Abend oben bleiben. Aperitifs gibt es im Mirablau (➤ 155) neben der Endstation der Tram. Dort sitzt man entweder auf der Terrasse oder an der Bar. Nebenan, auf der Plaça del Doctor Andreu, befindet sich das empfehlenswerte Restaurant La Venta (➤ 159), das sich seine gute Lage nicht durch hohe Preise bezahlen lässt. Partycular (➤ 159), gleich unterhalb auf der Avinguda del Tibidabo 61, ist ein beliebter Treff am Abend.

# Monestir de Pedralbes

Diese Stiftsanlage wurde im 14. Jahrhundert für eine katalanische Königin erbaut. Auch 700 Jahre später wirken das Kloster und sein Garten majestätisch.

Pedralbes (vom Lateinischen *petrae albae*) bedeutet »Weiße Steine«. Das Kloster wurde 1326 von Elisenda de Montcada, Cousine und zweite Frau von König Jaume II gegründet. Die Montcadas waren eines der mächtigsten Geschlechter Kataloniens im 14. Jahrhundert. Die Frauen der Familie spielten eine wichtige Rolle in der Geschichte des Königreichs. Nach nur zwei Jahren Ehe verwitwet, zog sich Elisenda in das Kloster zurück. Ihr Reichtum kam dem Kloster, in dem heute Klarissinennonnen leben, zugute. Der **Kreuzgang** beeindruckt durch seine Eleganz und Symmetrie. Er besteht aus einer dreistöckigen Galerie, die von zierlichen Steinsäulen getragen wird. In der linken Ecke des Gartens befindet sich ein Brunnen (um 1500) im spanischen Plateresque-Stil, kaum sichtbar hinter Zypressen verborgen, zwischen Blumen und Kräutern. Dieser ist von einem andalusisch anmutenden Patio umgeben. Geht man den

Zierliche Säulen und elegante Bögen werfen ihre Schatten in den Kreuzgang

- 202 C4
- Baixada del Monestir 9
- 93 203 92 82
- Di–So 10–14 Uhr
- FGC Reina Elisenda
- 22, 63, 64, 75

mittel (für Museum und Kloster jeweils eigener Eintritt); am ersten So des Monats freier Eintritt

**Kirche**
tägl. 10–13, 17.30–20 Uhr

## Monestir de Pedralbes ★ 151

Kreuzgang entgegen dem Uhrzeigersinn entlang, so trifft man auf die **Capella de Sant Miquel** (Kapelle des Hl. Michael). Sie ist mit Fresken von Ferrer Bassa, einem Schüler Giottos, ausgemalt (um 1340).

Bei weiteren Erkundungen des Klosters trifft man immer wieder auf geschmackvoll ausgemalte kleine **Betkapellen** aus dem 14. Jahrhundert. Im Erdgeschoss befinden sich die Kapellen der Heiligen Franziskus, Alexander und Joseph, während die Kapellen der Heiligen Jungfrau von Montserrat und der Jungfrau des heiligen Grabes im ersten Stock liegen. Die hübscheste der Betkapellen ist die Cel.la de la Pietat im Erdgeschoss, wo man einen Altaraufsatz aus dem 16. Jahrhundert mit der Darstellung Marias als Kind bewundern kann.

*Man erkennt Giottos Einfluss in den Fresken des 14. Jahrhunderts in der Capella de Sant Miquel*

### KLEINE PAUSE

Das **Vivanda** (Carrer Major de Sarrià 134, Tel. 93 203 19 18) serviert köstliche katalanische Küche in der Gaststube oder auf der Gartenterrasse.

---

### MONESTIR DE PEDRALBES: INSIDER-INFO

**Top-Tipp:** Bedenken Sie, dass das Kloster **nur vormittags geöffnet** ist, sparen Sie sich die Anfahrt am Nachmittag.

**Geheimtipp:** Die angrenzende **Kirche** ist schlicht und weniger eindrucksvoll als das Kloster, lohnt aber einen Besuch wegen des Grabmals von Königin Elisenda. Sie starb 1364, und das Meisterwerk aus Alabaster (rechts neben dem Hauptaltar) entstand direkt nach ihrem Tod.

Pedralbes und Tibidabo

**5**

# Cosmo Caixa

Das Wissenschaftsmuseum ist zwar in einem Gebäude aus dem frühen 20. Jahrhundert untergebracht, inhaltlich aber zweifellos im 21. Jahrhundert angekommen. Evolution und Ökologie sind zentrale Themen, und die gesamte Aufbereitung macht neugierig auf unsere Umwelt. Interaktive Objekte und Aktivitäten lassen keine Langeweile aufkommen. 2006 wurde das Museum als bestes europäisches Museum geehrt.

Cosmo Caixa will nicht weniger, als die Geschichte des Universums vom Urknall bis zu unserer vernetzten Welt nachzeichnen. Unter dem Motto »vom Quark bis Shakespeare« dreht sich hier alles um Universalismus und Umweltfragen. Sprache, Schrift und die gesamte Komplexität der menschlichen Kultur werden ebenfalls intensiv behandelt.

Auch im **Museumsgebäude** spielt sich dieses humanistische Ethos wider. Es wurde im modernistischen Stil als Klinik für Geisteskranke erbaut und 1909 von Josep Domènech i Estapà vollendet. 70 Jahre später verwandelte man das verlassene Gebäude in Barcelonas Wissenschaftsmuseum, doch es vergingen weitere 20 Jahre, bis die Fundaciò La Caixa die Architektenbrüder Terradas engagierte, um das Museum ins neue Jahrtausend zu katapultieren. Barcelona erhielt dadurch das innovativste Museum dieser Art in Europa. Glas und Metall herrschen in der Konstruktion vor, und alle Ausstellungsstücke sind für Besucher aller Altersgruppen zugänglich.

Man kann einfach herumgehen und die Dauerausstellung zur **Geschichte der Materie** anschauen, die sich in vier Teile gliedert. Unter den Überschriften Unbewegliche, Lebende, Intelligente und Zivilisierte Materie zeichnet sie die Entwicklung des Planeten Erde nach und erklärt sämtliche Phänomene von der Schwerkraft bis zur Elektrizität mit Hilfe

Besucher, die die Wendelrampe benutzen, sehen den von dicken Tauen gehaltenen Lebensbaum aus nächster Nähe

🚇 202, außerhalb A5
✉ Carrer de Teodor Rovisalta 47–51
☎ 93 212 60 50
🕐 Di–So und an den meisten Feiertagen 10–20 Uhr

🚋 FGC Av del Tibidabo
🚌 17, 22, 58, 60, 73
💰 mittel

**Das Foucaultsche Pendel ist gerade für kleine Kinder eine große Attraktion**

von Ausstellungsstücken zum Anfassen. Als eine Art Hightech-Felsen ragt über allem die **Geologische Wand** empor. Sieben Felsschnitte aus verschiedenen Teilen Spaniens und Brasiliens machen die Geologie der Erde anschaulich, ergänzt durch Apparate und Informationstafeln.

Spannend ist auch ein Spaziergang, der durch den **Flooded Forest** oder unter ihm hindurch führt. Hier wurde ein bestimmter Typ des Amazonasregenwaldes komplett mit riesigen Fischen, Schildkröten und Anakondas nachempfunden. Über 50 Arten von Amphibien, Reptilien, Insekten, Säugern und Vögeln leben hier – die gefährlichen natürlich hinter Glas.

Ein funktionstüchtiges **Foucaultsches Pendel** und ein **Planetarium** mit 136 Plätzen eröffnen weitere Perspektiven auf der Reise durch die Geschichte des Universums. Am Eingang kann man im gut sortierten Buchladen ein Souvenir erwerben. Natürlich steht auch hier alles im Zeichen der Wissenschaft.

### KLEINE PAUSE

Zum Museum gehört eine nette Cafeteria mit kleinen Snacks. In erreichbarer Nähe liegt das **La Balsa** (Carrer Infanta Isabel 4, Tel. 93 211 50 48), ein Restaurant mit moderaten Preisen in einem schönen Holzgebäude inmitten eines üppig grünen Gartens. Zu den katalanischen Gerichten gehören Seehecht in Tintenfischtinte sowie Garnelen- und Kabeljaukroketten in Estragonsoße. Im August ist das Restaurant mittags geschlossen.

---

### COSMO CAIXA: INSIDER-INFO

**Top-Tipp:** Es gibt mehrere Abteilungen speziell für **Kinder**, die Namen – Touch-Touch!, Clik und Flash und Bubble Planetarium sprechen für sich. Allerdings ist hierfür ein Zusatzticket zu lösen, und es gelten gesonderte Öffnungszeiten.

**Geheimtipp:** Man kann mit dem Aufzug nach oben und unten fahren, doch die schicke **Wendelrampe**, in der ein ausgetrockneter Regenwaldbaum wie ein riesiger Schwamm emporragt, sollte man unbedingt auch ausprobieren.

# Tibidabo

Die Fahrt zum Gipfel des Tibidabo, dem höchsten Berg der bewaldeten Collserola-Bergkette, die sich hinter Barcelona erhebt, lohnt vor allem wegen des atemberaubenden Ausblicks und des altmodischen Vergnügungsparks, des Parc d'Atraccions. Der Hinweg mit der Straßen- und der Drahtseilbahn macht dabei fast ebenso viel Spaß wie das Ziel.

## Parc d'Atraccions

In kaum einem anderen Vergnügungspark der Welt bieten die Karussells, Achterbahnen und das Riesenrad eine schönere Aussicht. Der Park liegt in der Nähe der oberen Drahtseilbahnstation in einer Gartenlandschaft, die sich am Berghang auf mehreren Ebenen erstreckt. Eine Hauptattraktion hier ist das Haus des Schreckens, das selbst Alfred Hitchcock gefallen hätte.

*Das Riesenrad im Parc d'Atraccions bietet eine atemberaubende Aussicht auf die Stadt*

## Torre de Collserola

Auf dem nahe gelegenen Bergkamm erhebt sich der elegante Glas- und Stahlbau Torre de Collserola, ein wunderschönes Beispiel moderner Architektur. Der 268 Meter hohe Turm wurde von dem britischen Architekten Sir Norman Foster

200 bei A5
FGC Av del Tibidabo, Tramvia Blau und Funicular
17, 22, 58, 73

**Parc d'Atraccions**
Plaça del Tibidabo 3–4
93 211 79 42
Juni–Sept. 12–22 Uhr (bis 11. Aug.) Sa, So während des Jahres; wechselnde Öffnungszeiten, vorab informieren
teuer (Kinder unter 1,20 Meter reduziert)

**Torre de Collserola**
93 406 93 54
Juni–Aug. Mi–So 11–14.30 und 15.30–20 Uhr, Sa, So und feiertags 11–19 Uhr, geschl. Mo und Di
mittel

## Anfahrt

Bereits die Fahrt zum Tibidabo ist ein Vergnügen: Zuerst nimmt man den Bus Nr. 17 oder den FGC-Zug von der Plaça de Catalunya nach Avinguda del Tibidabo. Halten Sie Ausschau nach der Station der **Tramvia Blau** (blaue Straßenbahn), die sich zur Plaça del Doctor Andreu hoch schleppt (Tickets beim Schaffner bei Fahrtantritt lösen). Die Straßenbahn verkehrt täglich in der Woche vor Ostern, von Ende Juni bis Mitte September und in der Weihnachtszeit von 10–18 (Sommer bis 20) Uhr, im restlichen Jahr nur an Wochenenden (10–18 Uhr). Eine Alternative ist der Tibibus von der Plaça de Catalunya. An der Plaça del Doctor Andreu fahren Sie mit der Drahtseilbahn weiter. Sie verkehrt von Juni bis September täglich alle 20 Minuten, von 10.45 Uhr bis kurz nach Schließung der Sehenswürdigkeiten (letzte Fahrt halbe Stunde vor Parkschließung; im Winter Fr und Sa nur 10.45 bis 19.15 Uhr).

als Telekommunikationsturm für die Olympischen Spiele 1992 gebaut. Von der Spitze, die man mit einem gläsernen Lift erreicht, kann man die Berge, die Stadt und das Meer sehen: Ein Erlebnis, das man keinesfalls versäumen sollte!

### KLEINE PAUSE:

Das **Mirablau** (Plaça del Doctor Andreu, Tel. 93 418 58 79) am Ende der Straßenbahnstrecke bietet eine herrliche Aussicht – der ganze Hafen und die Stadt liegen Ihnen hier zu Füßen. Das Restaurant ist morgens schon für einen Kaffee oder ein Getränk auf der Terrasse oder an der Bar geöffnet. Die riesigen Fenster reichen vom Fußboden bis zur Decke und vermitteln so den überwältigenden Eindruck, in der Luft zu schweben. Die Getränke sind zwar teuer, und außerdem kann es hier recht voll werden – aber ein Stopp im Mirablau ist ein Muss bei jedem Barcelona-Besuch.

## TIBIDABO: INSIDER-INFO

**Top-Tipps:** Kommen Sie nur **bei gutem Wetter**, am besten wenn es wenig Dunst gibt.
- Planen Sie den Besuch für den frühen Abend ein, da der **Sonnenuntergang** atemberaubend ist.
- Besichtigen Sie das **Museu d'Automates del Tibidabo** im Vergnügungspark: Es enthält eine tolle Sammlung alter Münzspielautomaten, die noch alle funktionieren. Der älteste stammt von 1909.
- Wer **Nervenkitzel** und richtig wilde Fahrgeschäfte sucht, sollte beim Port Aventura in der Nähe von Tarragona vorbeischauen (Auskunft bei der Touristeninformation ➤ 34).

**Muss nicht sein!** Oberhalb des Vergnügungsparks erhebt sich die gigantische Basilika **Sagrat Cor** (Kirche des Heiligen Herzens), die Sacré-Cœur in Paris nachgebildet ist. Die Kirche wird von einer riesigen Christusstatue gekrönt und ist von der ganzen Stadt aus weithin zu sehen. Steht man jedoch unmittelbar davor, erweist sie sich als recht hässlicher Bau.

# Nach Lust und Laune!

**Detail des Drachenmotivs an Gaudís wundervollem schmiedeeisernem Tor am Eingang zur Finca Güell**

## ❷ Pavellons de la Finca Güell

Die maurischen Pavillons (Pförtnerhäuschen) der Finca Güell (dem Güell-Anwesen) wurden von Gaudí entworfen. Sie gehören zu seinen Frühwerken und verweisen auf einige der außergewöhnlichen Einfälle, die er für den Parc Güell ersann (➤ 110ff). Aber der Höhepunkt ist zweifellos das schmiedeeiserne Eingangstor: Mit größter Kunstfertigkeit bediente sich Gaudí des Materials und schuf unglaubliche Formen. Der ausdrucksstarke Drachen mit seinem Furcht erregenden Maul wirkt gerade so, als würde er den Besucher anfallen wollen.

🚇 202 B2　✉ Avinguda de Pedralbes 7
🚇 Palau Reial
🚌 7, 63, 67, 68, 74, 75

## ❸ Palau Reial de Pedralbes

In den Zwanzigerjahren des 20. Jahrhunderts wurde das Sommerhaus der Finca Güell in Pedralbes zum herrschaftlichen Palau Reial umgebaut. Eigentlich war dieser als offizieller Königspalast in Barcelona gedacht, doch die spanische Königsfamilie residierte fast nie in den schönen, in Gelb gehaltenen Räumen. Franco allerdings weilte hier des Öfteren. Die ausladenden Salons und Flure beherbergen zwei Museen, das **Museu de la Ceràmica**, eine umfangreiche Sammlung von Gläsern,

**Nach Lust und Laune!**

Tellern und Fliesen, sowie das **Museu de les Arts Decoratives**, eine kleine Ausstellung mit Designermöbeln und anderer dekorativer Kunst. Man kann beide Museen mit einem Kombiticket oder auch einzeln besuchen; wer wenig Zeit mitbringt, sollte sich für das Museu de la Ceràmica entscheiden.

Die Sammlung hier umfasst einfache Teller und Schüsseln, aber auch Bodenfliesen und Porzellanskulpturen, darunter Arbeiten von Picasso und Miró. Besonders eindrucksvoll ist das mit Lüster überzogene Porzellangeschirr aus Manises im südlichen Spanien. Ein weiteres herausragendes Exponat ist ein Paar verschwenderisch gestalteter Platten aus dem 18. Jahrhundert; eine zeigt einen stilisierten Stierkampf, die andere ein Festgelage.

Die Sammlung des Museu de les Arts Decoratives ist zwar vielseitig, aber leider nicht sehr sinnvoll präsentiert: Das Museum beginnt mit dem Mittelalter und zeigt spanisch-arabische Truhen sowie Renaissance-Schreibtische und führt den Besucher bis in die Achtzigerjahre des 20. Jahrhunderts. Ausgestellt sind hier Möbel einiger der führenden katalanischen Designer wie Oscar Tusquets, Javier Mariscal und BKF. Der Modernismus ist mit herausragenden Exemplaren vertreten. Besonders sehenswert sind auch Glasarbeiten sowie aufwändig verzierte Kopfteile von Betten aus dem frühen 20. Jahrhundert, die eine Zierde für die Wohn- und Schlafzimmer der herrlichen Häuser im Eixample gewesen wären. Es gibt Pläne, die Museen zukünftig zu integrieren.

Der umgebende Park ist teilweise verwildert, aber ideal für ein Picknick oder eine ruhige Pause zwischen zwei Sehenswürdigkeiten.

- 202 B3  Avinguda Diagonal 686
- 93 380 50 24 (für beide Museen)
- Di–Sa 10–18, So und feiertags 10–15 Uhr
- Palau Reial
- 7, 63, 67, 68, 74, 75
- preiswert; freier Eintritt jeden ersten So im Monat

### 4 Camp Nou – FC Barcelona

Wenn Sie Fußballfan sind, sollten Sie alles versuchen, um ein Spiel im Camp Nou, dem Heimatstadion des FC Barcelona, zu sehen – und natürlich dabei das zweitgrößte Fußballstadion der Welt kennenzulernen (nach dem Maracanã-Stadion in Rio de Janeiro). Allerdings ist es schwierig,

*Der herrliche Palau Reial de Pedralbes beherbergt heute das Museu de la Ceràmica und das Museu de les Arts Decoratives*

## Pedralbes und Tibidabo

Barça spielt in seinem Heimatstadion, dem riesigen Camp Nou

ein Ticket zu ergattern, im Stadion haben 100 000 Menschen Platz, und es gibt etwa 130 000 Vereinsmitglieder. Wenn Sie die Tickets nicht im Voraus gekauft haben (▶ 21), sollten Sie zum Spiel hierher kommen und sehen, ob jemand ein überflüssiges Ticket *(carnet)* abzugeben hat. Seien Sie aber auf der Hut, dass es sich dabei nicht um einen Schwarzhändler handelt, denn sonst machen Sie sich strafbar.

Durch den Eingang 9 erreicht man auch das **Museu del FC Barcelona** (Barça Museum), das über eine halbe Million Besucher jährlich anzieht. Präsentiert werden in den Ausstellungsräumen Pokale und Trophäen neben allen möglichen Erinnerungsstücken, darunter Poster, Fotos und sogar alte Tischfußballspiele. Absoluter Höhepunkt des Rundgangs ist ein Blick in das Stadion: Man kann in die mit Zäunen abgesperrten Stehplatzbereiche gehen und den perfekt gepflegten Rasen bewundern – und natürlich das unendlich erscheinende Meer von Sitzreihen.

**Camp Nou**
202 B1
Carrer d'Aristides Maillol 7–9
93 496 36 00 (für Ticketbestellung);
www.fcbarcelona.es

### Für Kinder
- eines der weltweit größten Fußballstadien, das **Camp Nou** (▶ 157f), Heimatstadion des Barça
- der schmiedeeiserne Drachen auf dem Eingangstor zu den **Pavellons de la Finca Güell** (▶ 156)
- Die spielerischen Objekte des CosmoCaixa (▶ 152f) sind für Jungen und Mädchen gestaltet.

**Museu del FC Barcelona**
Mo–Sa 10–20, So und feiertags 10–14.30 Uhr
Collblanc 15, 54, 56, 57, 75
teuer

# Wohin zum... Essen und Trinken?

**Preise**
Ein Abendessen kostet pro Person (ohne Getränke):
€ unter 15 Euro    €€ 15–35 Euro    €€€ über 35 Euro

## Fishhh €€–€€€
Ein neues Restaurant mit einer reichen Auswahl an Fisch und Meeresfrüchten. Die gewählten Speisen kommen frisch aus dem Fischgeschäft des Inhabers. Geboten werden frischer Thunfisch, Barsch, Brasse, Muscheln, Austern und mehr. Zu den Austern wird Sekt gereicht, zu den Muscheln gehört ein Bier. Das weiße Dekor wirkt angenehm und modern. Eine echte Bereicherung für die Gastronomie-Szene der Stadt.
✚ 198 C4 ✉ Avinguda Diagonal 557
☎ 93 444 11 39 ⏱ tägl. 11–21.30 Uhr
Ⓜ Maria Cristina

## Neichel €€€
Jedes kleine Detail im Neichel spiegelt die unglaubliche Sorgfalt wider, mit der Koch Jean-Louis Neichel, ein Elsässer, hier seine Kunst zelebriert. Die Innenausstattung verströmt den gediegenen Hauch von Eleganz, doch die Aufmerksamkeit gilt den Speisen, wie etwa im eigenen Saft geschmorter Fasan mit Weintrauben und frischer Minze. Die Lage und die ausgezeichnete Küche schlagen sich in astronomischen Preisen nieder, aber man bezahlt für ein echtes gastronomisches Erlebnis.
✚ 200 C2
✉ Carrer de Beltrán i Rózpide 16 bis
☎ 93 203 84 08; www.neichel.es
⏱ Mo–Sa 13–15.30, 20.30–23 Uhr, geschl. erste Januar- und erste zwei Augustwochen
Ⓜ Maria Cristina

## La Venta €€€
Dieses feine kleine Restaurant in guter Lage am Markt nahe der Funicular zum Tibidabo serviert phantasiereiche Gerichte auf der einladenden Terrasse oder in einem gläsernen Wintergarten. Reservierung empfohlen.
✚ 200 bei A5 ✉ Plaça del Dr Andreu s/n
☎ 93 212 64 55;
www.restaurantelaventa.com
⏱ Mo–Sa 13.30–15.15, 21–23.15 Uhr
Ⓜ FGC Avda Tibidabo

# Wohin zum... 159

U-Bahn-Station Maria Cristina einkehren. Natürlich eignet sich das Café auch für eine Erfrischung vor oder nach einem Spiel im Stadion.
✚ 198 B5 ✉ Avinguda Diagonal 663
☎ 93 330 51 17 ⏱ tägl. bis spät in die Nacht Ⓜ Maria Cristina

## Jamón Jamón €
Das schicke Chrom- und Granit-Dekor mag modern wirken, aber die Tapas sind traditionell. Wie der Name schon sagt, ist hier geräucherter Schinken die Spezialität. Keine Kreditkartenzahlung möglich.
✚ 199 E4 ✉ Carrer del Mestre Nicolau 4
☎ 93 209 41 03 ⏱ Mo–Sa 9–24 Uhr
Ⓜ Muntaner

## BARS UND CAFÉS

## Café Bugui €
Ein schnörkelloses Café nicht weit vom Camp Nou (▶ 157). Hier kann man zwischen dem Stadionbesuch und einem Einkaufsbummel im großen Kaufhaus El Corte Inglés oder in den Modeboutiquen rund um die

## Partycular €
Es ist fast unmöglich, hier mit öffentlichen Verkehrsmitteln herzukommen – aber die Taxifahrt lohnt sich, um an der auslandenden Bar einen Cocktail zu schlürfen und in den Garten spazieren zu gehen.
✚ 200 bei A5 ✉ Avda del Tibidabo 61
☎ 93 211 62 61 ⏱ Mi–So 18.30–2.30 Uhr

# Wohin zum ... Einkaufen?

Im oberen Bereich der Avinguda Diagonal und zwischen den Bürohochhäusern findet man einige schicke, aber anonyme Einkaufspassagen, wo man in internationalen Kettenläden und spanischen Markengeschäften wie **Zara**, **Springfield** und **Mango** einkaufen kann. Zwei große Filialen von Spaniens Riesenkaufhaus **El Corte Inglés** finden sich an der Avinguda Diagonal Nr. 471–473 (Tel. 93 493 48 00) und Nr. 617–619 (Tel. 93 366 71 00): Beide bieten Bekleidung, Strandmode und Schuhe.

**L'Illa** (Avinguda Diagonal Nr. 545–557, Tel. 93 444 00 00) ist eine weitläufige Einkaufspassage mit internationalen Geschäften wie **Decathlon** (Sportbekleidung) und **Fnac** (Bücher und CDs). Viele bekannte Modemarken haben hier Filialen, darunter Sisley und Benetton. Die U-Bahnstation Maria Christina liegt in der Nähe, die Busse Nr. 6, 7, 33, 34, 63, 66, 67, 68, 78 und der Bus Turístic sowie der TomBus (▶ 33) verkehren hier.

Die Hauptkonkurrenz zur Einkaufsmeile ist das **Pedralbes Centre** (Diagonal Nr. 609, Tel. 93 419 12 80), etwas weiter weg vom Stadtzentrum. Hier finden sich **Escada** und **Macon** mit Damen- und Herrenmode, außerdem **Sharper Image**, das witzige Designerprodukte verkauft.

In der Nähe der Avinguda Diagonal liegt das Fußballstadion am Camp Nou (▶ 157); dort findet man den **Barca-Shop** (Tel. 93 492 31 11) mit einer großen Auswahl brandaktueller Fanartikel.

Das Fachgeschäft **Jaime Tresserra** (Carrer Josep Bertrand 17, Tel. 93 200 49 22, U-Bahn: Maria Cristina) verkauft limitierte Möbelstücke, die in Filmen wie *Batman* oder Almodóvars *Mein blühendes Geheimnis* verwendet wurden.

# Wohin zum ... Ausgehen?

## MUSIK

Musikfans dürften wohl den langen Weg zum **La Boite** (Avinguda Diagonal 477, Tel. 93 319 17 89) nicht scheuen. Es ist in einem Keller hinter einem modernen Hausblock untergebracht. Der Nachtbus N12 bringt Sie von hier wieder nach Hause. Zwar ist der Club nicht ganz billig (immerhin ist ein Getränk im Preis inbegriffen), aber in der beliebten, schicken Bar werden Blues und Latino-Musik ebenso wie Salsa, moderner Jazz, Funk und Soul gespielt. An ungewöhnlichem Orte, im L'Illa-Einkaufszentrum, liegt das **Winterthur** (Tel. 93 290 11 02, U-Bahn: Maria Cristina), ein kleiner Saal mit genau der richtigen Akustik für Kammermusik. Veranstaltungen sind in den Programmzeitschriften aufgeführt.

## NACHTCLUBS

**Bikini** (Carrer Déu i Mata 105, Tel. 93 322 08 00, U-Bahn: Les Corts) ist für seine Rock- und südamerikanischen Konzerte bekannt. Es ist von Mittwoch bis Samstag bis spät in die Nacht hinein geöffnet – am Wochenende sogar bis in den Morgen. Die friedlichen Gärten am **Partycular** (▶ 159) laden zu einem Cocktail ein, wenn Sie am Tibidabo unterwegs sind.

## KINO

Das **Renoir** (**Les Corts**) (Carrer Eugeni d'Ors 12, Tel. 93 490 55 10, U-Bahn: Les Corts) zeigt Filme im Original mit Untertiteln. Englischsprachige Klassiker und aktuelle Filme stehen hier vor allem auf dem Programm.

# Ausflüge

Sitges 163
Die Zisterzienserklöster 165
Die Winzereien von Alt Penedès 166
Montserrat 167
Vic 168

# Ausflüge

Barcelona ist mehr als nur eine aufregende Großstadt, aufgrund seiner günstigen Lage bietet es darüber hinaus herrliche Berglandschaft und Meer. Wer die Hektik der Museums- und Cafébesuche einmal hinter sich lassen möchte, kann dank des gut ausgebauten Nahverkehrssystems Barcelona verlassen und Katalonien erkunden.

Ob Sie nun nach Süden die Küste entlang zu den Ferienorten an der Costa Dorada oder nach Norden zur berühmten Costa Brava fahren: Sie werden überall auf verlockende Sandstrände stoßen. Zwar sind einige Abschnitte an der Costra Brava überfüllt und zugebaut, doch noch immer versteckt sich hier so manch reizvoller Fleck. Im Süden liegt der beliebte Ferienort Sitges, ein malerisches Fischerdorf, während der Saison ein ausgelassenes Feriendomizil. Auch das Landesinnere hat viel zu bieten: Die Klöster in Poblet und Santes Creus sind ebenso einmalig wie die Wallfahrtsstätte Montserrat, die inmitten einer spektakulären Berglandschaft liegt. Südwestlich der Stadt erstreckt sich die fruchtbare Weinbauregion Alt Penedès. Hier wird vor allem Cava produziert, den man bei kostenlosen Weinproben in Winzereien in Vilafranca, der Hauptstadt der Region, und im nahe gelegenen Sant Sadurní d'Anoia probieren kann. Die traditionsreiche Marktstadt Vic, etwas nördlich von Barcelona gelegen, vermittelt einen Eindruck vom alten Katalonien.

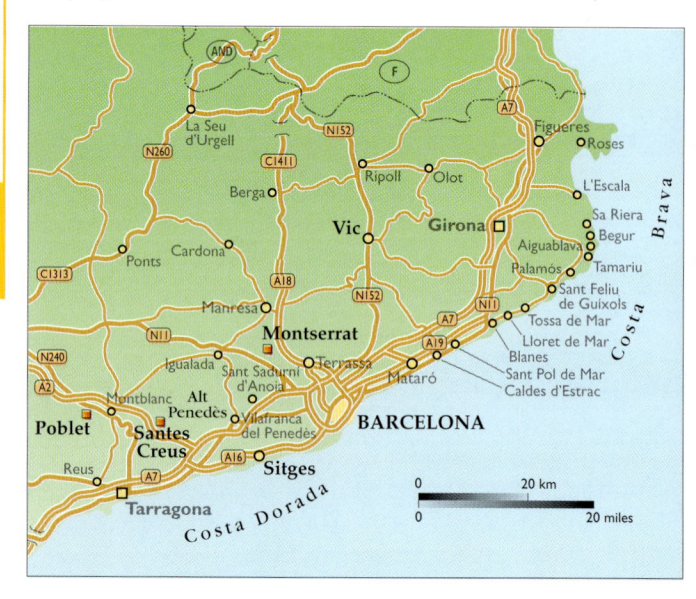

# Sitges

Zwar hat auch Barcelona einige schöne Strände zu bieten, doch der Ausflug nach Sitges, einem beliebten Ferienort an der Costa Dorada, 30 Kilometer südwestlich der Stadt, lohnt dennoch.

*Im lebhaften Sitges kann man gleich zwischen mehreren Stränden wählen*

In Sitges gibt es neun Sandstrände, die im Sommer recht voll werden können, was der entspannten Urlaubsatmosphäre jedoch keinen Abbruch tut, denn die Einheimischen und die vielen Touristen genießen die Sonne gemeinsam. Reizvolle kleine Hotels, sehr gute Restaurants und vor allem ein einzigartiges Nachtleben locken ebenfalls nach Sitges.

Die Stadt entstand Ende des 19. Jahrhunderts als Künstlerkolonie und hat sich deshalb seit jeher durch ein tolerantes, alternatives Flair ausgezeichnet. Im Februar/März findet das Fest Mardi Gras statt, eine Art Karneval, bei dem man sich schrill kostümiert und nächtelang feiernd durch die weiß gekalkten Straßen zieht. Das **Museu Cau Ferrat**, das **Museu Maricel** und das **Museu Romantic** sind alle sehenswert. Santiago Rusinol, ein einheimischer Maler, nutzte das Museu Cau Ferrat einst als Rückzugsmöglichkeit. Das Schiffshaus bietet einen hervor-

---

Sitges (von Sants aus)

**Museu Cau Ferrat**
Carrer Fonallar ☎ 93 894 03 64
Juni–Sept. Di–So 10–14, 17–21 Uhr; Okt.–Mai Di–Fr 10–13.30, 15–18.30 Uhr, Sa 10–19 Uhr, So 10–15 Uhr preiswert (Kombiticket: mittel)

**Museu Maricel**
Carrer Fonallar siehe Museu Cau Ferrat

**Museu Romantic**
Carrer Sant Gaudenci 1
☎ 93 894 29 69
siehe Museu Cau Ferrat

**164** Ausflüge

ragenden Blick auf's Meer und enthält eine Sammlung von Gemälden und religiösen Artefakten. Auch das Maricel nebenan ist eine Fundgrube für Sammler: Hier finden sich alle möglichen Antiquitäten und Kuriositäten. Höhepunkt der Besichtigung des Museu Romantic, einer manieriert wirkenden aristokratischen Villa, die einst einem großen Weinhändler gehörte, ist eine internationale Sammlung von Puppen und Puppenhäusern.

*Auch in Sitges gibt es Orte der Ruhe: Blick auf die Barockkirche*

### Die Costa Brava

Wer die Coasta Brava nördlich von Barcelona unbedingt sehen oder von dort aus Barcelona besuchen möchte, sollte genau wissen, welche Ferienorte in Frage kommen. Die Barcelona am nächsten gelegenen Orte liegen eigentlich an der Costa del Maresme: **Caldes d'Estrac**, das allgemein als Caldetes bekannt ist, und **Sant Pol de Mar** bieten schöne Strände, weisen Jugendstilarchitektur und kleine idyllische Fischerhäuschen auf. Beide Orte kann man mit dem Zug von der Plaça de Catalunya aus erreichen.

Der ebenfalls mit dem Zug leicht erreichbare Ort **Blanes**, aber auch **Tossa de Mar** (rechts) sind beide empfehlenswert, wenn auch etwas zu dicht bebaut. Vermeiden sollte man einen Besuch in **Lloret de Mar** und **Palamos**, denn beide Orte sind überfüllt und verschmutzt. **Sant Feliu de Guíxols** ist ein weiterer malerischer Badeort zwischen Tossa und Palamos. Hier findet man Sandstrand, obwohl der größte Teil der Küste aus Felsen besteht, und das Museu de la Ciutat ist einen Besuch wert. **Begur** und **Sa Riera**, nördlich von Palamos, sind zwar relativ schwierig zu erreichen (die Straßen können verstopft sein, und die Fahrt mit dem öffentlichen Nahverkehr ist umständlich), doch bieten die Orte geschmackvolles Ambiente an einem besonders bebauten Küstenabschnitt. **Aiguablava** (von Begur aus erreichbar) und **Tamariu** (über Palafrugell) haben beide herrliche Sandstrände und sehr klares Wasser. Die Fischrestaurants hier gehören zu den besten entlang der Küste.

**Ausflüge** 165

# Die Zisterzienserklöster

Die großartigen Königlichen Klöster von Poblet und Santes Creus unweit der Kleinstadt Montblanc, die mit ihrer strahlend weißen Festung 110 Kilometer westlich von Barcelona liegt, sind zwei der schönsten Klosterbauten überhaupt: Die Anlagen sind eine faszinierende Mischung aus romanischer und gotischer Architektur, wundervoll konstruiert und fast perfekte Kunstwerke. Beide Klöster sind Oasen der Ruhe – die ideale Rückzugsmöglichkeit von der lauten Großstadt.

## Monestir de Poblet

Das Kloster zählt zu Kataloniens beliebtesten Touristenzielen. Es wurde im 12. Jahrhundert ursprünglich für die Gräber der Könige und Königinnen von Katalonien und Aragon errichtet, jedoch im 15. Jahrhundert vom Zisterzienserorden übernommen. Die Auflösung der Klöster im frühen 19. Jahrhundert und der Bürgerkrieg schwächten den Orden, sodass heute nur noch eine Hand voll Mönche in dem Kloster lebt. Die Gebäude wurden außerdem vieler ihrer kostbaren Dekorationen beraubt, aber einige schöne Steingravuren und die inspirierende, meditative Atmosphäre haben sich erhalten.

Man kann das Kloster nur im Rahmen einer Führung besichtigen, die entweder von Brüdern der Glaubensgemeinschaft oder einem speziellen Fremdenführer durchgeführt wird (die Rundgänge beginnen etwa alle 30 Minuten). Zu den Höhepunkten der Tour gehören das luxuriös gestaltete Hochaltar-Retabel, die wunderschönen königlichen Gräber mit ihren lebensechten Steinskulpturen und die überdachte Wasserfontäne in der Mitte des üppigen, gartenähnlichen Kreuzgangs.

**Das restaurierte Kloster Poblet aus dem 12. Jahrhundert**

## Monestir de Santes Creus

Santes Creus liegt rund 30 Kilometer östlich in einer überwältigend schönen Landschaft mit Pappeln und Haselnussbäumen. Hier geht es normalerweise ruhiger zu als in Poblet; anstatt mit einer Gruppe durch das Kloster zu gehen, kann man hier selber losziehen. Der reich verzierte Barockaltar, das beeindruckende Grabmal von Peter dem Großen und einige feine Fresken sind erhalten geblieben; viele der umliegenden Gebäude sind Ruinen – ein reizvoller Anblick, der zum mönchischen Frieden hier passt.

**Monestir de Poblet**
✉ Poblet bei L'Espluga de Francolí
☎ 977 87 00 89
🕐 Führungen tägl. 10–12.30, 15–17.30 Uhr
(März bis Okt. bis 18 Uhr)
💶 mittel

**Monestir de Santes Creus**
✉ 95 km westlich von Barcelona
☎ 977 63 83 29
🕐 Di–So 10–13.30, 15–18 Uhr
(März bis Sept. bis 19 Uhr)
💶 mittel; Di freier Eintritt

## Die Winzereien von Alt Penedès

Die Hügellandschaft von Alt Penedès westlich von Barcelona lädt vor allem zu Weinproben ein. Kataloniens beste Weine und vor allem Cava, die spanische Version von Champagner, werden hier von großen, bekannten Winzereien wie Freixenet und Codorníu produziert. Alle diese Weingüter bieten Besichtigungen der Traubenpressen und Keller an, bevor es zur Weinprobe geht. Wer nur eine Winzerei besuchen möchte, sollte die **Caves Codorníu** wegen des sehenswerten, grottenähnlichen modernistischen Baus besuchen, den Josep Puig i Cadafalch Ende des 19. Jahrhunderts errichtete. Die Hauptstadt der Region, **Vilafranca del Penedès** (55 km) und das benachbarte **Sant Sadurni d'Anoia** (44 km) sind mit dem Auto oder dem Zug von Barcelona aus leicht zu erreichen. Wer mit dem eigenen Wagen anreist, kann den Besuch mit einem Abstecher zu den Klöstern in **Poblet** oder **Santes Creus** (▶ 165) oder einem Nachmittag am Strand in **Sitges** (▶ 163 f) verbinden. In beiden Orten gibt es auch Tourismusbüros (Carrer Cort 14 in Vilafranca und Plaça de l'Ajuntament 1 in Sant Sadurní). In dem interessanten **Museu del Vi**, dem historischen Zentrum von Vilafranca, lernt man

### Veranstalter
Informationen über Rundfahrten durch die Region bietet das katalanische Tourismusbüro (▶ 34) an. Weitere Anbieter sind u.a.:
**Julià** (Ronda Universitat 5, Tel. 93 317 64 54)
**Pullmantur Tours** (Gran Via de les Corts Catalans 645, Tel. 93 318 02 41).

Die Caves Freixenet bei Sant Sadurní d'Anoia, eine von vielen Winzereien in Alt Penedès

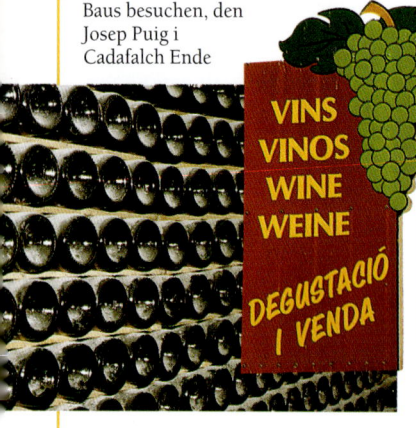

**Ausflüge** 167

Das Monestir de Montserrat ist seit dem 12. Jahrhundert eine Wallfahrtsstätte

einiges über die Weinherstellung in Katalonien seit römischer Zeit. Weinfeste werden in der Region zur Weinlese im späten September und Anfang Oktober gefeiert.

von der Plaça de Catalunya und Sants fahren stündlich Züge nach Sant Sadurní und Vilafranca; die Fahrt dauert 40 bis 50 Minuten

### Caves Codorniú
✉ Sant Sadurní d'Anoia
☎ 93 818 33 42
🕒 Mo – Fr 9–17 Uhr, Sa und So 9–13 Uhr
💰 preiswert

### Caves Freixenet
✉ Carrer Joan Sala 2 Sant Sadurní
☎ 93 890 05 82
🕒 Mo – Do 10–13, 15–16.30 Uhr,
Fr – So 10–13 Uhr

### Museu del Vi
✉ Plaça Jaume I, Vilafranca del Penedès
☎ Di – Sa 10–14, 16–19 Uhr; So und feiertags 10–14 Uhr (Juli-Aug. Mo–Sa 10–21, So 10–14 Uhr) 💰 preiswert

## Montserrat

Montserrat bedeutet »zersägter Berg«; das eindruckvolle Bergmassiv liegt 40 Kilometer nordwestlich von Barcelona. Hier befindet sich eine wichtige Wallfahrtsstätte, die auf das am Berghang gegründete Kloster für die »schwarze Jungfrau« (*La Moreneta*) zurückgeht. Dabei handelt es sich um eine Holzstatue einer Madonna mit Kind, deren Gesicht rauchgeschwärzt ist. Der Legende nach ist die Statue ein Werk des Evangelisten Lukas und wurde im 12. Jahrhundert auf mysteriöse Weise hier entdeckt. Heute wird *La Moreneta* in der Klosterkirche, einer Basilika aus dem 16. Jahrhundert, aufbewahrt. Man sollte sich darauf gefasst machen, in einer langen Schlange anzustehen. Im nahe gelegenen Museu de Montserrat kann man die vielen Geschenke der Wallfahrer besichtigen, darunter auch Silber und Gold, einige Gemälde und sogar einige Picasso-Werke.

Auf dem Berg verstreut liegen 13 Eremitagen, die noch heute genutzt werden; ein ausgeschilderter Pfad führt an ihnen vorbei und bietet dabei herrliche Aussichten. Einige der Einsiedeleien können auch innen

# Ausflüge

Der Markt in Vic findet samstags auf der schönen Plaça Major statt

## Vic

Vic, rund 65 Kilometer von Barcelona entfernt, ist kulturell interessant. Der lebhafte Markt am Samstagmorgen ist eine der Hauptattraktionen: Hier werden lokale Produkte, Pilze und Obst, Schinken und Pâtés hoch aufgetürmt an traditionellen Ständen verkauft – und es wird kaum Spanisch gesprochen. Vic ist außerdem fast ein Synonym für Würste, vor allem die berühmte *fuet*, eine milde, salamiähnliche Wurst, die als Belag für *pa amb tomàquet* (➤ 40) aufgeschnitten wird. Auch die *botifarra*, gegrillt und mit weißen Bohnen (*mongetes*) serviert, ist eine Spezialität aus Vic.

Das Innere der neoklassizistischen Kathedrale ist mit einigen nachdenklich stimmenden Mosaiken von Josep Lluís Sert aus dem 20. Jahrhundert geschmückt. Überall in der Stadt verstecken sich außerdem auffallend kleine Kirchen und Klöster. Eine gute Sammlung mittelalterlicher religiöser Kunst wird im **Museu Episcopal** gezeigt. Besonders beachtenswert sind der Altar von Mestre de Soriguerola aus dem 13. Jahrhundert und die Überreste eines römischen Tempels. Alle wichtigen Sehenswürdigkeiten lassen sich bequem zu Fuß erkunden, indem man einer gut ausgeschilderten Touristenroute durch das Labyrinth der mittelalterlichen Straßen folgt. Vergessen Sie nicht, vorher bei der Touristeninformation vorbeizuschauen.

besichtigt werden, wie z. B. die Einsiedelei Sant Joan, die man mit einer Seilbahn oder über einen steilen 20-minütigen Aufstieg vom Kloster aus erreicht. Auch in die Eremitage San Jeroni am Berggipfel kann man hineingehen.

Montserrat liegt inmitten einer beeindruckenden Berglandschaft: Die bizarren Felsen formen eine gezackte Bergkette, die aussieht wie tropfendes Wachs an einer gewaltigen Kerze.

### Anfahrt nach Montserrat
Von der Plaça d'Espanya mit der FGC zur Aeri de Montserrat (Zahnradbahn). Die Fahrt dauert eine Stunde. Weiter geht es mit der Schwebebahn zum Kloster und zur Basilika (tägl. alle 15 Minuten). Von der Estació d'Autobussos de Sants fährt außerdem täglich ein Bus.

🖂 Montserrat
☎ 93 877 77 77

### Basilika
🕐 Juli – Sept. tägl. 7.30 – 20.30;
Okt.– Juni 8 – 18.30 Uhr 💰 frei

### Museu de Montserrat
🕐 März – Dez. tägl. 10 – 18 Uhr; Jan. und Feb. 10 – 16.45 Uhr 💰 mittel

🚆 von der Plaça de Catalunya oder Sants in Richtung Ripoll oder Puigcerdà, alle 30 bis 50 Minuten; die Fahrt dauert 60 bis 80 Minuten

### Touristeninformation
🖂 Calle Ciutat 4
☎ 93 886 20 91

### Museu Episcopal
🖂 Plaça Bisbe Oliba 3
☎ 93 886 93 60
🕐 April – Sept. Di – Sa 10 – 19, So 10 – 14 Uhr;
Okt.– März Di – Fr 10 – 13, 15 – 18, Sa 10 – 14 Uhr
💰 preiswert

# Spaziergänge

1 Barri Gòtic 170
2 Gràcia 173
3 Modernistische Meisterwerke 176
4 Am Wasser 180

# 1 BARRI GÒTIC

*Spaziergang*

**LÄNGE:** 2,5 km **DAUER:** 2 Stunden
**START:** Plaça Nova Liceu oder Jaume 1 193 D3
**ZIEL:** Plaça de l'Angel 192 A5

Einer von Barcelonas vielen Slogans lautet: »Die Vergangenheit hat eine Zukunft«. Dieser Spaziergang führt Sie auf die Spuren der Vergangenheit, zu schattigen, kleinen Plätzen, malerischen, engen Gassen, Überresten alter römischer Mauern und zu einigen gotischen Kirchen.

## 1–2

Gehen Sie von der **Plaça Nova** – von der Fassade der Kathedrale aus rechts – die Carrer del Bisbe entlang. Nachdem Sie zwei gewaltige, römische Wachtürme passiert haben, nehmen Sie die erste Straße rechts, die Carrer de Montjuïc del Bisbe, um durch einen Torbogen hindurch die **Plaça de Sant Felip Neri** zu erreichen. In der Mitte des ruhigen, fünfeckigen Platzes steht ein plätschernder Springbrunnen; das **Museu del Calçat** (▶ 59) liegt links um die Ecke.

Schmucke Details machen den Charme des Barri Gòtic aus

## 2–3

Verlassen Sie den Platz an der Carrer de Sant Felip Neri, biegen Sie rechts in die Carrer de Sant Sever ein, und gehen Sie die **Baixada de Santa Eulàlia** hinunter. Auf dieser Straße soll die Schutzheilige in einer Tonne voller Glassplitter hinuntergerollt worden sein.

# 1 Barri Gòtic

**Die kleinen Straßen des Barri Gòtic sind bekannt für ihre Spezialgeschäfte**

Die Carrer de Banys Nous verläuft in einer leichten Kurve nach links. Hier befinden sich einige Antiquitätengeschäfte und die Llibreria Rodes, die eine Ausstellung zahlreicher alter Bücher besitzt.

An der Carrer del Call gehen Sie links und befinden sich nun im Herzen des mittelalterlichen jüdischen Viertels, dem **Call**. Biegen Sie anschließend in die Carrer de l'Arc de Sant Ramon ein, und nehmen Sie dann rechts die Carrer de Marlet. An der Ecke finden Sie eine kleine **hebräische Inschrift**, die ins Spanische übersetzt ist.

Weiter entlang der Carrer de Marlet können Sie die kürzlich freigelegte, im 14. Jahrhundert aufgegebene **Sinagoga Major** besuchen. Einige romanische Fundamente sind erkennbar.

## 3–4

An der Kreuzung der malerischen Carrer de Sant Domènec del Call gehen Sie rechts. Biegen Sie wiederum rechts in die Carrer de Ferran ein. Die zweite Straße links ist die Carrer d'Avinyó. Die Prostituierten, die hier einst ihre Dienste anboten, inspirierten Picasso zu seinem Werk *Les Demoiselles d'Avignon*. Machen Sie einen kleinen Umweg nach rechts auf die **Plaça George Orwell**, einen hübschen Platz mit einer modernen Skulptur namens »El Tripi«.

## 4–5

Gehen Sie nun die Carrer d'Avinyó bis zur **Església de la Mercè** hinunter. Die Jungfrau auf dem Dach der Kirche ist nicht zu übersehen. Biegen Sie links in die Carrer Ample ein und laufen Sie bis zur Kreuzung. Biegen Sie wiederum links ab, gehen Sie die Carrer del Regomir hinauf, bis Sie zur **Pati Llimona** Nummer 3 kommen.

**Im Barri Gòtic, dem Herzen der antiken Stadt, findet man Überreste aus römischer Zeit**

## Spaziergänge

### 5–6
Gehen Sie rechts in die Carrer del Cometa, und folgen Sie wieder links der von schönen Gebäuden flankierten Carrer dels Lledó. Schnell sind Sie auf der Plaça de Sant Just. Links der Kirche **Sants Just i Pastor** sehen Sie eine Reihe schöner Trinkwasserbrunnen, die von den Einheimischen noch genutzt werden. Die Kirche besitzt eine filigrane, für die katalanische Gotik typische Fassade und einen schlanken Turm.

### 6–7
Gehen Sie links die Carrer d'Hercules hinunter, die in die Carrer d'Arlet übergeht, dann wieder links zur **Plaça de Sant Jaume** (➤ 58). Laufen Sie nun die Carrer dels Paradis hoch. Die Nummer 10 ist der Eingang zum **Centre Excursionista de Catalunya**. Hier erinnern vier feine korinthische Säulen an den Augustustempel, der 16,9 Meter über dem Meeresspiegel, am höchsten Punkt der römischen Stadt, erbaut wurde.

### 7–8
Wo die Carrer dels Paradis in die Carrer de la Pietat übergeht, haben Sie einen großartigen Blick auf die **Catedral** und ihre Wasserspeier. Gehen Sie die Carrer de la Pietat weiter, biegen Sie rechts in die Carrer del Veguer ein, dann treffen Sie links in die Plaça de l'Angel.

### Besichtigungen
**Sinagoga Major**
- Carrer de Marlet 5
- Mo–Sa 11–18, So 11–15 Uhr
- frei

**Centre Excursionista de Catalunya**
- Carrer Paradis 10
- Di–Sa 10–14, 16–20 Uhr, So 10–14 Uhr

### Kleine Pause
Für einen kleinen Imbiss empfiehlt sich die *oratería* **La Granja** (Carrer dels Banys Nous 4). Sollten Sie größeren Hunger haben, versuchen Sie Ihr Glück in dem immer gut besuchten **Can Culleretes** (➤ 68), dem ältesten Restaurant der Stadt.

### Wann?
Machen Sie diesen Spaziergang an einem Wochentag oder am Sonntagmorgen, sonst kann es Ihnen passieren, dass die Straßen fast unheimlich leer sind. Gehen Sie nachts nicht alleine hierher.

*Das Innere der Kirche Sants Just i Pastor*

# 2 GRÀCIA
*Spaziergang*

**LÄNGE:** 3 km **DAUER:** 2,5 Stunden
**START:** Plaça de Joan Carles 1 Ⓜ Diagonal ✛ 200 B2
**ZIEL:** Plaça Lesseps Ⓜ Lesseps ✛ 200 C5

Einladende kleine Plätze und schmale Straßen charakterisieren Gràcia. Lange Zeit bevorzugtes Viertel von Künstlern und Studenten, wurde es in den letzten Jahren zusehends schicker und eleganter, ohne jedoch seinen speziellen Charme zu verlieren.

## 1–2
Die Grünfläche in der Mitte des Passeig de Gràcia, offiziell Jardines de Salvador Espriu, heißt im Volksmund **Jardinets**, kleine Gärten. Rechter Hand steht die **Casa Fuster** (Passeig de Gràcia 132), ein modernistisches Meisterwerk mit üppigen Steinverzierungen. Lluís Domènech i Montaner und sein Sohn Pere erbauten das Haus zwischen 1908 und 1911. An der Gran de Gràcia 15 sehen Sie die wunderschöne **Casa Francesc Cama Escurra**, die mit ihren bunten Erkerfenstern erstrahlt. Gegenüber befindet sich die Carrer de Gràcia, ein für dieses Viertel typisches, enges Gässchen, in das Sie nun einbiegen. Gehen Sie an der Kirche von **Santa Maria de Jesús** vorbei und dann in die erste Straße links, die Carrer Sant Pere Martir; danach biegen Sie in die Carrer de Jesús, um auf die Carrer Gran de Gràcia zu stoßen.

## 2–3
Auf der linken Seite können Sie die wunderschöne Fassade der modernistischen **Casa Elisa Bremon** sitätsdiplom und durfte deshalb die Fassade nicht signieren. Stattdessen findet man die Unterschrift seines Chefs, Miquel Pascual i Tintorer.

Die **Casa Fuster ist für ihre Mischung aus neugotischem und klassischem Stil bekannt**

(Gran de Gràcia 61) aus dem Jahre 1904 bewundern. Gehen Sie weiter bis zur Carrer Santa Eugènia, um einen Blick auf die ebenso sehenswerte **Casa Francesc Cama**, Nummer 77, zu werfen. Ihr Architekt, Francesc Berenguer i Mestres, hatte bei Bauende 1905 kein Univer-

## 3–4
Gehen Sie jetzt einige Meter zurück zur **Travessera de Gràcia**, die von kleinen Läden gesäumt wird,

# Spaziergänge

dem bunten Mercat Abaceria Central, einem der zwei Märkte in Gràcia, gelangen. Über die Carrer de la Mare de Déu dels Desemparats kommen Sie zur **Plaça de la Revolució de Setembre de 1868**, einem weiteren hübschen Platz.

und biegen Sie links ein. Passieren Sie den feingekachelten Trinkwasserbrunnen, bevor Sie rechts die Carrer Matilde hinuntergehen. Sie führt zur **Plaça de Rius i Taulet** (▶ 108), ein idealer Platz für eine Kaffeepause.

## 4–5
Gehen Sie nun die Carrer de M. Pineda hinauf und rechts die Travessera de Gràcia entlang, bis Sie zu

## 5–6
Schlendern Sie gemütlich die Carrer de Ramon y Cajal entlang. Wenn sie in die Carrer de Maspons übergeht, erreichen Sie die **Plaça del Sol** (▶ 108). Hier gibt es Cafés mit Tischen im Freien.

Die Plaça del Sol ist der ideale Ort für eine Kaffeepause

## 6–7
Laufen Sie nun die Carrer de Torrent de l'Olla bis zur Plaça del Diamant hinauf. Überqueren Sie den Platz, und folgen Sie der Carrer d'Astúries bis zur **Plaça de la Virreina**. Hier erhebt

## 2 Gràcia

sich stolz die schönste Kirche des *barrio*, **Sant Joan**. Auf der gegenüberliegenden Seite sehen Sie die reich verzierte Fassade der **Casa Rubinat i Planas** (1906–09), Carrer de l'Or 44.

### 7–8

Über die Plaça Manuel Torrente gehen Sie in Richtung Carrer del Robí und Carrer de les Tres Senyores, bevor Sie die Carrer de Rabassa hinauf zu der hübschen, schattigen **Plaça de Rovira i Trias** nehmen. Schauen Sie sich die Statue von Rovira i Trias an. Er war Zweiter im Wettbewerb um die Gestaltung des Eixample: Eine bronzene Karte zu seinen Füßen zeigt, wie das Viertel aussehen würde, wenn er Cerdà geschlagen hätte (▶ 24).

### 8–9

Von hier aus gehen Sie die Carrer de la Providencia hinauf. Biegen Sie links in die Carrer Torrent de l'Olla ein. Danach gehen Sie rechts in die Carrer de Astúries, überqueren die Carrer Gran de Gràcia und schlendern dann über die **Rambla del Prat**. Sie ist eine der elegantesten Straßen von Gràcia, flankiert von zahllosen modernistischen Häusern.

### 9–10

Gehen Sie die Avinguda del Príncep d'Astúries hinauf, biegen Sie rechts in die Carrer Breton de los Herreros ein. An der Kreuzung zur Carrer Gran de Gràcia gehen Sie links weiter. Folgen Sie wieder links der Carrer de les Carolines, um die **Casa Vicens** (▶ 109) zu sehen.

### 10–11

Gehen Sie zum Schluss die Avinguda del Príncep d'Astúries bis zur **Plaça Lesseps** hinauf. An der Ecke zur Carrer Gran de Gràcia können Sie die **Cases Ramos i Carders** (1905–1908) des extravaganten Architekten Jaume Torres i Grau bewundern. Ihre üppige Dekoration und die phantastischen, bunten Fenster sollten Sie sich in Ruhe ansehen. Besuchen Sie noch den Parc Güell (▶ 110ff) oder nehmen Sie den Bus oder die U-Bahn zurück.

### Kleine Pause

Überall in Gràcia gibt es Cafés und einfache Restaurants. **El Glop** (▶ 122) und **Can Punyetes** (Carrer Francisco Giner 8–10, Tel. 93 217 79 46) sind zwei der wenigen Restaurants, die auch sonntags den ganzen Tag über geöffnet sind.

### Wann?

Um die Mittagszeit, dann können Sie auch die Bars und Restaurants besuchen. Oder gehen Sie am späten Nachmittag, wenn alles etwas ruhiger ist, und bleiben Sie dann zum Abendessen.

**176** Spaziergänge

# 3 MODERNISTISCHE MEISTERWERKE

*Spaziergang*

**LÄNGE:** 4,5 km **DAUER:** 3 Stunden
**START:** Els Quatre Gats, Carrer de Montsió 3 🚇 Catalunya ✚ 193 D4
**ZIEL:** Palau Robert, Passeig de Gràcia und Avinguda Diagonal
🚇 Diagonal ✚ 200 B2

Obwohl Gaudí Barcelonas berühmtester modernistischer Architekt ist, er stets im Zentrum der Aufmerksamkeit steht und seine Bauwerke höchste Bewunderung finden, bietet die Stadt doch eine ganze Reihe weiterer Jugendstil-Bauwerke. Weitere führende Architekten der Bewegung waren unter anderen Lluís Domènech i Montaner, Puig i Cadafalch und Jujol i Gilbert.

## 1–2

Beginnen Sie mit dem historischen **Els Quatre Gats** (➤ 70). Das Café war um die Wende zum 20. Jahrhundert ein populärer Treffpunkt für die Künstler des Modernismus. Picasso gestaltete sogar die Speisekarte! Als frühes Werk von Puig i Cadafalch wurde es 1896 erbaut. Die rote Backsteinfassade ist streng gehalten und mit einigen neogotischen Elementen geschmückt. Laufen Sie vom Café aus die Carrer de les Magdalenes hinauf, kreuzen Sie die Via Laietana (hier können Sie einen Blick auf den **Palau de la Música Catalana** (➤ 78f) werfen), und gehen Sie dann auf der Carrer de les

**An der Casa Antonia Burés imitiert die Kunst das Leben**

**Rechts: Casa Galvet, eine frühe Arbeit Gaudís**

Jonqueres zur Plaça d'Urquinaona. Überqueren Sie den Platz und gehen Sie rechts in die Carrer d'Ausiàs Marc. An dieser Straße stehen einige schöne modernistische Wohnhäuser und Geschäfte. Nummer 46, die **Casa Antonia Burés**, ist wahrscheinlich das vornehmste darunter. Bäume aus Stein »wachsen« an der Fassade hoch und nehmen so das Motiv der echten Platanen auf der Straße kunstvoll auf.

### 2–3

Kehren Sie nun um, und gehen Sie zur Carrer del Bruc, dann biegen Sie links in die Carrer de Casp ein. Die **Casa Calvet** (Nummer 48) ist eines der frühesten Bauwerke Gaudís (1900).

### 3–4

Gehen Sie die Carrer de Casp zurück, bis Sie die Carrer de Girona erreichen, in die Sie links einbiegen und bis zur Carrer Consell de Cent entlanglaufen. Achten Sie auf Ihrem Weg auf die Nummer 54, die **Casa Jacinta Ruiz**, und die Nummer 73, **Forns Sarret i de la Concepció**.

### 4–5

Von hier geht es links weiter in die Carrer Consell de Cent. An der Kreuzung zum Passeig de Gràcia

### Die Casa Batlló ist Teil der Manzana de la Discordia

haben Sie einen besonders schönen Blick auf die Seitenansicht der **Manzana de la Discordia** (▲ 102 ff). Beachten Sie die auffallenden Straßenlaternen, ein beliebtes Fotomotiv. Pere Falqués i Urpí entwarf sie 1906.

### 5–6

Überqueren Sie den Passeig de Gràcia, und biegen Sie einen Block weiter rechts in die elegante Rambla de Catalunya. Hier werden Sie Zeuge gleich dreier Wunder: Die **Casa Dolors Calm** (Nr. 54) von Josep Vilaseca i Casanovas (dem Erbauer des Triumphbogens ▲ 86) ist von den Häusern Sevillas inspiriert und hat eine eindrucksvolle fünfstöckige Galerie, die über den Gehsteig ragt. Die **Casa Fargas** (Nr. 47) ahmt die Casa Dolors nach, ihr Stil ist jedoch im Ganzen recht nüchtern, ähnlich den Gebäuden der großen Boulevards in Paris. Die **Farmàcia Bolós** (Nr. 77) mit ihrem Buntglasfenster, das mit dem Motiv eines mit Orangen beladenen Lebensbaums geschmückt ist, ist atemberaubend.

### 6–7

Auf der anderen Seite der Ramblas ist auf Nummer 78 die **Casa Juncosa** zu bewundern. Ihre Architektur ist schlicht: rohbehauene Quadersteine und symmetrische Balkone. Nur der zierlich gemeißelte Dachgiebel mit den floralen Motiven weist es als modernistisches Gebäude aus. Erbaut wurde es 1909 nach Plänen von Salvador Vinals i Sabater. Gehen Sie auf der Rambla de Catalunya weiter, bis Sie die Kreuzung Carrer de Mallorca erreichen.

### 7–8

Werfen Sie an der Ecke einen Blick auf die **Casa Josep i Ramon Queraltó**. Die Gravuren der Fassade sind besonders raffiniert. Gehen Sie die Carrer de Mallorca weiter bis zur Carrer de Roger de Llúria. An der Ecke rechts befindet sich der **Palau Montaner** (Carrer de Mallorca 278), ein Meisterwerk von Lluís Domènech i Montaner. Die schmiedeeisernen Gitter und die Keramikmosaiken sind einzigartig. Gehen Sie jetzt rechts die Carrer Roger de Llúria bis zur Carrer de València hinunter.

### 8–9

Die pompöse **Casa Jaume Forn**, an der linken Ecke zur Carrer de València (Nr. 285), ist nicht zu übersehen. Dieses gewaltige Gebäude von Jeroni Granell i Manresa wurde 1909 erbaut. Es hat eine fast flache, an den Ecken abgeschrägte Fassade, deren Kanten durch halbzylindrische, mit buntem Glas raffiniert geschmückte Säulen deutlich abgerundet sind.

## 3 Modernistische Meisterwerke

**Das Palau Montaner (siehe S. 178) wurde von dem Architekten Lluís Domènech i Montaner entworfen**

serblocks weiter, an der Ecke zur Carrer del Rosselló, steht die wunderschöne **Casa de les Punxes**. Ihr offizieller Name ist **Casa Bartomeu Terrades i Brutau**. Tatsächlich handelt es sich um drei Häuser: für jede der drei Töchter Terrades' eins. Als das Gebäude von Josep Puig i Cadafalch 1905 gebaut wurde, nannte es ein Kritiker ein »Verbrechen gegen die Nation«.

### 10–11

Folgen Sie der Straße weiter, und passieren Sie die **Casa Comalat**, einen »Harlekinhut aus Stein«. Sehen Sie sich den wunderschönen Eingang an. Gehen Sie dann rechts in den Passeig de Gràcia. Linker Hand steht die **Casa Bonaventura Ferrer** (Nr. 113), ein unscheinbares Gebäude von Pere Falqués i Urpí mit schmiedeeisernen Balkonen, das neben der benachbarten Deutschen Bank noch kleiner wirkt. Gehen Sie links in die Carrer de Sèneca, wieder links in den unteren Teil der Via Augusta und dann rechts in die Avinguda Diagonal. An der ersten Ecke sehen Sie die **Casa Pérez Samanillo**, ein Belvedere, das heute den Reitverein Círculo Ecuestre beherbergt. Ein wunderschönes, ovales Fenster schmückt die Fassade an der Seite der Avinguda Diagonal.

Die Holz- und Schmiedearbeiten des Haupteingangs sind einzigartig. Gehen Sie drei Häuserblocks weiter nach links bis zur Carrer de Bailén. Die Nummer 339 ist die **Casa Manuel Llopis** (1903) von Antoni Gallissà i Soque. Die Gravuren stammen von Josep Maria Jujol, der auch an verschiedenen Projekten Gaudís mitgearbeitet hat.

### 9–10

Gehen Sie auf der Carrer de Bailén zur Avinguda Diagonal, und biegen Sie dort links ein. Zwei Häu-

### 11–12

Überqueren Sie die Avinguda Diagonal, und gehen Sie zurück zum Passeig de Gràcia, wo die U-Bahn-Station Diagonal liegt. Auf dem Weg können Sie den üppigen Stil Puig i Cadafalchs an der Neo-Renaissance-Fassade und dem pseudogotischen Türmchen der **Casa Pere Serri i Pons** (Rambla de Catalunya 126) bewundern.

### Kleine Pause

Es gibt eine große Auswahl an Cafés, Tapas-Bars, Restaurants und Brasserien auf dem Passeig de Gràcia und der Rambla de Catalunya, darunter die **Pastisseria Maurí** (Rambla de Catalunya 102, Tel. 93 215 10 20), die hervorragenden Kuchen serviert, und das **Tapa Tapa** (Passeig de Gràcia 44, Tel. 93 488 33 69), wo man draußen sitzen und seinen Kaffee mit schönem Blick auf die Manzana de la Discordia genießen kann.

### Wann?

Wählen Sie den Sonntagnachmittag oder Montagmorgen, wenn fast alles andere in der Stadt geschlossen ist.

# 4 AM WASSER
## Spaziergang

Seit den Neunzigerjahren hat sich Barcelonas Hafenviertel zu einer regelrechten Sensation gemausert: Dieser Spaziergang beginnt an einem schönen Aussichtspunkt über den Hafen und führt die Promenade entlang zum Sandstrand.

**DAUER:** 3 Stunden
**START:** Castell de Montjuïc ✚ 194 C2
**ZIEL:** Port Olímpic ✚ 197 F1

### 1–2
Sie brauchen nicht in das abweisende **Castell de Montjuïc** (➤140) hineinzugehen, um den großartigen Blick über den neuen Frachthafen im Süden und den alten Hafen im Norden, heute ein Yachthafen, zu genießen: Die Terrassen vor den befestigten Mauern bieten einen wunderbaren Blick. Nehmen Sie vom Kastell aus die *telefèric*-**Seilbahn**, und folgen Sie dann den Hinweisschildern auf der Avinguda de Miramar zum **Miramar** (Aussichtspunkt), oder laufen Sie die Carretera de Montjuïc hinunter.

### 2–3
Vom Miramar aus haben Sie

**Der Blick auf die Stadt von der Seilbahn aus ist großartig**

eine noch bessere Aussicht auf den Hafen und das geschäftige Treiben. Wenn Sie Zeit haben und das Wetter schön ist, können Sie durch die wunderhübsch gestalteten **Jardins de Miramar** schlendern und die exotische Kakteenlandschaft der **Jardins de Mossèn Costa i Llobera** bewundern. Andernfalls nehmen Sie die Transbordador-Seilbahn (➤182) zur **Torre de Sant Jaume I** auf der Moll de Barcelona. Der Blick auf Port Vell ist atemberaubend.

### 3–4
Gehen Sie zur **Moll de la Fusta** und dann in Richtung **Monument a Colom** (➤ 52). Das Monument für **Christoph Kolumbus** wird von offiziellen Gebäuden wie dem Duanes (Zollhaus), den **Drassanes** (➤132f) und dem Govern Militar (Sitz des Militärgouverneurs) flankiert. Auf der Hafenseite befindet sich der Kartenschalter für den zweistöckigen Vergnügungsdampfer **Golondrinas** (➤ 182). Wenn Sie Zeit haben, ist die Hafentour oder ein kürzerer Trip entlang der Küste sehr empfehlenswert. Sie können auch in Barceloneta aussteigen (➤ 90).

## 4 Am Wasser    181

die Moll de la Fusta treffen, befindet sich eine Verkehrsinsel, die von Roy Lichtensteins grell bunter Skulptur **Barcelona Head** dominiert wird.

### 6–7
Gehen Sie in Richtung Osten, zur Plaça de Pau Vila, die von vornehmen alten Kaufhäusern gesäumt wird, die heutzutage das **Museu d'Història**

### 4–5
Von der **Plaça del Portal de la Pau** aus gehen Sie über die hölzerne **Rambla de Mar-Drehbrücke** zur Moll d'Espanya hinüber.

### 5–6
Auf der Moll d'Espanya finden Sie das **Maremàgnum**-Einkaufszentrum mit Kinos, einem IMAX-Kino sowie dem **L'Aquàrium de Barcelona** (► 66f). Dort, wo sich die Moll d'Espanya und

# Spaziergänge

Der für die Olympischen Spiele 1992 sanierte Port Vell ist jetzt ein eleganter Yachthafen de Catalunya (➤ 88f) beherbergen. Vor Ihnen befindet sich **Barceloneta** (➤ 89) mit seinen einladenden Fischrestaurants und den charakteristischen, schmalen Straßen. Schlängeln Sie sich entweder hindurch oder gehen Sie am Rande der Halbinsel entlang zum Passeig Marítim de la Barceloneta.

## 7–8

Der **Passeig Marítim de la Barceloneta** führt Sie an dem stets geschäftigen **Port Olímpic** (➤ 90), einem Yachthafen, der eigens für die Olympischen Spiele 1992 gebaut wurde, vorbei zum Strand. Auch die Einheimischen gehen gerne hierher, um sich mit der Familie zu entspannen oder guten Fisch zu essen. Hinter dem Port Olímpic verläuft die Strandpromenade, ein El Dorado für Skater und Fahrradfahrer. Wenn Sie Lust haben, können Sie den Spaziergang mit einem Sprung ins Meer abrunden. Mehr Informationen zu Barcelonas neuen **Stränden** finden Sie auf Seite 90.

## Kleine Pause

In Port Vell, Barceloneta und Port Olímpic bekommen Sie Fischgerichte jeder Art (➤ 91ff).

## Wann?

Dieser Spaziergang ist an jedem Wochentag schön. Um die herrliche Aussicht, den Strand und die Seeluft genießen zu können, sollten Sie bei schönem Wetter hierher kommen.

## Informationen zu Seilbahn und Golondrinas

### *Telefèric*-Seilbahn

Die Seilbahnen verkehren im Sommer von 11 bis 20 Uhr, im Winter von 11 bis 19.30 Uhr.
**Spezieller Tipp:** Die Schlange derer, die am Estació Funicular hinauffahren wollen, kann im Sommer recht lang werden. Seien Sie früh dort, oder nehmen Sie ein Taxi.

### Transbordador-Seilbahn

☎ 93 441 50 71
Die (oft überfüllte) Seilbahn über dem Hafen verkehrt von April bis Oktober von 10.15–19 Uhr (Mai–Juni bis 20 Uhr), von November bis März von 10.30–17.30 Uhr (Mittags geschl.)

### Golondrinas

☎ 93 442 31 06
In der Sommersaison fahren die Schiffe von 11.45 bis 19.30 Uhr. Im Winter sind die Abfahrtszeiten um die Mittagszeit reduziert. Geschlossen ist vom 15. Dezember bis 1. Januar. Die Fahrt zum Wellenbrecher dauert 30 Minuten und der Ausflug nach Port Olímpic und zurück 90 Minuten.

# Praktisches

## INFORMATION VORAB

**Websites**
- Stadt Barcelona
  www.bcn.es
- Tourismusinformation
  www.barcelonaturisme.com

**In Barcelona**
Touristeninformation
Plaça de Catalunya
☎ 0034 03 285 38 34
(aus dem Ausland);
807 117 222 (in Spanien)

**In Deutschland**
Spanisches Touristenbüro
Myliusstraße 14
60325 Frankfurt am Main
☎ (069) 72 50 38

## REISEVORBEREITUNG

### WICHTIGE PAPIERE

- ● Erforderlich
- ○ Empfohlen
- ▲ Nicht erforderlich

|  | Deutschland | Österreich | Schweiz |
|---|---|---|---|
| Pass/Personalausweis | ● | ● | ● |
| Visum | ▲ | ▲ | ▲ |
| Weiter- oder Rückflugticket | ▲ | ▲ | ▲ |
| Impfungen (Tetanus oder Polio) | ▲ | ▲ | ▲ |
| Krankenversicherung (▶ 180, Gesundheit) | ● | ● | ● |
| Reiseversicherung | ○ | ○ | ○ |
| Führerscheein (national) | ● | ● | ● |
| Kfz-Haftpflichtversicherung | ○ | ○ | ○ |
| Fahrzeugschein | ● | ● | ● |

### REISEZEIT

**Barcelona**

Hauptsaison     Nebensaison

| JAN | FEB | MÄRZ | APRIL | MAI | JUNI | JULI | AUG | SEPT | OKT | NOV | DEZ |
|---|---|---|---|---|---|---|---|---|---|---|---|
| 14°C | 15°C | 17°C | 19°C | 22°C | 25°C | 29°C | 29°C | 27°C | 23°C | 18°C | 15°C |

☀ Sonnig   ☁ Bedeckt   🌧 Regnerisch   ⛅ Wechselhaft

Die Temperaturangaben richten sich nach den **durchschnittlichen Tageshöchstwerten** der einzelnen Monate.
Die beste Reisezeit ist von Mai bis Juni oder von September bis Oktober. Das Wetter ist dann schön, nicht zu heiß, und es ist viel los in der Stadt. Im Juli und August verlassen viele Einheimische Barcelona. Restaurants, Museen und einige Geschäfte schließen ganz oder verkürzen ihre Öffnungszeiten. Es kann in diesen Monaten sehr heiß, stickig und auch stürmisch sein. Andererseits finden zu dieser Zeit zahlreiche Festivals statt. Die Winter sind selten kalt, obwohl es schon mal schneien kann. Wenn der Himmel blau und die Sicht gut ist, können auch Januar und Februar gute Reisemonate sein.

**In Österreich**
Spanisches Fremden-
verkehrsamt
Mahlerstr. 7
1010 Wien
☎ (01) 512 95 80

**In der Schweiz**
Spanisches Fremden-
verkehrsamt
Seefeldstr. 19
8008 Zürich
☎ (01) 252 79 30

## ANREISE

**Mit dem Flugzeug:** Die Deutsche Lufthansa, Austrian Airlines, Swissair, Iberia und andere Fluggesellschaften bieten Linienflüge von Frankfurt/Main, Wien, Zürich und anderen deutschen, österreichischen und Schweizer Großstädten an. Charterflüge und »Billigflieger« (u. a. Ryanair, Air Berlin, Condor) werden vor allem während der Sommermonate angeboten. Einige »Billigflieger« steuern die rund 100 km entfernt liegenden Flughäfen in Girona oder Tarragona-Reus an.

**Preise:** Die Flugpreise sind meist von Ostern bis September am höchsten. Eine praktische Alternative, besonders in der Hochsaison, sind Pauschalangebote (Flug und Unterkunft). Fragen Sie bei Ihrer Fluggesellschaft oder Ihrem Reisebüro nach den günstigsten Konditionen oder suchen Sie selbst etwas im Internet.

**Mit dem Zug:** Wegen der unterschiedlichen Spurweiten der Bahn muss der Reisende an der französisch-spanischen Grenze umsteigen. In den automatisch umstellbaren Eurocity- und Talgo-Zügen erübrigt sich das Umsteigen. Der Hauptbahnhof für den regionalen, nationalen und internationalen Verkehr ist Sants-Estació. Doch die meisten Züge halten auch am Passeig-de-Gràcia-Bahnhof, der zentraler liegt.

**Mit dem Auto:** Für die Anreise mit dem Auto bietet sich die Strecke durch das Rhône-Tal und über Perpignan zum Grenzübergang Le Perthus/ La Jonquera (Autobahn) oder Cerbère/Port Bou (Staatsstraße) an. Wichtig bei der Reiseplanung: Autobahnen in Frankreich und Spanien sind gebührenpflichtig.

## ZEIT

In Spanien gilt die mitteleuropäische Zeit (MEZ). Von Ende März bis Ende Oktober werden die Uhren nach der Sommerzeit ausgerichtet, also eine Stunde vorgestellt (MEZ+1).

## WÄHRUNG UND GELDWECHSEL

**Währung:** Auch in Spanien gilt der Euro als amtliche Währung; die Peseta ist nur noch von historischer Bedeutung. Reisende aus Deutschland oder Österreich müssen sich also nicht umstellen und können ihre heimischen Münzen und Banknoten als Zahlungsmittel verwenden.

**Geldwechsel:** In Banken und Sparkassen *(caixes d'estalvis)*, in *oficines de canvi* (einschließlich Spätschaltern auf den Ramblas), an Bahnhöfen und am Flughafen können **Reiseschecks und Bargeld** getauscht werden. Wechselstuben nehmen zwar keine Gebühr, legen jedoch meist einen sehr viel schlechteren Kurs zugrunde. Wenn Sie dennoch dort wechseln wollen, sollten Sie die Wechselkurse vergleichen.

**Kreditkarten** werden in den meisten Geschäften, Restaurants und Hotels akzeptiert; manche Geschäfte verlangen die Vorlage eines Ausweises. Mit den Karten VISA, Mastercard, AMEX und Diners Club bekommt man auch Geld am Automaten gegen Gebühr.

## ZEITUNTERSCHIED

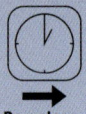

| GMT | Barcelona | New York | Berlin | Übriges Spanien | Sydney |
|---|---|---|---|---|---|
| 12 Uhr | 13 Uhr | 7 Uhr | 13 Uhr | 13 Uhr | 22 Uhr |

## DAS WICHTIGSTE VOR ORT

### KONFEKTIONSGRÖSSEN

| Spanien | Deutschland |
|---|---|
| 46 | 46 |
| 48 | 48 |
| 50 | 50 |
| 52 | 52 |
| 54 | 54 |
| 56 | 56 |
| 8 | 41 |
| 8.5 | 42 |
| 9.5 | 43 |
| 10.5 | 44 |
| 11.5 | 45 |
| 12 | 46 |
| 37 | 37 |
| 38 | 38 |
| 39/40 | 39/40 |
| 41 | 41 |
| 42 | 42 |
| 43 | 43 |
| 34 | 34 |
| 36 | 36 |
| 38 | 38 |
| 40 | 40 |
| 42 | 42 |
| 44 | 44 |
| 6 | 38 |
| 6.5 | 38 |
| 7 | 39 |
| 7.5 | 39 |
| 8 | 40 |
| 8.5 | 41 |

### FEIERTAGE

| | |
|---|---|
| 1. Jan. | Neujahrstag |
| 6. Jan. | Dreikönigstag |
| März/April | Karfreitag und Ostermontag |
| 1. Mai | Festa dell treball (Tag der Arbeit) |
| Mai/Juni | Pfingstmontag |
| 24. Juni | Nit de Sant Joan (Sonnwend) |
| 15. Aug. | Mariä Himmelfahrt |
| 11. Sep. | Katalanischer Nationalfeiertag |
| 24. Sep. | La Mercè (nur in Barcelona) |
| 12. Okt. | Entdeckung Amerikas |
| 1. Nov. | Allerheiligen |
| 6. Dez. | Tag der Verfassung |
| 8. Dez. | Unbefleckte Empfängnis |
| 25. Dez. | Weihnachtsfeiertag |
| 26. Dez. | Stephanstag |

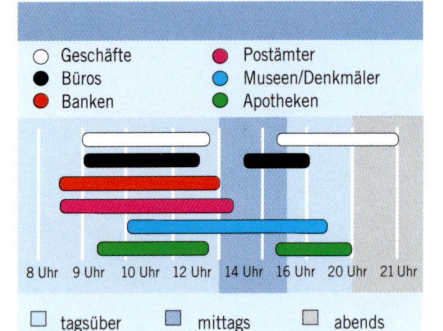

○ Geschäfte  ● Postämter
● Büros  ● Museen/Denkmäler
● Banken  ● Apotheken

☐ tagsüber  ☐ mittags  ☐ abends

**Geschäfte** bleiben meist von Samstagnachmittag bis Montag oder Dienstag geschlossen. Ausgenommen sind die großen Kaufhäuser. Ebenso wie Einkaufspassagen sind sie ganztägig und zunehmend auch sonntags geöffnet. Viele Geschäfte schließen im August ganz oder verkürzen ihre Öffnungszeiten.
**Banken** öffnen montags bis freitags um 8.30 und schließen um 14 Uhr. Im Sommer sind manche auch sonntags geöffnet. Die Sparkassen sind donnerstags den ganzen Tag über geöffnet.
**Museen** Die meisten Museen sind am Sonntagnachmittag und Montag geschlossen.

**NOTRUF 112**

**POLIZEI 091**

**FEUERWEHR 080**

**KRANKENWAGEN 061**

## SICHERHEIT

Die Kleinkriminalität beschränkt sich weitgehend auf Las Ramblas. Zeigen Sie jeden Diebstahl bei der Polizei oder bei der **Turisme-Atenció Station** auf La Rambla 43 (Tel. 93 256 24 30; tägl. geöffnet Oktober bis Juni 12 bis 24, Juli bis September 12 bis 2 Uhr) an. Sicherheitsvorkehrungen:

- Achten Sie auf verdächtiges Verhalten und behalten Sie Ihre Wertsachen im Auge.
- Lassen Sie niemals Gegenstände im Auto liegen und bewahren Sie Ihre Wertsachen im Hotelsafe auf.
- Vermeiden Sie nachts die Gassen der Altstadt.

**Polizei:**
**091** von allen Telefonen

## ELEKTRIZITÄT

Die Spannung beträgt 220 Volt. In den großen Hotels können Sie zumeist Europanorm-Gerätestecker verwenden. Ansonsten benötigen Sie einen Adapter.

## TELEFONIEREN

Telefonieren in Bars und Cafés ist teurer als von öffentlichen Telefonzellen aus. Am besten gehen Sie zum Telefonieren in *locutorios* (Telefonzentren), die man hauptsächlich in Raval findet. Ins Ausland telefoniert man am preiswertesten von 20 bis 8 Uhr und am Wochenende.

Für die meisten öffentlichen Fernsprecher benötigt man eine Telefonkarte (*tarjeta*). Die Karten gibt es in Postämtern, Zeitschriftenläden und *estancs* (Tabakwarenhändler).

**Internationale Vorwahlen:**
**Deutschland:** 00 49
**Österreich:** 00 43
**Schweiz:** 00 41

## POST

Die Postämter sind an dem gelben Correos-(Post-)zeichen zu erkennen. Einfacher ist es, Briefmarken in den *estancs* (Tabakwarengeschäften) zu kaufen. Die Hauptpost auf der Plaça Antoni López ist Mo–Sa von 8.30 bis 22 Uhr (So 12–22 Uhr) geöffnet.

## TRINKGELD

Meist werden **Restaurant-, Getränke-** und **Taxirechnungen** aufgerundet. Etwas großzügiger ist es, fünf bis zehn Prozent aufzuschlagen, aber Trinkgelder werden nicht grundsätzlich erwartet.
**Hotelportiers** und **Toilettenpersonal** erwarten ein kleines Trinkgeld. Platzanweiser hingegen nicht – sie werden Ihr Trinkgeld eventuell sogar ablehnen.

## KONSULATE UND BOTSCHAFTEN

**Deutschland**
☎ 93 292 10 00

**Österreich**
☎ 934 53 72 94

**Schweiz**
☎ 933 30 92 11

## GESUNDHEIT

**Krankenversicherung:** EU-Bürger legen bei Erkrankungen in Spanien die neue Europäische Krankenversicherungskarte (EHIC) vor. Ausgegeben werden die Karten von den Versicherungen.
Für einen deutschsprachigen Arzt wenden Sie sich an das Centre Mèdic Assistencial de Catalunya (Carrer Provença 281, Tel. 93 215 37 93, Mo–Fr 8–20 Uhr).

**Zahnarzt:** Die zahnmedizinische Versorgung ist ausschließlich privat organisiert, es gibt keine EU-Regelung. Wenden Sie sich im Notfall an das Centre Odontològic de Barcelona (Avenida Madrid 141–145, Tel. 93 439 45 00).

**Wetter:** Im Hochsommer, von Juni bis September, kann es sehr heiß werden. Tragen Sie eine Kopfbedeckung, trinken Sie viel und benutzen Sie eine Sonnencreme.

**Medikamente:** Apotheken (*farmàcies*) sind mit einem grünen Kreuz gekennzeichnet (Nachtapotheken erkennt man am roten Kreuz). Sie verkaufen verschreibungspflichtige und frei erhältliche Medikamente. Das Personal spricht oft englisch und kann bei kleineren Leiden weiterhelfen.

**Trinkwasser:** Das Leitungs- und Trinkbrunnenwasser ist sauber (es sei denn, es ist mit *no potable* gekennzeichnet).

## ERMÄSSIGUNGEN

**Studenten und Jugendliche:** Inhaber des Internationalen Studentenausweises (ISIC) und der Euro-26-Karte bekommen Ermäßigung. Kinder haben oft freien Eintritt.
**Senioren:** Jeder über 65 erhält in Museen und anderen Einrichtungen Sondertarife.
Mit dem **Kunstticket** können Sie die Museen MNAC, MACBA, Fundació Miró, Fundació Caixa Catalunya, Museu Picasso, Fundació Tàpies und das CCCB besuchen. Es kann in einem der Museen erworben werden und stellt einen 50-prozentigen Preisnachlass dar, wenn Sie alle sieben besuchen.
Die **Ruta del Modernisme** gewährt Ermäßigung auf dem Modernismuspfad.

## EINRICHTUNGEN FÜR BEHINDERTE

Ab Ende 2007 sollten alle Busse und U-Bahn-Stationen behindertengerecht angelegt sein, in den meisten Sehenswürdigkeiten fehlen aber Zugänge für Rollstuhlfahrer. Eine Ausnahme bilden neuere Museen wie etwa das MACBA. Hinweise unter www.accessiblebarcelona.com und www.barcelona-touristguide.com/de/transport/barcelona-zugang-behinderte.html.

## KINDER

Kinder sind fast überall in Barcelona willkommen und bleiben abends oft sehr lange auf. Die meisten Sehenswürdigkeiten haben günstige Eintrittspreise für Kinder oder gewähren freien Eintritt.

## TOILETTEN

Öffentliche Toiletten sind selten, die Sehenswürdigkeiten haben meist saubere Toiletten. In einem Café wird oft erwartet, dass Sie etwas verzehren.

## ZOLL

Die Einfuhr von Souvenirs, die von seltenen Tieren oder bedrohten Arten stammen, ist verboten oder bedarf einer speziellen Erlaubnis. Informieren Sie sich vor dem Einkauf.

## AUSSPRACHE

Katalanisch unterscheidet sich in der Aussprache deutlich vom Spanischen. Es weist mehr geschlossen gesprochene Laute auf und hat weniger Stakkato in seinem Klang als sein kastilischer Verwandter. Bis auf ein paar Ausnahmen wird fast alles so ausgesprochen, wie es geschrieben wird.

| | | | | |
|---|---|---|---|---|
| **au** | au wie auf | | **ll** | lli wie Million |
| **c** | ss oder k (niemals wie englisch th) | | **l.l** | ll wie Keller |
| **ç** | ss | | **ny** | ni wie Kastanie |
| **eu** | äu | | **r** | am Anfang eines Wortes und |
| **g** | g oder j (niemals h) | | **rr** | stark gerolllt |
| **gu** | (manchmal) w | | **s** | z oder ss |
| **h** | nicht gesprochen | | **tx** | tsch |
| **j** | j (niemals h) | | **tg/tj** | dsch |
| **ig** | sch am Ende eines Wortes: vaig, »ich gehe« klingt wie »rasch« | | **v** | b (*vi*, »Weine« klingt wie »bie«) |
| | | | **x** | sch |

## IMMER ZU GEBRAUCHEN

Ja/nein **Sí/no**
Bitte **Si us plaux**
Danke **Gràcies**
Bitte, gerne **De res**
Auf Wiedersehen **Adéu-siaux**
Guten Morgen **Bon dia**
Guten Tag **Bona tarda**
Gute Nacht **Bona nit**
Wie gehts? **Com va?**
Wie viel? **Quant és/val?**
Entschuldigung **Ho sento**
Verzeihung **Perdoni**
Ich möchte gerne … **Voldria …**
Offen **Obert**
Geschlossen **Tancat**

Heute **avui**
Morgen **demà**
Gestern **ahir**
Montag **dilluns**
Dienstag **dimarts**
Mittwoch **dimecres**
Donnerstag **dijous**
Freitag **divendres**
Samstag **dissabte**
Sonntag **diumenge**

## NACH DEM WEG FRAGEN

Ich habe mich verlaufen **Estic perdut/a**
Wo ist …? **On és …?**
Wie komme ich zu …? **Per anar a …?**
  der Bank **el banc**
  dem Postamt **es correus**
  dem Telefon **el telèfon**
  der Toilette **els serveis**
  dem Bahnhof **l'estació**
Links **a l'esquerra**
Rechts **a la dreta**
Geradeaus **tot recte**
An der Ecke **a la cantonada**
An der Ampel **al semàfor**
An der Kreuzung **a la cruïlla**

## IM NOTFALL

Hilfe! **Ajuda!**
Können Sie mir bitte helfen?
  **Em podria ajudar, si us plau?**
Sprechen Sie Deutsch? **Parla aleman?**
Ich verstehe nicht **No ho entenc**
Ich spreche nicht Katalanisch
  **No parlo català**
Könnten Sie bitte einen Arzt rufen?
  **Podria avisar un metge, si us plau?**

## ZAHLEN

| | | | | | | | |
|---|---|---|---|---|---|---|---|
| 1 | u/un/una | 7 | set | 13 | tretze | 19 | dinou |
| 2 | dos/dues | 8 | vuit | 14 | catorze | 20 | vint |
| 3 | tres | 9 | nou | 15 | quinze | 21 | vint-i-un |
| 4 | quatre | 10 | deu | 16 | setze | 30 | trenta |
| 5 | cinc | 11 | onze | 17 | disset | 40 | quaranta |
| 6 | sis | 12 | dotze | 18 | divuit | 50 | cinquanta |

## ÜBERNACHTEN

Haben Sie ein Einzel-/Doppelzimmer?
**Té alguna habitació senzilla/doble?**
Mit/ohne Bad/Toilette/Dusche
**amb/sense bany/lavabo/dutxa**
Ist das Frühstück inbegriffen?
**Inclou l'esmorzar?**

Kann ich das Zimmer sehen?
**Podria veure l'habitació?**
Ich nehme das Zimmer
**Ens quedarem aquesta habitació**
Vielen Dank für Ihre Gastfreundschaft
**Gràcies per la seva amabilitat**

## IM RESTAURANT

Ich möchte einen Tisch reservieren
**Voldria reservar una taula**
Einen Tisch für zwei Personen, bitte
**Una taula per a dos, si us plau**
Könnten wir die Speisekarte haben?
**Podríem veure el menú, si us plau?**
Eine Flasche/ein Glas …
**Una ampolla/copa (vas) de …**
Die Rechnung, bitte
**El compte, si us plau**

Service im Preis inbegriffen **servei inclòs**
Frühstück **esmorzar**
Mittagessen **dinar**
Abendessen **sopar**
Tisch **taula**
Kellner/Kellnerin **cambrer/a**
Vorspeise **entrant**
Hauptgericht **segón plat**
Gedeck **cobert**
Rechnung **compte**   Mehrwertsteuer **IVA**

| | | | |
|---|---|---|---|
| **a la planxa** gegrillt | **coca** Kuchen | **julivert** Petersilie | **plàtan** Banane |
| | **col** Kohl | | **pollastre** Huhn |
| **aigua** Wasser | **conill** Kaninchen | **llagosta** Hummer | **poma** Apfel |
| **albergínia** Aubergine | **cranc** Krabben | **llet** Milch | **porc** Schwein |
| | **cru** roh | **llimona** Zitrone | **postres** Dessert |
| **all** Knoblauch | | **llonganissa** Salami | |
| **amanida** Salat | **embotit** Wurst | **mantega** Butter | **raïm** Weintrauben |
| **ànec** Ente | **enciam** Blattsalat | **marisc** Meeresfrüchte | **rap** Engelbarsch |
| **anxoves** Sardellenfilets | **ensaïmades** Gebäck | | **rostit** gebraten |
| | **escopinyes** Herzmuscheln | **mel** Honig | |
| **anyell** Lamm | | **mongetes** Bohnen | **sal** Salz |
| **arròs** Reis | **escalivada** gedünsteter Gemüsesalat | **musclos** Muscheln | **salsa** Soße |
| | | | **salsitxa** Wurst |
| **bacallà** Stockfisch | **escudella** Fleisch- und Gemüseeintopf | **oli** Öl | **sec** trocken |
| **bistec** Steak | | **oliva** Oliven | **sopa** Suppe |
| **bolets** Pilze | | **ostra** Austern | **suc de taronja** Orangensaft |
| **botifarra** scharfe Wurst | | **ou** Ei | |
| | **farcit** gefüllt | | **sucre** Zucker |
| **bou** Rindfleisch | **fetge** Leber | **pa** Brot | |
| **bullabesa** Fischsuppe | **fideuà** Nudelpaella | **pastanaga** Karotten | **tonyina** Thunfisch |
| | **fideus** Spaghetti | **pastís** Kuchen | **tortilla** Omelette |
| | **formatge** Käse | **patata** Kartoffel | **truita** Forelle/Omelette |
| **caça** Wild | **fregit** frittiert | **pebre** Pfeffer | |
| **calamar** Tintenfisch | **fruita** Obst | **pebrot** Paprika (Gemüse) | **vedella** Kalbfleisch |
| **canelons** katalanische Nudeln | **fuet** Salami | **peix** Fisch | **verdura** Gemüse |
| | | **pernil dolç** gekochter Schinken | **vi blanc/negre** Weiss-/Rotwein |
| **carn** Fleisch | **gall d'indi** Truthahn | | |
| **ceba** Zwiebel | | | |
| **cervesa** Bier | **gambes** Garnelen | **pernil serrà** geräucherter Schinken | **xai** Lamm |
| **cigrons** Hähnchenschenkel | **gel** Eis | | **xocolata** Schokolade |
| | **gelat** Eiscreme | | |

# Cityplan

Kapiteleinteilung: siehe Übersichtskarte auf der Umschlaginnenseite

**PEDRALBES 202**

**LES CORTS** Camp Nou

**198/199** SANTS — AVINGUDA — Parc de Joan Miró

**200/201** GRÀCIA — Parc Güell — DIAGONAL — L'EIXAMPLE — La Sagrada Família

GRAN VIA DE LES CORTS CATALANES

**194/195** POBLE SEC — MONTJUÏC

**192/193** EL RAVAL — CIUTAT VELLA

**196/197** Parc de la Ciutadella

LA BARCELONETA

### Legende

| | |
|---|---|
| Hauptstraße | Park |
| Nebenstraße | Wichtiges Gebäude |
| Bahnlinie | Sehenswürdigkeit (im Text) |
| Seilbahn | U-Bahn-Station |
| | FGC-Bahnhof |

**192/193** 0 50 100 150 200 250 Meter / 0 50 100 150 200 250 Yards

**194–202** 0 100 200 300 400 500 Meter / 0 100 200 300 400 500 Yards

# Map 192 — Barcelona (El Raval / Ciutat Vella)

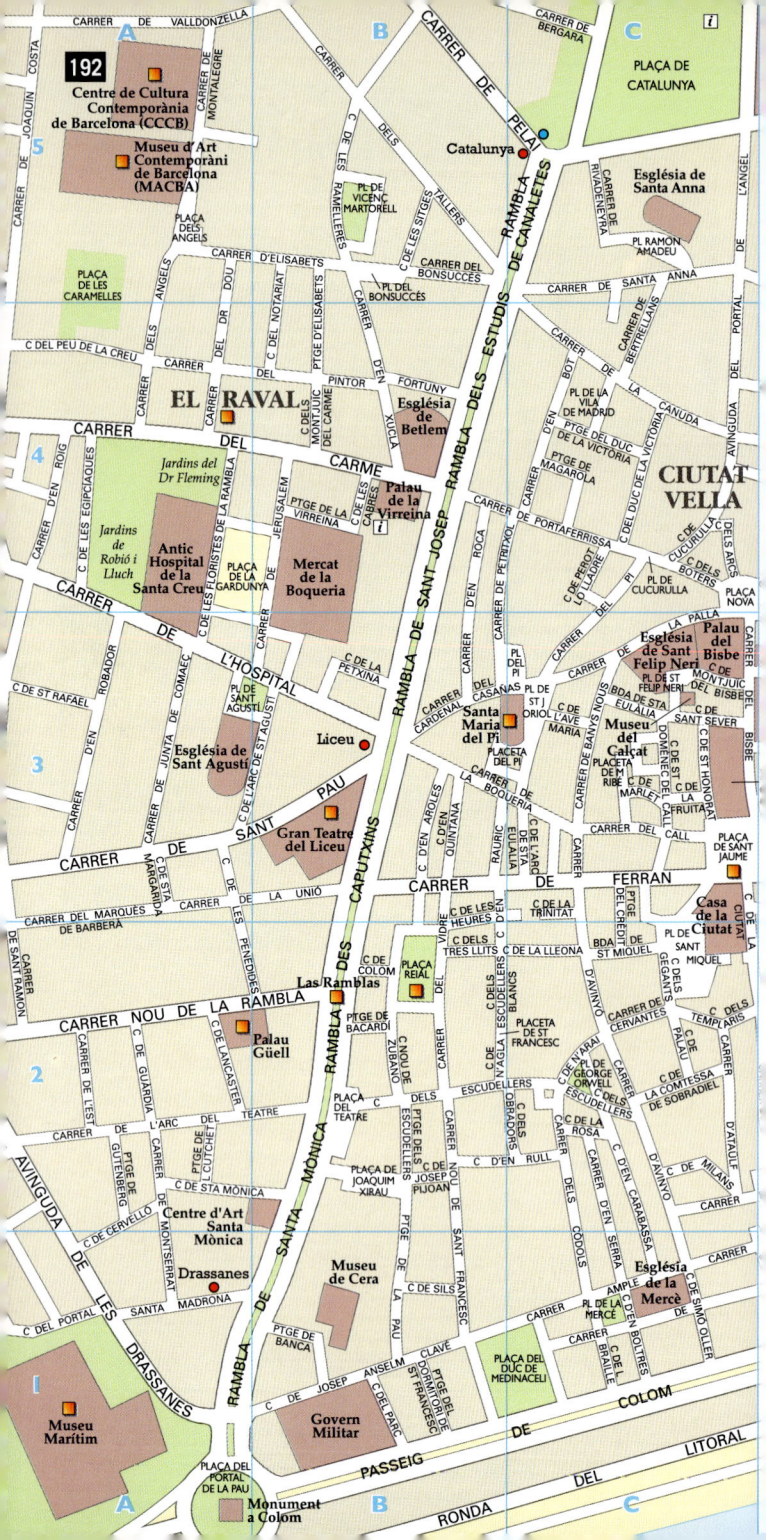

**Grid columns:** A, B, C
**Grid rows:** 5, 4, 3, 2, A/B/C (bottom)

## Row 5 / Area A5–C5

- **192**
- Centre de Cultura Contemporània de Barcelona (CCCB)
- Museu d'Art Contemporàni de Barcelona (MACBA)
- CARRER DE VALLDONZELLA
- CARRER DE MONTALEGRE
- CARRER DELS TALLERS
- CARRER DE PELAI
- CARRER DE BERGARA
- PLAÇA DE CATALUNYA
- Catalunya
- Església de Santa Anna
- PL RAMON AMADEU
- CARRER DE RIVADENEYRA
- CARRER DE SANTA ANNA
- CARRER DE L'ANGEL
- PORTAL DE L'ANGEL
- PLAÇA DELS ÀNGELS
- PL. DE VICENÇ MARTORELL
- PL DEL BONSUCCÈS
- CARRER DEL BONSUCCÉS
- CARRER DE LES SITGES
- CARRER DELS RAMELLERS
- RAMBLA DE CANALETES
- CARRER DE CANUDA
- CARRER DE BERTRELLANS
- CARRER D'ELISABETS
- PLAÇA DE LES CARAMELLES
- COSTA
- JOAQUIM
- CARRER DE

## Row 4 / Area A4–C4

- EL RAVAL
- CIUTAT VELLA
- CARRER DEL CARME
- CARRER DEL DR DOU
- CARRER DELS ANGELS
- CARRER DEL NOTARIAT
- PTGE D'ELISABETS
- CARRER D'EN XUCLA
- CARRER D'EN FORTUNY
- PINTOR
- C DELS
- MONTJUÏC DEL CARME
- Església de Betlem
- PL DE LA VILA DE MADRID
- PL. DEL DUC DE LA VICTÒRIA
- PTGE DE MAGAROLA
- Palau de la Virreina
- CARRER DE PORTAFERRISSA
- C DE PETRITXOL
- C DEL DUC DE LA VICTORIA
- C DE CUCURULLA
- C DELS BOTERS
- PL DE CUCURULLA
- PLAÇA NOVA
- C DEL PI
- PL DE STA EULÀLIA
- RAMBLA DE SANT JOSEP
- RAMBLA DELS ESTUDIS
- Jardins del Dr Fleming
- Jardins de Robió i Lluch
- Antic Hospital de la Santa Creu
- PLAÇA DE LA GARDUNYA
- Mercat de la Boqueria
- C DE JERUSALEM
- PTGE DE LA VIRREINA
- C DE LES FLORISTES DE LA RAMBLA
- C DE LES CABRES
- CARRER DE L'HOSPITAL
- C DE LES EGIPCIAQUES
- CARRER D'EN ROIG
- C DEL PEU DE LA CREU
- C DE SANT RAFAEL

## Row 3 / Area A3–C3

- Església de Sant Felip Neri
- Palau del Bisbe
- Museu del Calçat
- PL DE ST FELIP NERI
- BDA DE STA EULÀLIA
- C DE MONTJUÏC DEL BISBE
- C DE SANT SEVER
- C DE SANT HONORAT
- C DEL CALL
- PLAÇA DE SANT JAUME
- Casa de la Ciutat
- PL DEL ST. MIQUEL
- C DELS GEGANTS
- C D'AVINYÓ
- BDA DEL CRÈDIT
- PL DEL CREDIT
- CARRER DE FERRAN
- C DE LA TRINITAT
- C DE LES HEURES
- C DE LA LLEONA
- C DELS BANYS NOUS
- Santa Maria del Pi
- PLAÇA DEL PI
- PLAÇA DE MI RIBE
- PL DE ST J OLIOL
- C DE L'AVE MARIA
- C CARDENAL CASANAS
- C DE LA BOQUERIA
- C D'EN AROLES
- C QUINTANA
- RAURIC
- C DE STA EULÀLIA
- C DE L'ARC DE STA EULÀLIA
- Església de Sant Agustí
- Liceu
- Gran Teatre del Liceu
- CARRER DE SANT PAU
- C DE JUNTA DE COMAÇ
- PL DE SANT AGUSTÍ
- C DE L'ARC DE ST AGUSTÍ
- C DE LA PETXINA
- C D'EN ROBADOR
- CARRER DEL MARQUÉS DE BARBERÀ
- CARRER DE LA UNIÓ
- C D'EN XULA

## Row 2 / Area A2–C2

- Las Ramblas
- PLAÇA REIAL
- Palau Güell
- CARRER NOU DE LA RAMBLA
- C DE GUARDIA
- C DE LANCASTER
- PTGE DE BACARDI
- C D'EN NAGLA
- C DEL COLOM
- C DELS ESCUDELLERS BLANCS
- C DELS ESCUDELLERS
- PLACETA DE ST FRANCESC
- C DE CERVANTES
- C DEL PALAU
- C DELS TEMPLERS
- C DE MILANS
- C D'ATAULF
- C DE LA COMTESSA DE SOBRADIEL
- C DE GEORGE ORWELL
- C DELS CODOLS
- C D'EN SERRA
- C D'EN RULL
- C D'EN CARABASSA
- C DE N'AGLA
- PTGE DE ZUBANO
- C D'EN GIGNAS
- CARRER DE SANT RAMON
- CARRER DE L'ARC DEL TEATRE
- PTGE DEL CUIXET
- C DE GUTENBERG

## Row A/B/C (bottom)

- Centre d'Art Santa Mònica
- Drassanes
- Museu de Cera
- Església de la Mercè
- PLAÇA DE SANTA MÒNICA
- PLAÇA DE JOAQUIM XIRAU
- PLAÇA DEL TEATRE
- PTGE DE JOSEP PIJOAN
- C DE STA MÒNICA
- C DE MONTSERRAT
- C DE CERVELLO
- C DEL PORTAL DE SANTA MADRONA
- RAMBLA DE SANTA MÒNICA
- C DE SANT FRANCESC
- C DE LA PAU
- C DE SILS
- C DE BANCA
- PTGE DE DORMITORI DE ST FRANCESC
- C D'EN CLAVE
- C DE JOSEP ANSELM CLAVE
- PLAÇA DEL DUC DE MEDINACELI
- AMPLE
- PL DE LA MERCÈ
- C D'EN OLLER
- C DE SIMÓ OLLER
- C DE BOLTRES
- C DEL BRAILLE
- C DE LA MERCÈ
- CARRER D'ATAULF
- AVINGUDA DE LES DRASSANES
- Museu Marítim
- Govern Militar
- PLAÇA DEL PORTAL DE LA PAU
- Monument a Colom
- PASSEIG DE COLOM
- RONDA DEL LITORAL

*i* (info) at top right (C5) and at Palau de la Virreina (B4)

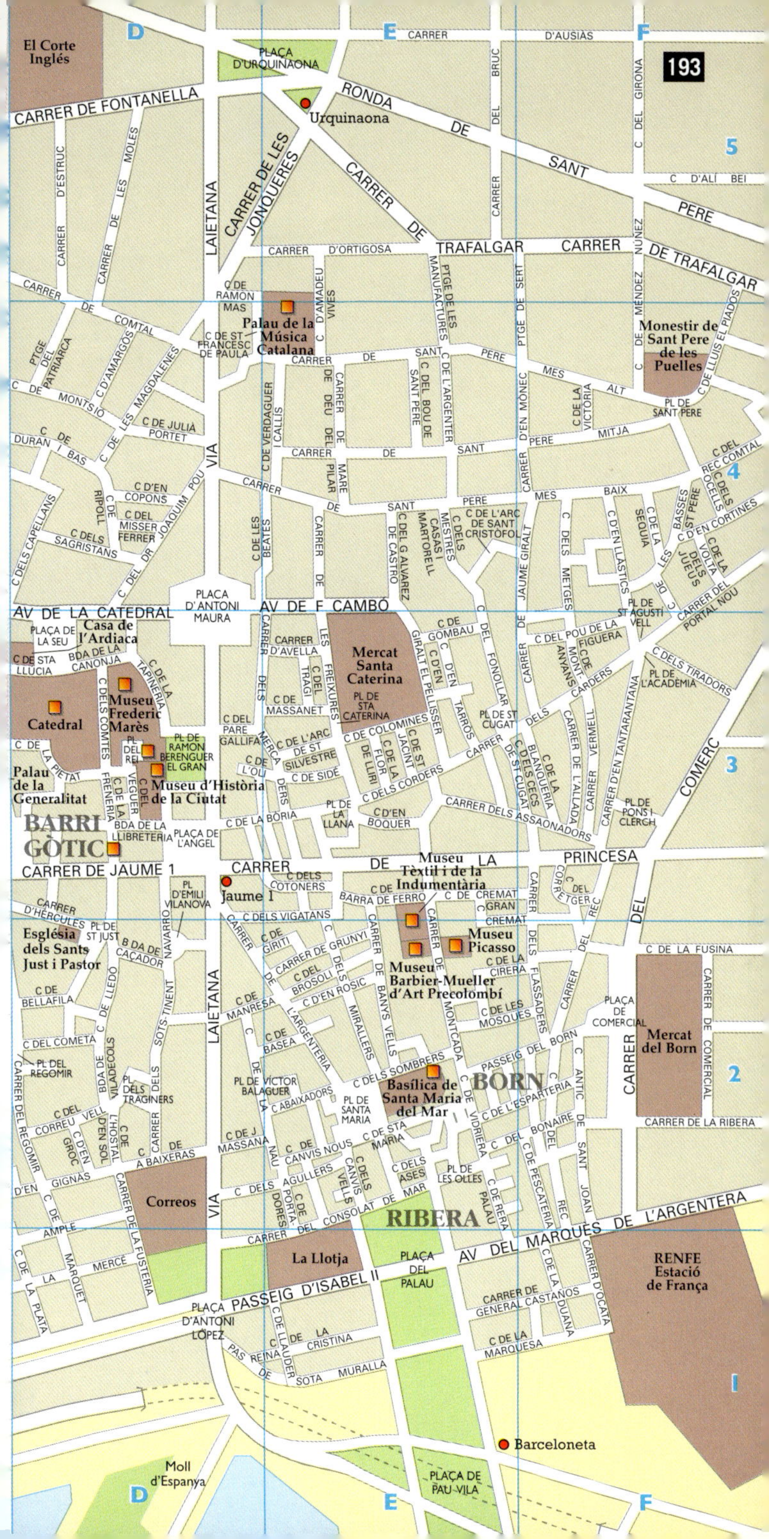

D
E
F
El Corte Inglés
PLAÇA D'URQUINAONA
Urquinaona
CARRER D'AUSIÀS
CARRER DE FONTANELLA
RONDA DE SANT PERE
CARRER DE LES JONQUERES
CARRER DE TRAFALGAR
C D'ALÍ BEI
C DEL GIRONA
CARRER DEL BRUC
5
4
3
2
1
CARRER D'ESTRUC
CARRER DE LES MOLES
LAIETANA
CARRER D'ORTIGOSA
CARRER COMTAL
C DE RAMON MAS
Palau de la Música Catalana
C DE ST FRANCESC DE PAULA
C D'AMADEU VIVES
PTGE DE LES MANUFACTURES
PTGE DE SERT
C DE MÉNDEZ NÚÑEZ
Monestir de Sant Pere de les Puelles
C DE LLUÍS EL PIADÓS
PL DE SANT PERE
CARRER DE SANT PERE MES ALT
PTGE DEL PATRIARCA
C D'AMARGÓS
C DE MONTSIÓ
C DE LES MAGDALENES
C DE JULIÀ PORTET
C DE DURAN I BAS
C DE VERDAGUER I CALLÍS
CARRER DE DEU DEL PILAR
CARRER DE MARE
C DEL BOU DE SANT PERE
C DE L'ARGENTER
CARRER D'EN MONEC
C DE LA VICTÒRIA
CARRER DE SANT PERE MITJÀ
REC COMTAL
C DELS OCELLS
C D'EN COPONS
C DEL MISSER FERRER
C DELS SAGRISTANS
C DE RIPOLL
C DELS CAPELLANS
C DEL DR JOAQUIM POU
VIA
C DE LES BEATES
CARRER DE SANT PERE MES BAIX
C DEL G ALVAREZ DE CASTRO
C DE CASAS I MARTORELL
C DELS MESTRES
C DE L'ARC DE SANT CRISTÒFOL
CARRER JAUME GIRALT
C DELS METGES
C D'EN LLÀSTICS
C DE LA SÈQUIA
C DE LES BASSES ST PERE
C D'EN CORTINES
C DE LA VOLTA DELS JUEUS
PLAÇA D'ANTONI MAURA
AV DE LA CATEDRAL
AV DE F CAMBÓ
PL DE ST AGUSTÍ VELL
CARRER DEL PORTAL NOU
PLAÇA DE LA SEU
Casa de l'Ardiaca
C DE STA LLÚCIA
BDA DE LA CANONJA
C DE LA TAPINERIA
CARRER D'AVELLA
CARRER DELS FREIXURES
Mercat Santa Caterina
C DE GOMBAU
C DEL FONOLLAR
C DEL POU DE LA FIGUERA
C DELS TIRADORS
PL DE L'ACADÈMIA
Catedral
Museu Frederic Marès
C DELS COMTES
C DEL TRAGÍ
C DE MASSANET
PL DE STA CATERINA
C D'EN TARRÓS
C DE GIRALT EL PELLISSER
PL DE ST CUGAT
C DELS CARDERS
C DE MONTANYANS
CARRER VERMELL
CARRER D'EN TANTARANTANA
COMERÇ
C DE LA PIETAT
PL DEL REI
PL DE RAMON BERENGUER EL GRAN
C DEL PARE GALLIFA
C DE L'ARC DE ST SILVESTRE
C DE COLOMINES
C DE LA FLOR DE LLIRI
C DE ST JACINT
C DELS CECS DE ST CUGAT
C DE LA BLANQUERIA
CARRER DE L'ALLADA
Palau de la Generalitat
Museu d'Història de la Ciutat
C DEL VEGUER
C DE LA FRENERIA
C DE L'OLI
C DE SIDÉ
C DELS CORDERS
CARRER DELS ASSAONADORS
PL DE PONS I CLERCH
BARRI GÒTIC
C DE LA BÒRIA
BDA DE LA LLIBRETERIA
PLAÇA DE L'ÀNGEL
PL DE LA LLANA
C D'EN BOQUER
CARRER DE JAUME 1
CARRER DE LA PRINCESA
Museu Tèxtil i de la Indumentària
PL D'EMILI VILANOVA
Jaume 1
C DELS COTONERS
C DE BARRA DE FERRO
C DE CREMAT GRAN
C DEL CORRETGER
C DEL REC
CARRER D'HÈRCULES
PL DE ST JUST
C DELS VIGATANS
Museu Picasso
Església dels Sants Just i Pastor
BDA DE CAÇADOR
C DE GIRITI
CARRER DE GRUNYÍ
C DE LA FUSINA
C DE BELLAFILA
C DEL LLEDÓ
C DEL SOTS-TINENT NAVARRO
C DEL BROSOLÍ
C D'EN ROSIC
Museu Barbier-Mueller d'Art Precolombí
C DE LA CIRERA
C DE MANRESA
C DE BANYS VELLS
C DE MONTCADA
C DE LES MOSQUES
PLAÇA COMERCIAL
Mercat del Born
CARRER DE COMERCIAL
C DEL COMETA
BDA DE VILADECOLS
C DE BASEA
C DE L'ARGENTERIA
C DELS MIRALLERS
C DELS SOMBRERERS
PASSEIG DEL BORN
C DELS FLASSADERS
PL DEL REGOMIR
PL DELS TRAGINERS
PL DE VÍCTOR BALAGUER
Basílica de Santa Maria del Mar
BORN
C DE L'ESPARTERIA
CARRER DEL REGOMIR
C DEL CORREU VELL
C D'EN GROC
C D'EN SOL
C DE L'HOSTAL
C D'ABAIXADORS
PL DE SANTA MARIA
C ANTIC DE SANT JOAN
CARRER DE LA RIBERA
C DE J MASSANA
C DE LA NAU
C DE CANVIS NOUS
C DE STA MARIA
C DE VIDRIERA
C DEL BONAIRE
C DE PESCATERIA
CARRER DE BAIXERAS
C D'EN GIGNÀS
C DELS AGULLERS
C DELS CANVIS VELLS
C DE LES ASES
PL DE LES OLLES
C DEL PALAU
C DE RERA
Correos
CARRER DE LA FUSTERIA
C DE DORES
C DE PORTA
CARRER DEL CONSOLAT DE MAR
RIBERA
AV DEL MARQUÈS DE L'ARGENTERA
C DE L'AMPLE
C DE LA MERCÈ
C DEL MARQUET
C DE LA PLATA
La Llotja
PLAÇA DEL PALAU
RENFE Estació de França
PLAÇA D'ANTONI LÓPEZ
PASSEIG D'ISABEL II
CARRER DE GENERAL CASTAÑOS
C DE LA DUANA
C D'OCATA
C DE LA CRISTINA
C DE LLAUDER
C DE LA MARQUESA
PAS REINA
C DE SOTA MURALLA
Barceloneta
Moll d'Espanya
PLAÇA DE PAU VILA

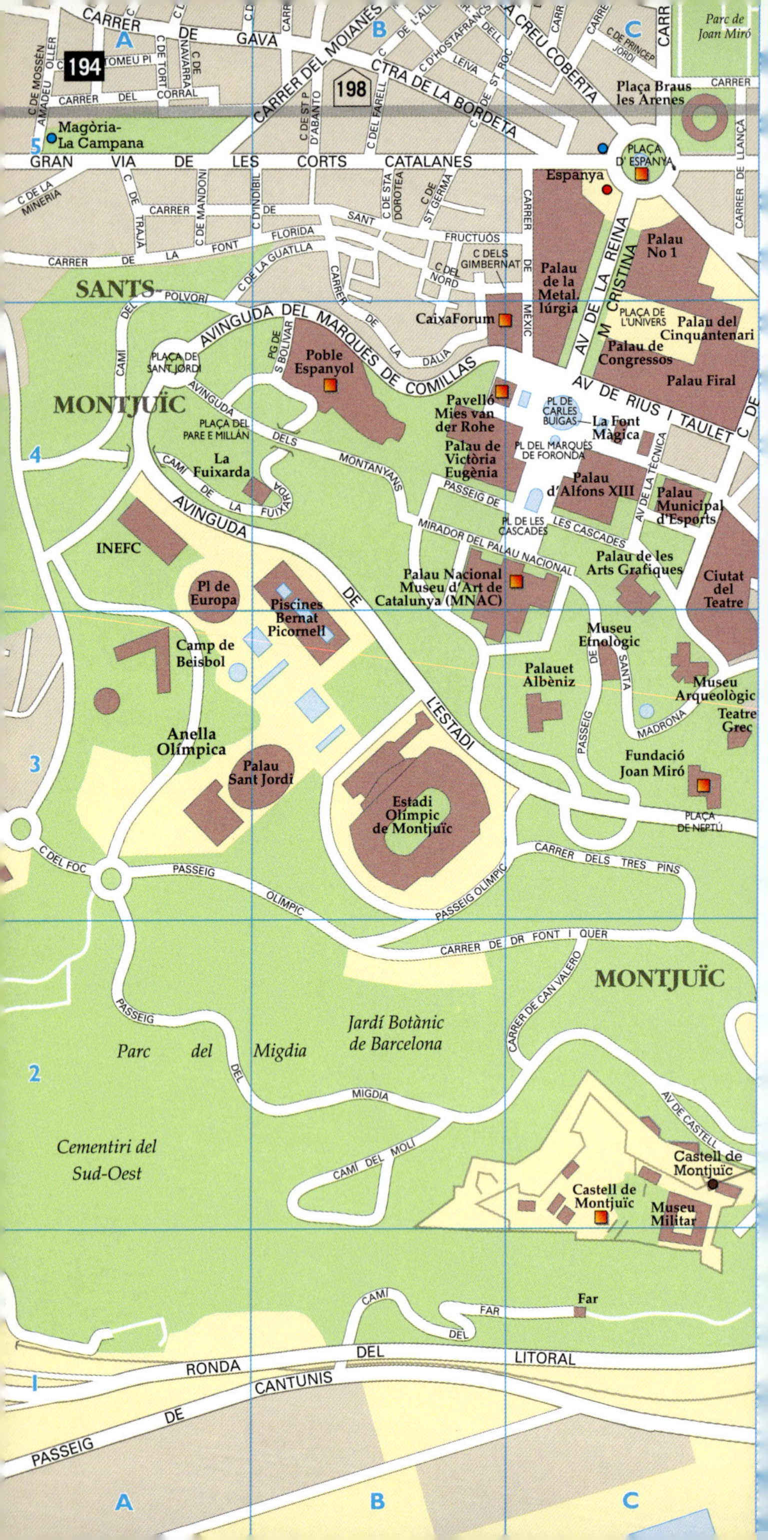
194
198
A
B
C
Parc de Joan Miró
Carrer de Gava
Carrer del Moianes
Ctra de la Bordeta
Creu Coberta
C de Mossèn Amadeu Oller
C de Navarra
C de Tort
Tomeu Pi
Carrer del Corral
Magòria-La Campana
Plaça Braus les Arenes
Plaça d'Espanya
Espanya
Gran Via de les Corts Catalanes
C de la Mineria
Carrer de Mandoni
Carrer de la Font Florida
Sant Fructuós
C dels Gimbernat
C del Nord
C de la Guatlla
Carrer de la Dalia
Carrer de Mèxic
Carrer de Llança
Sants-Polvori
Palau No 1
Palau de la Metal·lúrgia
Av de la Reina M Cristina
Plaça de l'Univers
Palau del Cinquantenari
Palau de Congressos
Palau Firal
CaixaForum
Avinguda del Marquès de Comillas
Poble Espanyol
Plaça de Sant Jordi
Camí del Polvori
Montjuïc
Plaça del Pare e Millán
Avinguda dels Montanyans
Pavelló Mies van der Rohe
Pl de Carles Buigas
La Font Màgica
Av de Rius i Taulet
Pl del Marquès de Foronda
Palau de Victòria Eugènia
Passeig de les Cascades
Pl de les Cascades
Palau d'Alfons XIII
Av de la Tècnica
Palau Municipal d'Esports
La Fuixarda
Camí de la Fuixarda
INEFC
Avinguda de l'Estadi
Mirador del Palau Nacional
Palau Nacional Museu d'Art de Catalunya (MNAC)
Palau de les Arts Grafiques
Ciutat del Teatre
Pl de Europa
Piscines Bernat Picornell
Camp de Beisbol
Museu Etnològic
Passeig de Santa Madrona
Palauet Albèniz
Museu Arqueològic
Teatre Grec
Anella Olímpica
Palau Sant Jordi
Estadi Olímpic de Montjuïc
Fundació Joan Miró
Plaça de Neptú
C del Foc
Passeig Olímpic
Carrer dels Tres Pins
Carrer de Dr Font i Quer
Montjuïc
Carrer de Can Valero
Passeig del Migdia
Parc del Migdia
Jardí Botànic de Barcelona
Cementiri del Sud-Oest
Camí del Molí
Av de Castell
Castell de Montjuïc
Museu Militar
Camí del Far
Far
Ronda del Litoral
Passeig de Cantunis
1
2
3
4
5

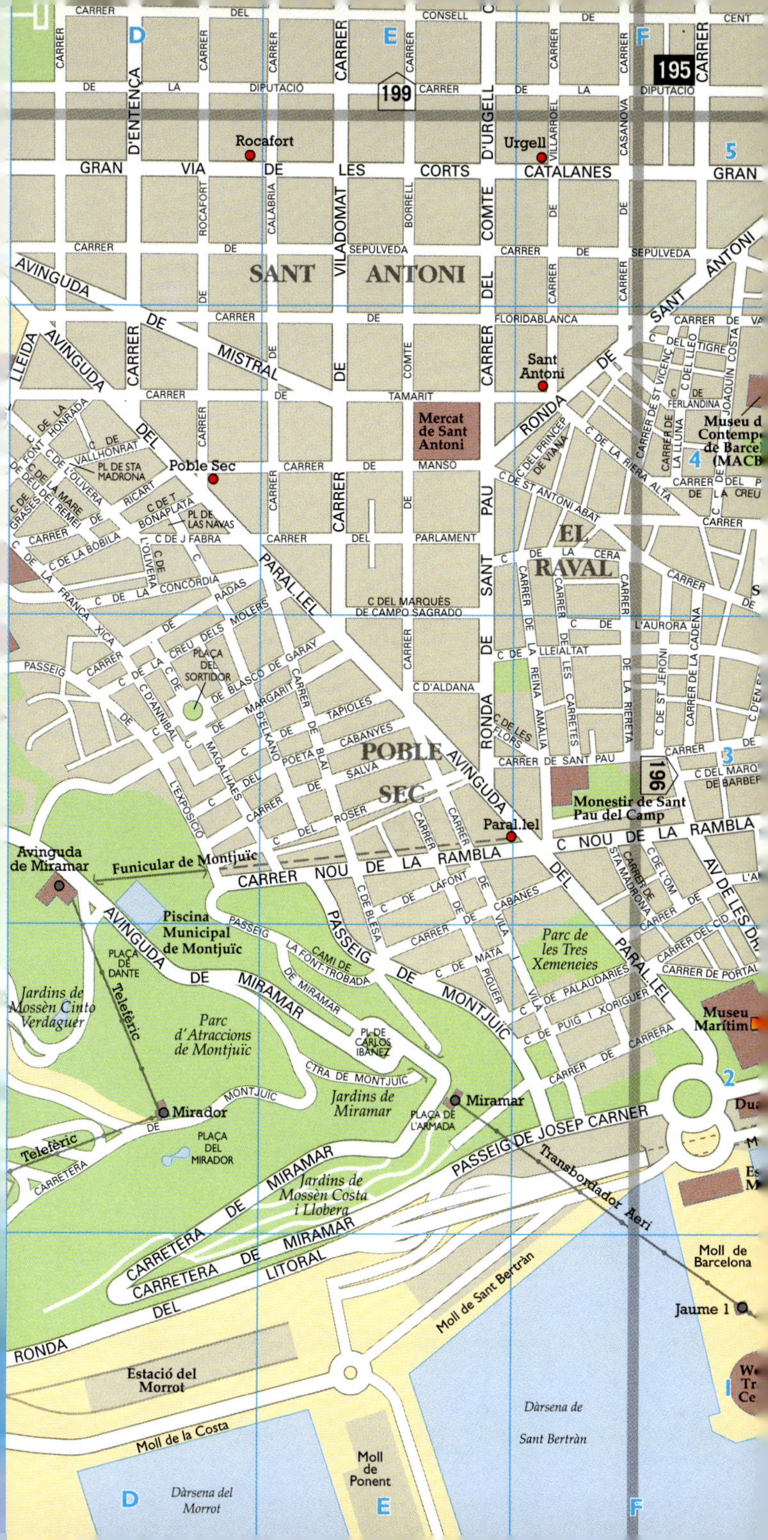

195
199
196
D
E
F
5
4
3
2
1
Rocafort
Urgell
Gran Via de les Corts Catalanes
Carrer de la Diputació
Carrer del Consell de Cent
Carrer d'Entença
Carrer de Sepúlveda
SANT ANTONI
Carrer de Floridablanca
Avinguda de Mistral
Ronda de Sant Antoni
Sant Antoni
Carrer de Tamarit
Mercat de Sant Antoni
Poble Sec
Carrer de Manso
Carrer del Parlament
Ronda de Sant Pau
EL RAVAL
Museu d Contemp de Barce (MACB
Av. del Paral.lel
POBLE SEC
Paral.lel
Monestir de Sant Pau del Camp
Carrer Nou de la Rambla
Avinguda de Miramar
Funicular de Montjuïc
Piscina Municipal de Montjuïc
Passeig de Montjuïc
Parc de les Tres Xemeneies
Jardins de Mossèn Cinto Verdaguer
Telefèric
Parc d'Atraccions de Montjuïc
Pl. de Carlos Ibáñez
Jardins de Miramar
Mirador
Miramar
Plaça de l'Armada
Plaça del Mirador
Passeig de Josep Carner
Transbordador Aeri
Museu Marítim
Jardins de Mossèn Costa i Llobera
Carretera de Miramar
Ronda del Litoral
Moll de Barcelona
Jaume 1
Moll de Sant Bertràn
Estació del Morrot
Moll de la Costa
Moll de Ponent
Dàrsena de Sant Bertràn
Dàrsena del Morrot

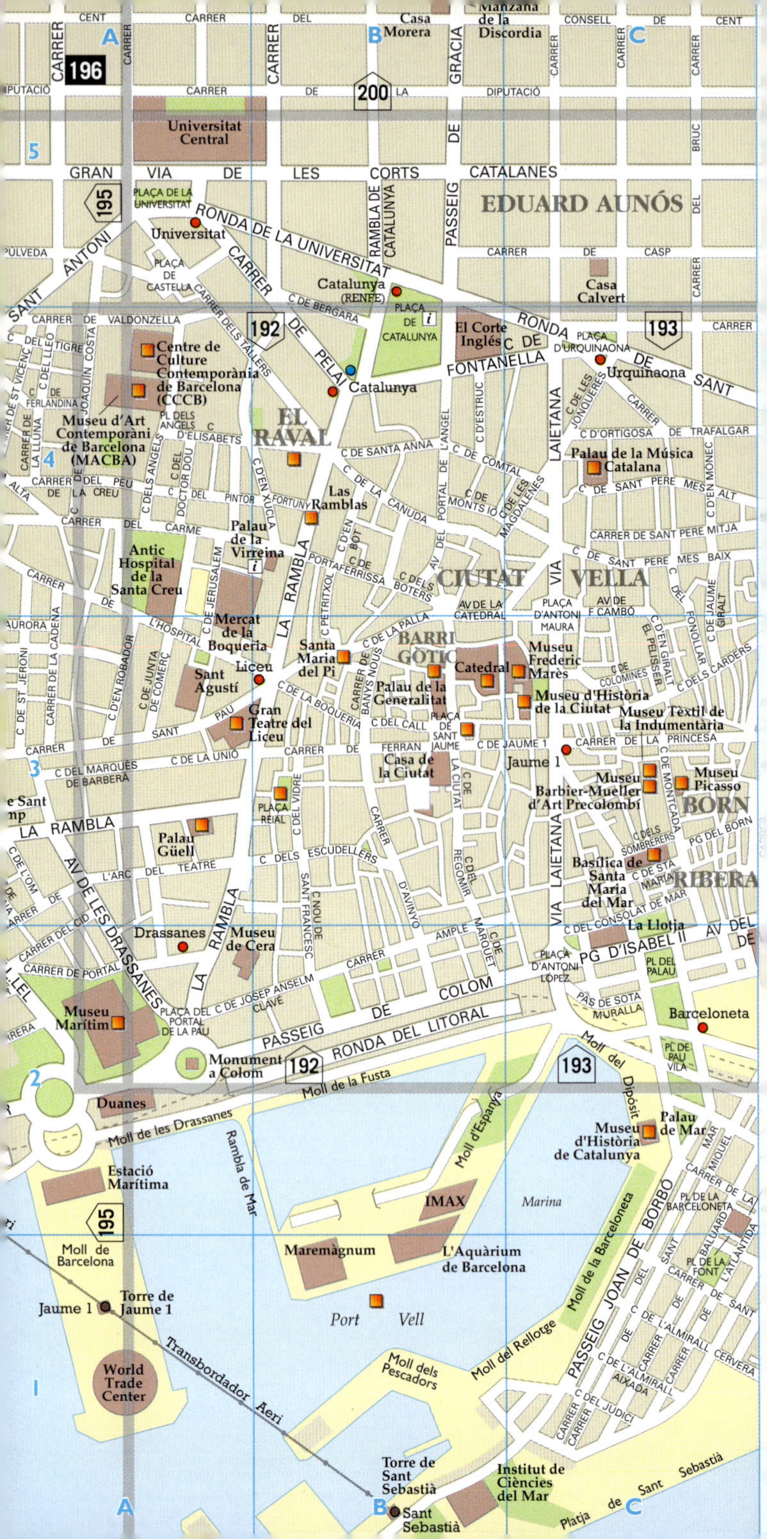
196
200
195
192
193
A
B
C
5
4
3
2
1
Casa Morera
Manzana de la Discordia
Universitat Central
Gran Via de les Corts Catalanes
Plaça de la Universitat
Universitat
Ronda de la Universitat
Rambla de Catalunya
Passeig de Gràcia
Eduard Aunós
Carrer de Casp
Casa Calvert
Plaça de Castella
Carrer de Pelai
Catalunya (RENFE)
Plaça de Catalunya
El Corte Inglés
Ronda de Sant Pere
Plaça d'Urquinaona
Urquinaona
Carrer de Fontanella
Catalunya
Carrer de Valdonzella
Centre de Culture Contemporània de Barcelona (CCCB)
Museu d'Art Contemporàni de Barcelona (MACBA)
El Raval
Carrer dels Tallers
Carrer de Bergara
Via Laietana
Palau de la Música Catalana
Las Ramblas
La Rambla
Palau de la Virreina
Antic Hospital de la Santa Creu
Carrer del Carme
Carrer de l'Hospital
Mercat de la Boqueria
Ciutat Vella
Barri Gòtic
Santa Maria del Pi
Catedral
Museu Frederic Marès
Plaça d'Antoni Maura
Av de F. Cambó
Palau de la Generalitat
Plaça de Sant Jaume
Museu d'Història de la Ciutat
Museu Tèxtil de la Indumentària
Liceu
Sant Agustí
Gran Teatre del Liceu
Carrer de Ferran
Casa de la Ciutat
Carrer de Jaume I
Jaume 1
Carrer de la Princesa
Museu Barbier-Mueller d'Art Precolombí
Museu Picasso
Born
Plaça Reial
Palau Güell
Carrer dels Escudellers
Basílica de Santa Maria del Mar
Ribera
La Llotja
Pg d'Isabel II
Drassanes
Museu de Cera
Av de les Drassanes
Plaça d'Antoni López
Pl del Palau
Museu Marítim
Plaça del Portal de la Pau
Passeig de Colom
Ronda del Litoral
Barceloneta
Monument a Colom
Moll de la Fusta
Moll del Dipòsit
Duanes
Moll de les Drassanes
Museu d'Història de Catalunya
Palau de Mar
Estació Marítima
Rambla de Mar
Moll d'Espanya
IMAX
Marina
Moll de Barcelona
Maremàgnum
L'Aquàrium de Barcelona
Moll de la Barceloneta
Passeig Joan de Borbó
Jaume 1
Torre de Jaume 1
Port Vell
World Trade Center
Transbordador Aeri
Moll dels Pescadors
Moll del Rellotge
Torre de Sant Sebastià
Sant Sebastià
Institut de Ciències del Mar
Platja de Sant Sebastià

# Barcelona Map

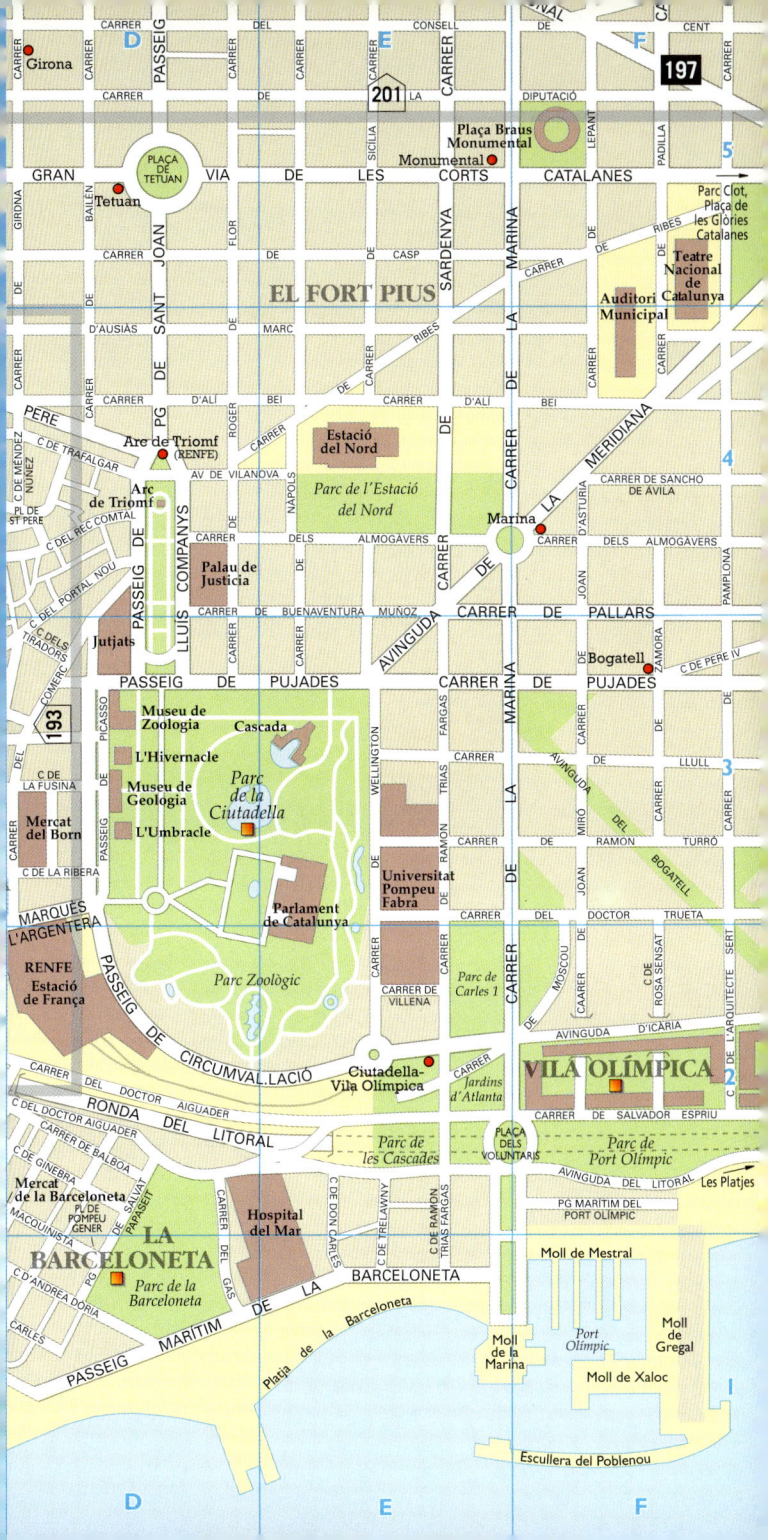

**197**

## D | E | F

- Girona
- Tetuan
- Plaça Braus Monumental
- Monumental
- Parc Clot, Plaça de les Glòries Catalanes
- Teatre Nacional de Catalunya
- Auditori Municipal
- EL FORT PIUS
- Arc de Triomf (RENFE)
- Arc de Triomf
- Estació del Nord
- Parc de l'Estació del Nord
- Marina
- Palau de Justicia
- Bogatell
- Jutjats
- Museu de Zoologia
- Cascada
- L'Hivernacle
- Museu de Geologia
- Parc de la Ciutadella
- L'Umbracle
- Mercat del Born
- Parlament de Catalunya
- Universitat Pompeu Fabra
- RENFE Estació de França
- Parc Zoològic
- Parc de Carles 1
- VILA OLÍMPICA
- Ciutadella-Vila Olímpica
- Jardins d'Atlanta
- Parc de les Cascades
- Parc de Port Olímpic
- Les Platjes
- Mercat de la Barceloneta
- LA BARCELONETA
- Parc de la Barceloneta
- Hospital del Mar
- Moll de Mestral
- Moll de la Marina
- Port Olímpic
- Moll de Gregal
- Moll de Xaloc
- Escullera del Poblenou

**201**

**193**

### Streets (selected)
- CARRER DE CONSELL DE CENT
- PASSEIG DE GRÀCIA
- GRAN VIA DE LES CORTS CATALANES
- CARRER DE SICILIA
- CARRER DE SARDENYA
- CARRER DE NAPOLS
- CARRER DE RIBES
- CARRER DE ROGER DE FLOR
- CARRER DE MARINA
- CARRER DE LEPANT
- CARRER DE PADILLA
- CARRER DE PAMPLONA
- CARRER DE SANCHO DE AVILA
- AV. MERIDIANA
- CARRER DE ALMOGÀVERS
- CARRER DE PALLARS
- CARRER DE PUJADES
- CARRER DE LLULL
- AVINGUDA DEL BOGATELL
- AVINGUDA D'ICÀRIA
- AVINGUDA DEL LITORAL
- PG MARÍTIM DEL PORT OLÍMPIC
- PASSEIG MARÍTIM DE LA BARCELONETA
- RONDA DEL LITORAL
- PASSEIG DE CIRCUMVAL·LACIÓ
- PASSEIG DE PUJADES
- PASSEIG DE LLUIS COMPANYS
- PASSEIG DE SANT JOAN
- CARRER DE BAILÈN
- CARRER DE GIRONA
- CARRER DE TRAFALGAR
- C DE MÉNDEZ NÚÑEZ
- C DE ST PERE
- PL DEL PORTAL NOU
- C DELS TIRADORS
- C DE LA FUSINA
- C DE LA RIBERA
- MARQUÈS DE L'ARGENTERA
- CARRER DEL DOCTOR AIGUADER
- C DEL DOCTOR BALBOA
- C DE GINEBRA
- PL DE POMPEU GENER
- MAQUINISTA
- C D'ANDREA DORIA
- CARLES

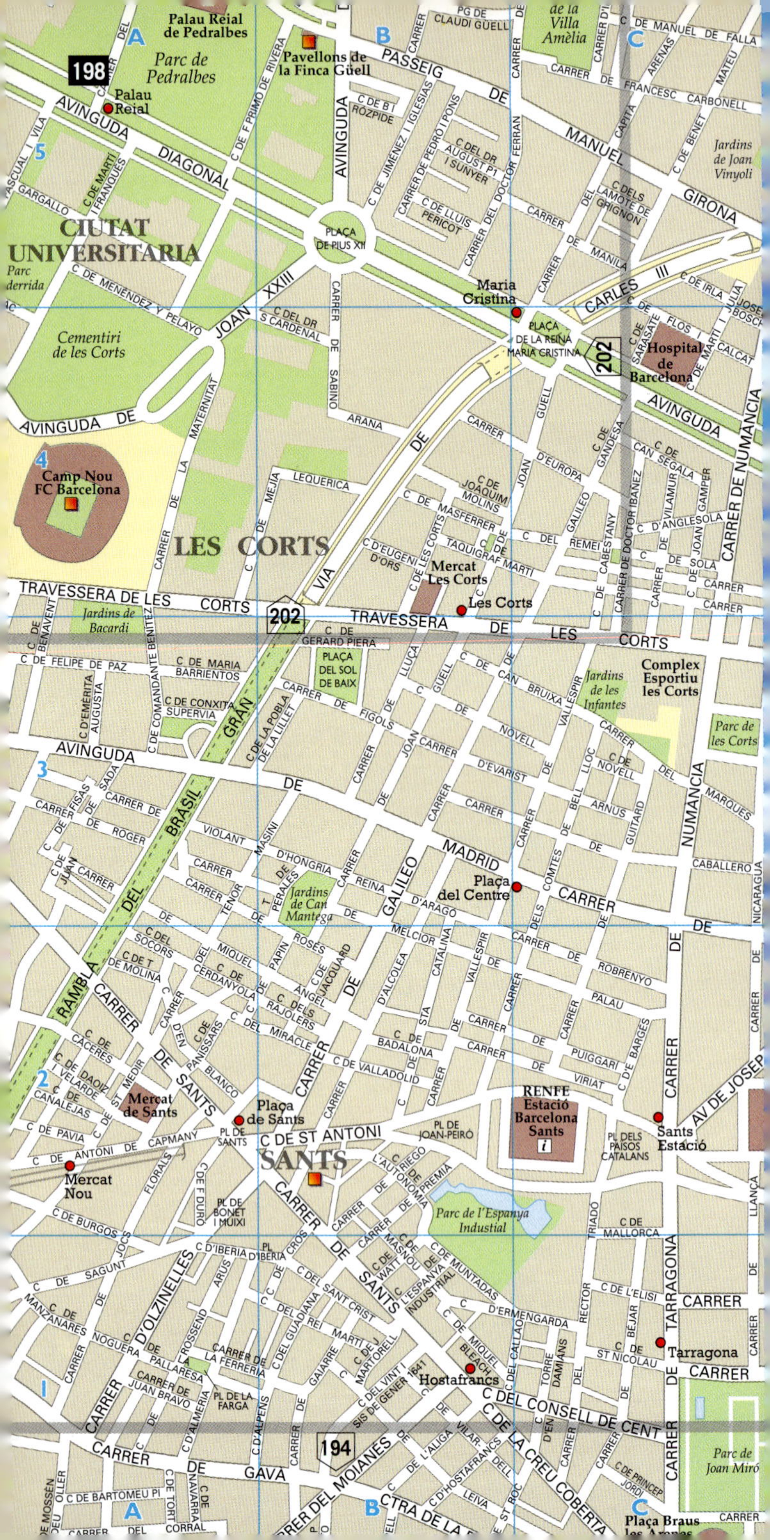

D
E
F
5
4
3
2
1
200
195
Plaça de Joaquim Pena
Les Tres Torres
Mercat Tres Torres
Col.legi de les Teresianes
La Bonanova
Muntaner
Museu Automovil
Església de Sant Gregori Taumaturg
Plaça de Sant Gregori Taumaturg
Jardins del Poeta E Marquina
Mercat Galvany
Parc L'Illa
Jardins de Joaquim Ruyra
Pl. del Dr Ignazi Barraquer
Plaça de Francesc Macià
Pl. del Carme
Universitat Industrial
Hospital Clinic
Hospital Clinic i Provincial
Entença
Presó Model
Jardins de Montserrat
Mercat del Ninot
L'ESQUERRA DE L'EIXAMPLE
Passeig de Sant Joan Bosco
Carrer de Milanesat
Carrer d'Alacant
Carrer Sant Casimir
C de Mandri
C de St Marius
Carrer de Maria Auxiliadora
C de Castellnou
Casas
Roux
Carrer de la Nenva
Doctor
Guimerà
Carrer Alt
C de Gironella
Gironella
Plaça d'Eguilaz
Carrer de Buigas
Plaça de Prat de la Riba
Ronda del General Mitre
Via Augusta
Carrer de Ganduxer
Carrer de les Tres Torres
C de Lazaro Cardenas
Carrer de Ricardo Villa
Carrer de Can Rabia
C del Doctor Fleming
C de Jacinto Benavente
C de Sta Fe de Nou Mexic
C dels Valero
C de J Sebastian Bach
C de J Bertrand
C de Francesc Perez Cabrero
C de Ferran Agullo
Calvet
Amigó
C del Rector Ubach
Santaló
C de Calaf
Carrer de Muntaner
Carrer de Laforja
C de Maria Cubí
C de l'Avenir
Carrer de Vico
C de Modolell
Carrer de Ravella
Prats de Molló
Pl d'Adrià
Copernic
Vallmajor
Freixa
Raset
Pl de Castello
C de Descartes
Plato
La Reina Victoria
C de la Nau Sta Maria
C de Caravella Nina
C d'Augustina Saragossa
Avinguda de Sarrià
Avinguda Diagonal
C de Bori i Fontesta
C de Beethoven
Av Pau Casals
C del Mestre Nicolau
Carrer de Pau Romeva
C de Deu i Mata
C del Taquigraf Garriga
Travessera de les Corts
Travessera de Gràcia
C de Berguedà
Equador
C de Morales
Carrer de Bordeus
Carrer Rita Bonnat
Loreto
Carrer del Montnegre
C del Taquigraf Serra
Carrer de Gelabert
Carrer de Breda
Sentmenat
Avinguda de Josep Tarradellas
C de Buenos Aires
C de Borrell
C del Comte d'Urgell
C de Comte Sarrià
Villarroel
Casanova
C del Bon Pastor
Carrer de Londres
Berlin
Carrer de Paris
Carrer d'Entença
Carrer de Corsega
Viladomat
Carrer del Rosselló
Carrer de Provença
Rocafort
Calabria
Carrer de Mallorca
Vilamarí
Avinguda de Roma
Carrer de Valencia
Carrer d'Arago
Comte
Carrer del Consell de Cent
Carrer de la Diputació

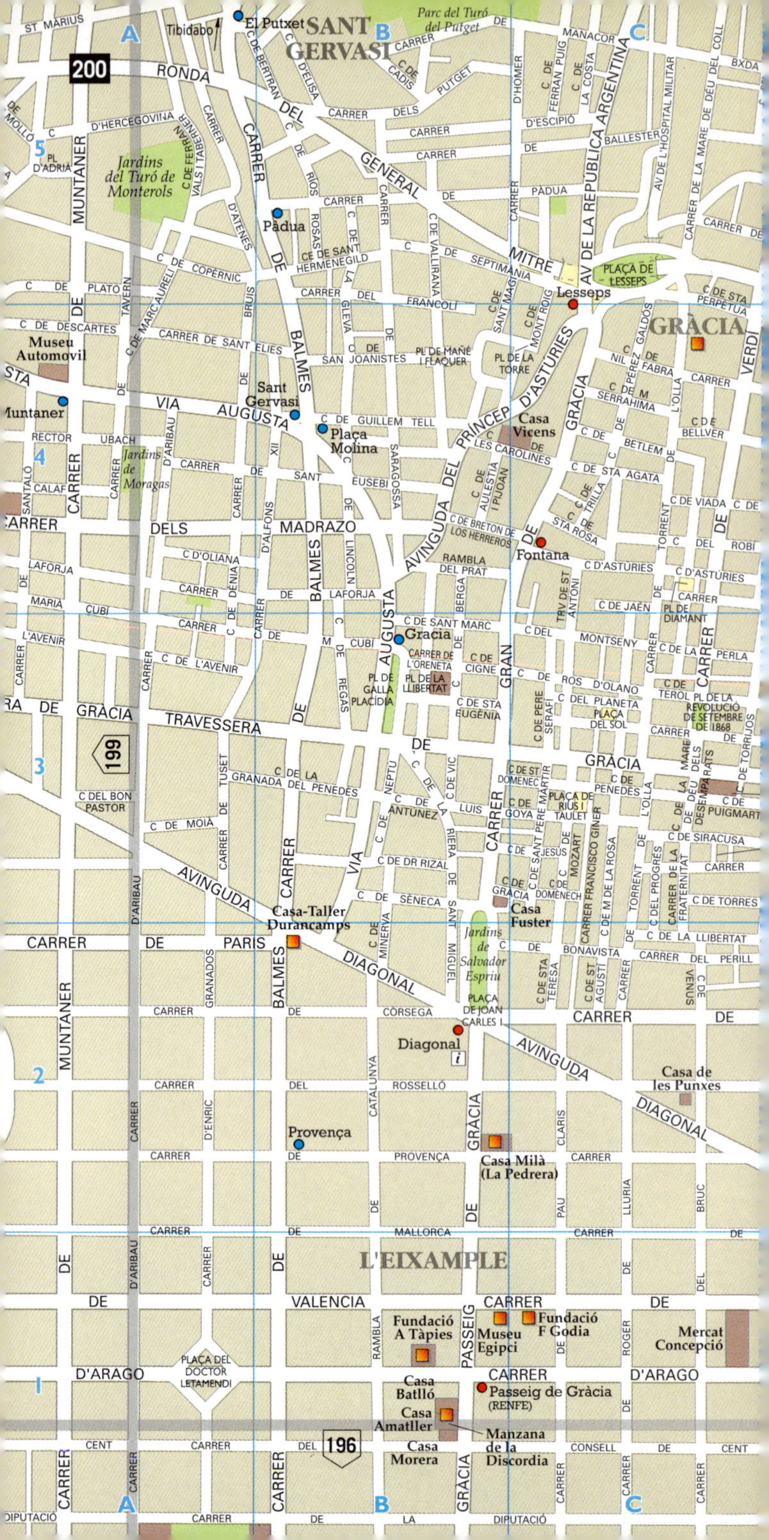

200
SANT GERVASI
El Putxet
Tibidabo
Parc del Turó del Putget
Jardins del Turó de Monterols
Pàdua
Lesseps
PLAÇA DE LESSEPS
GRÀCIA
Museu Automovil
Muntaner
Sant Gervasi
Plaça Molina
Casa Vicens
Jardins de Moragas
Fontana
Gràcia
PL DE GALLA PLACÍDIA
PL DE LA LLIBERTAT
PLAÇA DEL SOL
PL DE LA REVOLUCIÓ DE SETEMBRE DE 1868
PL DEL DIAMANT
PLAÇA DE RIUS I TAULET
199
Casa-Taller Durancamps
Casa Fuster
Jardins de Salvador Espriu
PLAÇA DE JOAN CARLES I
Diagonal
Casa de les Punxes
Provença
Casa Milà (La Pedrera)
L'EIXAMPLE
Fundació A Tàpies
Museu Egipci
Fundació F Godia
Mercat Concepció
PLAÇA DEL DOCTOR LETAMENDI
Casa Batlló
Casa Amatller
Casa Morera
Manzana de la Discordia
Passeig de Gràcia (RENFE)
196
AVINGUDA DIAGONAL
TRAVESSERA DE GRÀCIA
VIA AUGUSTA
RONDA DEL GENERAL MITRE
CARRER DE BALMES
CARRER DE MUNTANER
CARRER D'ARIBAU
CARRER DE PARIS
CARRER DE CÒRSEGA
CARRER DEL ROSSELLÓ
CARRER DE PROVENÇA
CARRER DE MALLORCA
CARRER DE VALENCIA
CARRER D'ARAGÓ
CARRER DEL CONSELL DE CENT
CARRER DE LA DIPUTACIÓ
PASSEIG DE GRÀCIA
RAMBLA DE CATALUNYA
CARRER GRAN DE GRÀCIA
AV DE LA REPÚBLICA ARGENTINA
AVINGUDA DEL PRÍNCEP D'ASTÚRIES
CARRER DELS MADRAZO
A
B
C
1
2
3
4
5

D
E
F
Parc Güell
Casa Museu Gaudí
Parc del Carmel
Parc de la Creueta del Coll
CARRER DE DR BOVE
C DE LA GRAN VISTA
EL CARMEL
5
Parc del Laberint
TÚNEL DE LA ROVIRA
Mercat Lesseps
Hospital de l'Esperança
TRAVESSERA DE DALT
CARRER DE LES CAMÈLIES
PLAÇA DE LA FONT CASTELLANA
4
Camp de Futbol de L'Europa
Parc de les Aigües
Alfons X
RONDA DEL GUINARDÓ
CARRER DE PI I MARGALL
CARRER DE L'ESCORIAL
CARRER DE SARDENYA
Joanic
PLAÇA DE JOANIC
Jardins del Princep de Girona
3
Mercat Abaceria Central
TRAVESSERA DE GRÀCIA
CARRER DE PADILLA
Hospital de la Santa Creu i de Sant Pau
Jardins de la Sedeta
Jardins de la Indústria
SAGRADA FAMÍLIA
CARRER DE CÒRSEGA
AVINGUDA DE GAUDÍ
2
PASSEIG DE SANT JOAN
Sagrada Família
Verdaguer
PLAÇA DE LA SAGRADA FAMÍLIA
La Sagrada Família
PLAÇA DE GAUDÍ
Mercat Sagrada Família
CARRER DE PROVENÇA
CARRER DE MALLORCA
CARRER DE VALÈNCIA
CARRER D'ARAGÓ
AVINGUDA DIAGONAL
PL DE PABLO NERUDA
PL DE LA HISPANITAT
1
197
CARRER DEL CONSELL DE CENT
Girona
CARRER DE LA DIPUTACIÓ

# 202

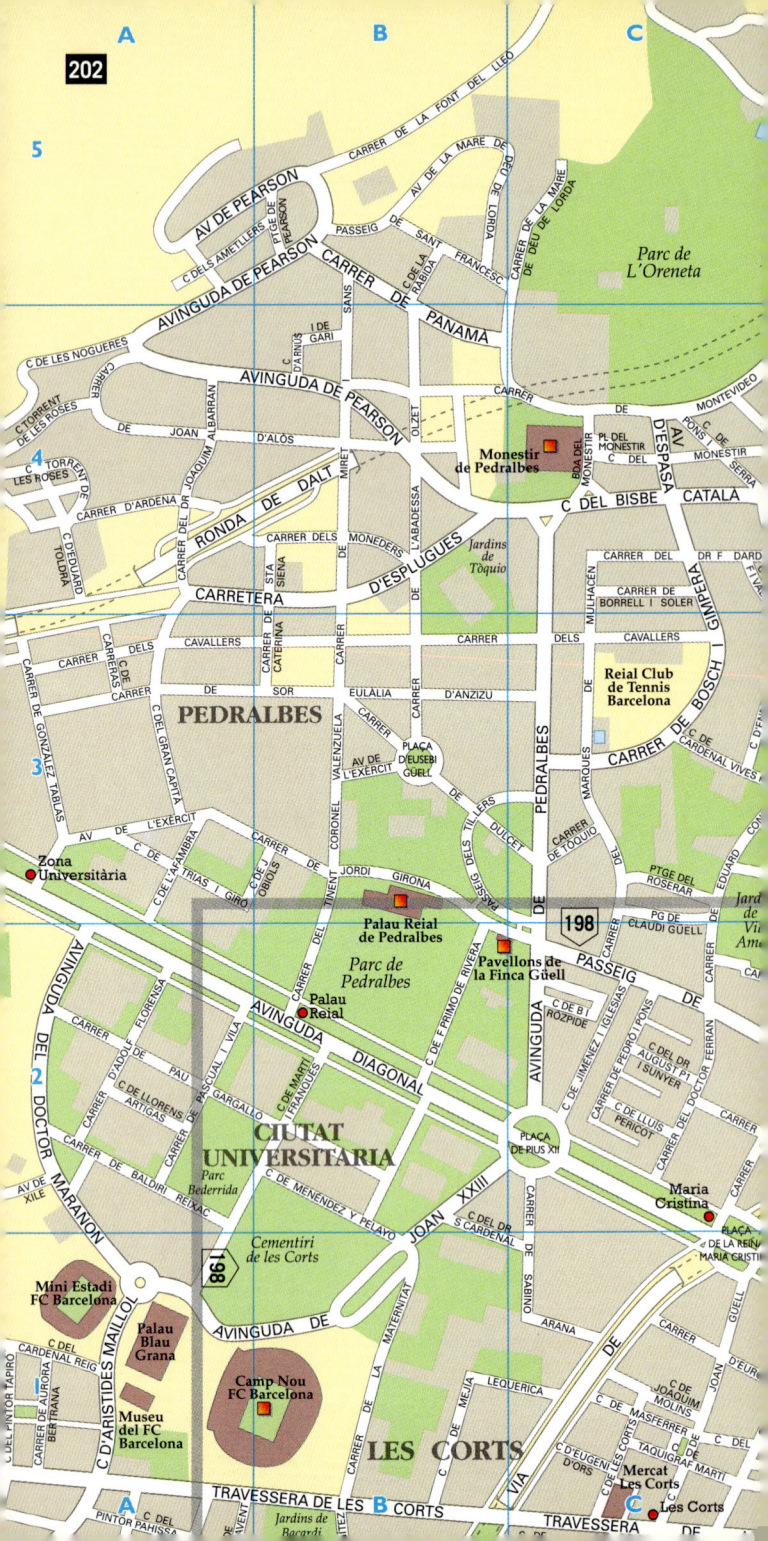

# Straßenregister

**A**baixeras, C de 193 D2
Abadessa Olzet, C de l' 202 B3
Abaixadors, C 193 E2
Abd El Kader, C d' 201 F4
Acadèmia, Pl de l' 193 F3
Adolf Florensa, C d' 202 A2
Adrià, Pl d' 200 A5
Afambra, C de l'202 A3
Agla, C de n' 192 B2
Agullers, C dels 193 D2
Alacant, C d' 199 E5
Albert Llanas, C d' 201 E5
Alcalde de Móstoles, C de l' 201 F4
Alcolea, C d'198 B2
Aldana, C d' 195 E3
Alexandre de Torrelles, C d' 201 F5
Alfons XII, C d' 200 B4
Alí Bei, C d' 197 D4
Aliga, C de l' 198 B1
Alio, Ptge d' 201 D2
Allada, C de l' 193 F3
Almeria, C d' 198 A1
Almirall Aixada, C de l' 196 C1
Almirall Cervera, C de l' 196 C1
Almogàvers, C dels 197 D4
Alpens, C d' 198 A1
Alt de Gironella, C 199 D5
Alzina, C d 201 D4
Amadeu Vives, C d' 193 E4
Amargòs, C d' 193 D4
Ametllers, C dels 202 A5
Amigó, C de 199 F4
Ample, C 192 C1
Amunt, Pg d' 201 E4
Andrea Dòria, C d' 197 D1
Angel Guimerà, C d' 199 D5
Angel, Pl de l' 193 D3
Angels, C dels 192 A4
Angels, Pl dels 192 A5
Anglesola, C d' 198 C4
Annibal, C d' 195 D3
Antic de Sant Joan, C 193 E4
Antoni de Capmany, C de 198 A2
Antoni López, Pl d' 193 D4
Antoni Maura, Pl d' 193 D4
Arago, C d' 200 B2
Arago, C d' 198 C1
Arai, C de n' 192 C2
Arc de Sant Cristòfol, C de l' 193 E4
Arc de St Agustí, C de l' 192 B3
Arc de St Silvestre, C de l' 193 E3
Arc de Sta Eulalia, C de l' 192 C3
Arc del Teatre, C de l' 192 A2
Arcs, C dels 192 C4
Ardena, C d' 202 A4
Argenter, C de l' 193 E4
Argenteria, C de l' 193 E2
Aribau, C d' 200 A3
Aribau, C d' 200 A1
Aristides Maillol, C d' 202 A1
Armada, Pl de l' 195 E2
Arnús, C d' 202 B4
Aroles, C d'En 192 B3
Arquitecte Sert, C de l' 197 F2
Ases, C dels 193 E2
Assaonadors, C dels 193 E3
Astúries, C d' 200 C4
Ataülf, C d' 192 C2
Atenes, C d' 200 A5
Atlàntida, C de l' 196 C1
Augusta, Via 199 E5
Augustina Saragossa, C d' 199 D4
Aulestià i Pijoan, C de 200 B4
Aurora Bertrana, C de 202 A1
Aurora, C de l' 195 F3
Ausiàs Marc, C d' 196 C4
Ausiàs, C d' 193 E5
Ave Maria, C de l' 192 C3
Avella, C d' 193 E3
Avenir, C de l' 199 F3
Avinyo, C d' 192 C2

**B** da de Caçador 193 D2
Bacardí, Ptge de 192 B2
Badalona, C de 198 B2
Bailèn, C de 197 D4
Balboa, C de 197 D2
Balcells, C de 201 E4
Baldiri Reixac, C de 202 A2
Ballester, C de 200 B5
Balmes, C de 200 A5
Baluard, C de 196 C1
Banca, Ptge de 192 B1
Banyoles, C de 201 D3
Banys Nous, C de 192 C3
Banys Vells, C de 193 E2
Barceloneta, Pl de la 196 C2
Barra de Ferro, C de 193 E3

Bartomeu Pi, C de 198 A1
Basea, C de 193 E2
Basses St Pere, C de les 193 F4
Beates, C de les 193 E4
Beethoven, C de 199 E4
Béjar, C de 198 C1
Bellafila, C de 193 D2
Bellver, C de 200 C4
Benavent, C de 198 A3
Benet Mateu, C de 198 C5
Berga, C de 200 B3
Bergara, C de 192 C5
Bergnes de Las Casas, C 201 F3
Berguedà, C de 199 D3
Berlin, C de 198 C3
Bertran, C de 200 A5
Bertrellans, C de 192 C4
Betlem, C de 200 C4
Bisbe Català, C del 202 C4
Bisbe, C de 192 C3
Bismarck, C de 201 F5
Blai, C de 195 E3
Blanco, C d'En 198 A2
Blanqueria, C de la 193 F3
Blasco de Garay, C de 195 D3
Blesa, C de 195 E3
Bòbila, C de la 195 D4
Bogatell, Av de 197 F3
Boltres, C d'En 192 C1
Bon, Pastor, C del 200 A3
Bonaire, C de l' 193 E2
Bonavista, C de 200 C2
Bonet I Muixi, Pl de 198 A2
Bonsuccés, C del 192 B5
Bonsuccés, Pl del 192 B5
Boquer, C d'En 193 E3
Boqueria, C de la 192 B3
Bordeta, Ctra de la 194 B5
Bordeus, C de 199 D3
Bori i Fontestà, C de 199 D4
Bòria, C de la 193 D3
Born, Pas del 193 E2
Borrell I Soler, C de 202 C4
Bosch I Gimpera, C de 202 C3
Bot, C d'En 192 C4
Boters, C dels 192 C4
Bou de Sant Pere, C del 193 E4
Brasil Gran, Rbla del 198 A2
Breda, C de 199 D3
Breton de Los Herreros, C de 200 B4
Brosoli, C del 193 E2

Bruc, C del 193 E5
Bruis, C de 200 A4
Bruniquer, C de 201 D3
Buenaventura Muñoz, C de 197 D4
Buenos Aires, C de 199 E3
Buïgas, C de 199 D5
Burgos, C de 198 A2

**C**a l'Alegr de Dalt, C de 201 E4
Caarer de Joan Miró 197 F2
Caballero, C de 198 B3
Cabanes, C de 195 E2
Cabres, C de les 192 B4
Càcceres, C de 198 A2
Cadena, C de la 196 C4
Cadis, C de 200 B5
Calàbria, C de 195 E4
Calaf, C de 199 F4
Call, C del 192 C3
Callao, C del 198 B1
Calvet, C de 199 F3
Camèlies, C de les 201 E4
Camprodon, C de 201 D2
Can Baró, Av de 201 F5
Can Baró, Pl de' 201 F5
Can Bruixa, C de 198 B3
Can Rabia, C de 199 D4
Can Segala, C de 198 C4
Can Valero, C de 194 C2
Canalejas, C de 198 A2
Canaletes, Rbla de 192 C5
Canonja, Bda de la 193 D3
Cantunis, Pas de 194 A1
Canuda, C de la 192 C4
Canvis Nous, C de 193 E2
Canvis Vells, C dels 193 E2
Capellans, C dels 193 D4
Capità Arenas, C del 198 C5
Caputxins, Rbla des 192 B2
Carabassa, C d'En 192 C2
Caramelles, Pl de les 192 A5
Caravel.la Niña, C de la 199 D4
Cardenal Casañas, C del 192 B3
Cardenal Reig, C del 202 A1
Cardenal Vives I Tuto, C de 202 C3
Cardener, C de 201 D4
Carders, C dels 193 E3
Carles Buïgas, Pl de 194 C4

**Straßenregister 203**

Carlos Ibàñez, Pl de 195 E2
Carme, C del 192 A4
Carme, Pl del 199 D3
Carmel, Carrertera del 201 E5
Carolines, C de les 200 B4
Carrera, C de 195 F2
Carreras, C de 202 A3
Carretes, C de les 195 F3
Casanova, C de 195 F5
Cascades, Pas de les 194 B4
Cascades, Pl de les 194 C4
Casp, C de 196 B5
Castell, C de 194 C2
Castella, Pl de 196 A5
Castellnou, C de 199 D5
Castello, Pl de 199 F4
Catalunya, Pl de 192 C5
Catalunya, Rbla de 200 B1
Catedral, Av de la 193 D3
Cavallers, C dels 202 A3
Cecs de St Cugat, C dels 193 F3
Cera, C de la 195 F4
Cerdanyola, C de 198 A2
Cervantes, C de 192 C2
Cervelló, C de 192 A2
Cid, C del 196 A2
Cigne, C de 200 B3
Circumvl lació, Pas de 197 D2
Cirera, C de la 193 E2
Ciutat, C de la 192 C3
Còdols, C dels 192 C2
Coll del Portell, Av del 201 D5
Colom, C de 192 B2
Colom, Pas de 192 B1
Colomines, C de 193 E3
Comandante Benítez, C de 198 A3
Comerc, C del 193 F2
Comercial, C de 193 F2
Comercial, Pl de 193 F2
Cometa, C del 193 D2
Comtal, C de 193 D5
Comte Borrell, C de 195 E3
Comte d'Urgel, C del I 195 E4
Comtes de Bell Lloc, C dels 198 C2
Comtes, C dels 193 D3
Comtessa de Sobradiel, C de la 192 C2
Concordia, C de la 195 D4
Congost, C del 201 D4
Consell de Cent, C del 195 D5
Consolat de Mar, C del 193 E2

Conxita Supervia, C de 198 A3
Copèrnic, C de 199 F5
Copons, C d'En 193 D4
Corders, C dels 193 E3
Corral, C del 194 A5
Corretger, C del 193 F3
Correu Vell, C del 193 D2
Còrsega, C de 199 D2
Cortines, C d'En 193 F4
Corts, Travessera de les 198 B4
Costa, C de la 200 C5
Cotoners, C dels 193 E3
Crèdit, Ptge del 192 C3
Cremat Gran, C de 193 E3
Cremat, C 193 E3
Creu Coberta, C de la 198 B1
Creu dels Molers, C de la 195 D3
Cros, C de 198 B1
Cucurulla, C de 192 C4
Cucurulla, Pl de 192 C4

**D**àlia, C de la 194 B4
Dalt, Ronda de 202 A4
Dalt, Travessera de 201 D5
Dante, Pl de 195 D2
Daoiz i Velarde, C de 198 A2
Dènia, C de 200 A3
Descartes, C de 199 F4
Deu I Mata, C de 198 C4
Diagonal, Av 198 A5
Diamant, Pl de 200 C3
Diputació, C de la 195 D5
Doctor Aiguader, C de 197 D2
Doctor Fleming, C del 199 D4
Doctor Ibáñez, C de 198 C4
Doctor Letamendi, Pl del 200 A1
Doctor Marañon, Av del 202 A2
Doctor Roux, C de 199 D5
Doctor Trueta, C del 197 E2
Domènech, C de 200 C3
Don Carles, C de 197 E2
Dormitori de St Francesc, Ptge del 192 B1
Dr Bové, C de 201 F5
Dr Dou, C del 192 A4
Dr F Darder, C de 202 C4
Dr F I Valenti, C del 202 C4
Dr Font I Quer, C de 194 B2
Dr Ignazi, Barraquer, Pl del 199 E3

Dr Joaquim Albarrán, C del 202 C1
Dr Joaquim Pou, C del 193 D4
Dr Rizal, C de 200 B3
Drassanes, Av de les 192 A2
Duana, C de la 193 F1
Duc de la Victòria, C del 192 C4
Duc de la Victòria, Ptge del 192 C4
Duc de Medinaceli, Pl del 192 C1
Dulcèt, C de 202 B3
Duran I Bas, C de 193 D4

**E** Bargés, C d' 198 C2
Eduard Conde, C de 202 C2
Eduard Toldrà, C d' 202 A4
Egipcíaques, C de les 192 A4
Eguilaz, Pl d' 199 D5
Elisa, C d' 200 B5
Elisa, C d' 200 B1
Elisabets, C d' 192 B5
Elisabets, Ptge d' 192 B4
Elisi, C de l' 198 C1
Elkano, C d' 195 D3
Emèrita Augusta, C d' 198 A3
Emili Vilanova, Pl d' 193 D2
En Xuclà, C d' 192 B4
Enamorants, C dels 201 F1
Encarnació, C de l' 201 D3
Enric Giménez, C d' 202 C3
Enric Granados, C d' 200 A1
Entença, C d'195 D4
Equador, C de 199 D3
Ermengarda, C d' 198 B1
Escipió, C d' 200 B5
Escorial, C de l' 201 D3
Escudellers Blancs, C dels 192 B2
Escudellers, C dels 192 B2
Escudellers, Ptge dels 192 B2
Espanya Industrial, C de l' 198 B1
Espanya, Pl d' 194 C5
Esparteria, C de l' 193 E2
Espasa, Av d' 202 C4
Esplugues, Carretera d' 202 B4
Est, C de l' 192 A2
Estadi, Av de l'194 A4
Estruc, C d' 193 D5
Estudis, Rbla dels 192 B4

Euseb Güell, Pl d' 202 B3
Evarist Arnús, C d' 198 B3
Exèrcit, Av de l'202 A3
Exposició, Pas de l' 195 D3

**F** Cambó, Av de 193 E4
F Duró, C de 198 A2
Far, Camí del 194 B1
Farell, C del 194 B5
Farga, Pl de la 198 A1
Felipe de Paz, C de 198 A4
Ferlandina, C de 196 A4
Ferran Agulló, C de 199 F2
Ferran Puig, C de 200 C5
Ferran Vals I Taberner, C de 200 A5
Ferran, C de 192 B3
Ferreria, C de la 198 A1
Ferro, Barra de 193 E3
Figols, C de 198 B3
Fisas de Sada, C de 198 A3
Flassaders, C dels 193 F2
Flor de Lliri, C de la 193 E3
Floridablanca, C de 195 E4
Floristes de la Rambla, C de les 192 A4
Flors, C de les 195 F3
Flos I Calcat, C de 198 C4
Foc, Pas Olímpic, C del 194 A3
Fonollar, C del 193 E3
Font Castellana, Pl de la 201 F4
Font del Lleó, C de la 202 B5
Font Florida, C de la 194 A5
Font Honrada, C de la 195 D4
Font, Pl de la 196 C1
Fontanella, C de 193 D5
Font-Trobada, Cami de la 195 E2
Fortuny 192 B4
Franca Xica, C de la 195 D4
Franca, C de 201 F4
Francesc Carbonell, C de 198 C5
Francesc Macià, Pl de 199 E3
Francesc Perez Cabrero, C de 199 E3
Francisco Giner, C de 200 C3
Francolí, C del 200 B5
Fraternitat, C de la 200 C3
Freixa, C de 199 E5
Freixures, C de les 193 E3

Freneria, C de la 193 D3
Fruita, C de la 192 C3
Fuixarda, Camí de la 194 A4
Fusina, C de la 193 F2
Fusteria, C de la 193 D2

**G** Alvarez de Castro, C del 193 E4
Gaiarre, C de 198 B1
Galileo, C de 198 B2
Galla, Placídia, Pl de 200 B3
Ganduxer, C de 199 E4
Gardunya, Pl de la 192 A4
Gari I de 202 B4
Gas, C del 197 D2
Gaudí, Av de 201 F2
Gaudí, Pl de 201 F2
Gavà, C de 198 A1
Gegants, C dels 192 C2
Gelabert, C de 199 D3
General Castaños, C de 193 E1
General Mitre, Ronda del 199 D5
George Orwell, Pl de 192 C2
Gerard Piera, C de 198 B4
Gignas, C d'En 192 C2
Gimbernat, C dels 194 B5
Ginebra, C de 197 D2
Giralt El Pellisser, C d'En 193 E3
Girdna, C de 197 D4
Gíriti, C de 193 E2
Girona, C de 198 C2
Girona, C del 193 F5
Gironella, C de 199 D5
Gleva, C de la 200 B5
Glòria, Bxda de la 200 C5
Gombau, C de 193 E3
González Tablas, C de 202 A3
Goya, C de 200 B3
Gràcia, C de 200 B3
Gràcia, Pas de 196 B5
Gràcia, Travessera de 199 F3
Gran Capità, C del 202 A3
Gran de Gràcia, C 200 B3
Gran Via de les Corts Catalanes 194 A5
Gran Vista, C de la 201 F5
Granada del Penedès, C de la 200 B3
Granja, C de la 201 D4
Grases, C de 195 D4
Grassot, C d'En 201 E2
Groc, C d'En 193 D2
Grunyi, C de 193 E2
Guadiana, C del 198 B1
Guàrdia, C de 192 A2

Guatlla, C de la 194 B5
Guillem Tell, C de 200 B4
Guinardó, Ronda del 201 E4
Guitard, C de 198 C2
Gutenberg, Ptge de 192 A2

**H**ercegovina, C d' 200 A5
Hèrcules, C d' 193 D3
Heures, C de les 192 B3
Hipòlit Lázaro, C d' 201 E3
Hispanitat, Pl de la 201 F1
Homer, C d' 200 C5
Hospital Militar, Av de l' 200 C5
Hospital, C de l' 192 A3
Hostafrancs, C d' 198 B1
Hostal d'En Sol, C de l' 193 D2

**I**beria, C d' 198 A1
Iberia, Pl d' 198 B2
Icària, Av d' 197 F2
Igualada, C d' 201 D3
Indíbil, C d' 194 B5
Indústria, C de la 201 D2
Irla Josep Bosch, C de 198 C5
Isabel 11, Pas d' 193 E1

**J** Bertrand, C de 199 E4
J Fabra, C de 195 D4
J M González, C de 201 F5
J Martorell, C de 198 B1
J Massana, C de 193 D2
J Obiols, C de 202 B3
J Sebastian Bach, C de 199 E4
Jacinto Benavente, C de 199 E4
Jacquard, C de 198 B2
Jaén, C de 200 C4
Jaume 1, C de 193 D3
Jaume Giralt, C de 193 F3
Jerusalem, C de 192 B4
Jesús, C de 200 C3
Joan Blanques, C de 201 D3
Joan Carles 1, Pl de 200 B2
Joan Cortada, C de 201 F5
Joan d'Alòs, C de 202 A4
Joan d'Asturia, C de 197 F3
Joan de Borbó, Pas 196 C1
Joan Gamper, C de 198 C4
Joan Güell, C de 198 B3
Joanic, Pl de 201 D3

Joan-Peiró, Pl de 198 B2
Joaquim Pena, Pl de 199 D5
Joaquim Xirau, Pl de 192 B2
Joaquín Costa, C de 192 A5
Jocs Florals, C de 198 A1
Jonqueres, C de les 193 D5
Jordi Girona, C de 202 B3
Josep Anselm Clavé, C de 192 B1
Josep Carner, Pas de 195 E2
Josep Pijoan, C de 192 B2
Josep Serrano, C de 201 F5
Josep Tarradellas, Av de 198 C2
Juan Bravo, C de 198 A1
Juan, C de 198 A3
Judici, C del 196 C1
Julià Portet, C de 193 D4
Junta de Comaeç, C de 192 A3

**L** Braille, C de 192 C1
L Cutchet, Ptge de 192 A2
Lafont, C de 195 E3
Laforja, C de 199 F4
Laietana, Via 193 D4
Lamote de Grignon, C dels 198 C5
Lancaster, C de 192 A2
Lázaro Cárdenas, C de 199 E5
Legalitat, C de la 201 D4
Leiva, C de 198 B1
Lepant, C de 197 F4
Lesseps, Pl de 200 C5
Lincoln, C de 200 B4
Litoral, Av del 197 F2
Litoral, Ronda del 192 B1
Llana, Pl de la 193 E3
Llançà, C de 194 C5
Llarrard, C de 201 D5
Llàstics, C d'En 193 F4
Llauder, C de 193 E1
Lledó, C de 193 D2
Lleialtat, C de 195 F3
Lleida, C de 194 C4
Lleo, C del 196 A4
Lleona, C de 192 C2
Llibertat, C de la 200 C2
Llibertat, Pl de la 200 B3
Llibreteria, Bda de la 193 D3
Llorens Artigas, C de 202 A2
Llorens i Barba, C de 201 F3
Lluçà, C de 198 B3

Lluís Companys, Pas de 197 D4
Lluís El Piados, C de 193 F4
Llull, C de 197 E3
Lluna, C de la 195 F4
Londres, C de 199 E3
Loreto, C de 199 E3
Los Castillejos, C 201 F1
Los Castillejos, C de 201 F1
Luis Antúnez, C de 200 B3

**M** Cubí, C de 200 A3
M de la Rosa, C de 200 C3
M Des Sts Oliver, C de 201 E5
M Ribé, Placeta de 192 C3
M Serrahima, C de 200 C4
Madrazo, C dels 200 B4
Madrid, Av de 198 A3
Magalhaes, C de 195 D3
Magarola, Ptge de 192 C4
Magdalenes, C de les 193 D4
Maignon, C de 200 C5
Mallorca, C de 198 C2
Manacor, C de 200 B5
Mandoni, C de 194 A5
Mandri, C de 199 F5
Mañé I Flaquer, Pl de 200 B4
Manresa, C de 193 D2
Manso, C de 195 E4
Manuel de Falla, C de 198 C5
Manuel Girona, Pas de 198 B5
Manufactures, Ptge de les 193 E5
Manzanares, C de 198 A1
Maquinista, C de la 196 C2
Mar, C del 196 C1
Marc Aureli, C de 200 A4
Mare de Déu de la Salut, C de la 201 E4
Mare de Dèu de Lorda, Av de la 202 B5
Mare de Dèu de Lorda, C de la 202 C5
Mare de Déu de Montserrat, Av de la 201 E4
Mare de Déu del Coll, C de la 200 C5
Mare de Déu del Pilar, C de 193 E4
Mare de Déu del Remei, C de la 195 D4
Mare de Déu dels Desemparats, C de la 200 C3

**Straßenregister** 205

Margarit, C de 195 D3
Maria Auxiliadora, C de 199 D5
Maria Barrientos, C de 198 A3
Marià Cubí, C de 199 F4
Marianao, C de 201 D5
Marina, C de la 197 E2
Marítim de la Barceloneta, Pas 197 D1
Marítim del Port Olímpic, Pg 197 F2
Marlet, C de 192 C3
Marquès de Barberà, C del 192 A3
Marquès de Campo Sagrado, C del 195 E4
Marquès de Comillas, Av del 194 A4
Marquès de Foronda, Pl del 194 C4
Marquès de l'Argentera, Av del 193 E1
Marques de Mulhacén, C del 202 C2
Marques de Sentmenat, C del 198 C3
Marquesa, C de la 193 E1
Marquet, C de 193 D1
Martí i Julià, C de 198 C4
Martí, C de 201 D4
Mas, C del 201 F3
Masnou, C de 198 B1
Massanet, C de 193 E3
Massens, C de 201 D4
Mata, C de 195 E2
Melcior de Palau, C de 198 A3
Méndez Núñez, C de 193 F4
Merca Ders, C dels 193 E3
Mercé, C de la 192 C1
Mercé, Pl de la 192 C1
Mercedes, Ptge 201 D5
Mercedes, Rbla de 201 D5
Meridiana, Av de la 197 E3
Mestre Nicolau, C del 199 E4
Mestres Casas I Martorell, C dels 193 E4
Metges, C dels 193 F4
Mèxic, C de 194 C5
Migdia, Pas de 194 A2
Milanesat, C del 199 D5
Milans, C de 192 C2
Mineria, C de la 194 A5
Minerva, C de 200 B2
Miquel Àngel, C de 198 A3

Miquel Bleach, C de 198 B1
Miracle, C del 198 A2
Mirador del Palau Nacional 194 B4
Mirador, Pl del 195 D2
Mirallers, C dels 193 E2
Miramar, Av de 195 D2
Miramar, Carretera de 195 D1
Miramar, Pas de 195 E2
Miret I Sans, C de 202 B3
Misser Ferrer, C del 193 D4
Mistral, Av de 195 D5
Modolell, C de 199 F5
Moià, C de 200 A3
Moianés, C del 194 B1
Moles, C de les 193 D5
Molí, Camí del 194 B2
Molist, C de 201 E5
Mònec, C d'En 193 F4
Moneders, C dels 202 B4
Monestir, Bda del 202 C4
Monestir, C del 202 C4
Monestir, Pl del 202 C4
Monistrol, C de 201 D2
Mont Roig, C de 200 C4
Montalegre, C de 192 A5
Montanyans, Av dels 194 A4
Mont-Anyans, C de 193 F3
Montcada, C de 193 E2
Montevideo, C de 202 C4
Montjuïc del Bisbe, C de 192 C3
Montjuïc del Carme, C dels 192 B4
Montjuïc, Carretera de 195 D2
Montjuïc, Ctra de 195 E2
Montjuïc, Pas de 195 E2
Montmany, C de 201 D3
Montnegre, C del 199 D3
Montseny, C del 200 C3
Montserrat, C de 192 A2
Montsió, C de 193 D4
Morales, C de 199 D3
Moscou, C de 197 E2
Mosques, C de les 193 E2
Mossèn Amadeu Oller, C de 194 A5
Mossèn Jacint Verdaguer, Pl 201 D2

Mozart, C de 200 B3
Muhlberg, C de 201 F5
Muntadas, C de 198 B1
Muntaner, C de 199 F4

**N**àpols, C de 197 E3
Nau Sta Maria, C de la 199 D4
Nau, C de la 193 D2
Navarra, C de 194 A5
Navas, Pl de las 195 D4
Nenva Casas, C de la 199 D5
Neptú, C de 200 B3
Neptú, Pl de 194 C3
Nicaragua, C de 198 C2
Nil Fabra, C de 200 C4
Noguera Pallaresa, C de la 198 A1
Nogueres, C de les 202 A4
Nogués, Ptge de 201 E3
Nord, C del 194 B5
Nord, Pl del 201 D4
Notariat, C del 192 B4
Nou de la Rambla, C 192 A2
Nou de Sant Francesc, C 192 B2
Nou de Zubano, C 192 B2
Nova, Pl 192 C4
Novell, C de 198 B3
Numància, C de 198 C2

**O**bradors, C dels 192 C2
Ocata, C d' 193 F1
Ocells, C dels 193 F4
Oli, C de l' 193 D3
Oliana, C d' 200 A4
Olímpic, Pas 194 A3
Olivera, C de l' 195 D4
Olles, Pl de les 193 E2
Olot, C d' 201 D5
Olzinelles, C d' 198 A1
Om, C de l' 195 F3
Or, C de l' 200 C4
Oreneta, C de l' 200 B3
Ortigosa, C d' 193 E5

**P**ablo Neruda, Pl de 201 E1
Padilla, C de 197 F4
Pàdua, C de 200 B5
Països Catalans, Pl dels 198 C2
Palau, C de 192 C2
Palau, Pl del 193 E1
Palaudàries, C de 195 F2
Palla, C de la 192 C3
Pallars, C de 197 E4

Pamplona, C de 197 F3
Panamà, C de 202 B5
Panissars, C de 198 A2
Papin, C de 198 A2
Paral Lel, Av del 195 D4
Parc, C del 192 B1
Pare E Millán, Pl del 194 A4
Pare Gallifa, C del 193 D3
Pare Laínez, C de 201 E3
Paris, C de 199 E2
Parlament, C del 195 E4
Pascual I Vila, C de 202 A2
Pasteur, C de 201 F5
Patriarca, C del 193 D4
Pau Casals, Av de 199 E4
Pau Claris, C de 200 C1
Pau Gargallo, C de 202 A2
Pau Romeva, C de 199 D4
Pau Vila, Pl de 193 E1
Pau, Ptge de la 192 B1
Pavia, C de 198 A2
Pearson, Av de 202 A5
Pearson, Ptge de 202 B5
Pedralbes, Av de 202 C2
Pelai, C de 192 B5
Penedès, C de 200 C3
Penedides, C de les 192 A3
Perales, T de 198 B3
Pere IV, C de 197 F3
Pere Serafí, C de 200 B3
Pérez Galdós, C de 200 C4
Perill, C del 200 C2
Perla, C de la 200 C3
Perot Lo Lladre, C de 192 C4
Pescateria, C de 193 F2
Petritxol, C de 192 B4
Petxina, C de la 192 B3
Peu de la Creu, C del 192 C4
Pi i Margall, C de 201 E3
Pi, C del 192 C3
Pi, Pl del 192 C3
Pi, Placeta del 192 B3
Picasso, Pas de 197 D3
Pietat, C de la 193 D3
Pintor Pahissa, C del 202 A1
Pintor Tapiró, C del 202 A1

Pintor, C del 193 F4
Piquer, C de 195 E3
Planeta, C del 200 C3
Plata, C de la 193 D1
Plato, C de 200 A5
Pobla de la Lillet, C de la 198 B3
Poeta Cabanyes, C del 195 E3
Polònia, C de 201 F4
Polvorí, Camí del 194 A4
Pompeu Fabra, Av de 201 E5
Pompeu Gener, Pl de 197 D2
Pons I Clerch, Pl de 193 F3
Pons i Serra, C de 202 C4
Porta-Dores, C de 193 E2
Portaferrissa, C de 192 C4
Portal de l'Angel, Av del 192 C4
Portal de la Pau, Pl del 192 A1
Portal, C de 196 A2
Portal, C del 192 A1
Pou de la Figuera, C del 193 F3
Praga, C de 201 F4
Prat de la Riba, Pl de 199 D5
Prat, Rbla del 200 B4
Prats de Molló, C de 199 F5
Premià, C de 198 B2
Príncep d'Astúries, Av del 200 B4
Princep de Viana, C del 195 F4
Princep Jordi, C de 194 C5
Princesa, C de la 193 E3
Progrés, C del 200 C3
Provença, C de 199 D2
Providència, C de la 200 C4
Puig i Xoriguer, C de 195 F2
Puiggarí, C de 198 B2
Puigmartí, C de 200 C3
Pujades, C de 197 E3
Pujades, Pas de 197 D3
Putget, C dels 200 B5

**Q**uintana, C d'En 192 B3

**R**abassa, C de 201 D4
Ràbida, C de la 202 B5
Radas, C de 195 D3
Rajolers, C dels 198 B2
Ramelleres, C de les 192 B5

Ramiro de Maeztu, C de 201 E5
Ramon Amadeu, Pl 192 C5
Ramon Berenguer El Gran, Pl de 193 D3
Ramon Mas, C de 193 D5
Ramon Trias Fargas, C de 197 E2
Ramon Turró, C de 197 E3
Ramon Y Cajal, C de 200 C3
Raset, C de 199 E5
Raspall, Pl de 201 D3
Rauric, C d'En 192 B3
Ravella, C de 199 F5
Rec Comtal, C del 193 F4
Rec, C del 193 F2
Rector Triadó, C del 198 C1
Rector Ubach, C del 199 F4
Regas, C de 200 B3
Regomir, C del 193 D2
Regomir, Pl del 193 D2
Rei Martí, C del 198 B1
Rei, Pl del 193 D3
Reial, Pl 192 B2
Reig i Bonet, C de 201 D4
Reina Amàlia, C de la 195 F4
Reina Cristina, C de la 193 E1
Reina M Cristina, Av de la 194 C4
Reina Victòria, C de la 199 F5
Repartidor, C del 201 D5
República Argentina, Av de la 200 C5
Rera Palau, C de 193 E2
Revolució de Setembre de 1868, Pl de la 200 C3
Ribera, C de la 193 F2
Ribes, C de 197 E4
Ricardo Villa, C de 199 D4
Ricart, C de 195 D4
Riego, C de 198 B2
Riera Alta, C de la 195 F4
Riera de Can Toda 201 E5
Riera de Sant Miguel, C de la 200 B3
Riereta, C de la 195 F3
Ríos Rosas, C de 200 B5
Ripoll, C de 193 D4
Rita Bonnat, C de 199 E3

Rius I Taulet, Av de 194 C4
Rius I Taulet, Pl de 200 C3
Rivadeneyra, C de 192 C5
Robador, C d'En 192 A3
Robí, C del 200 C4
Robrenyo, C de 198 C2
Roca, C d'En 192 B3
Rocafort, C de 195 D4
Roger de Flor, C de 197 D3
Roger de Llúria, C de 200 C1
Roger, C de 198 A3
Roig, C d'En 192 A4
Roma, Av de 199 D1
Romans, C de 201 E3
Ros d'Olano, C de 200 C3
Rosa Sensat, C de 197 F2
Rosa, C de la 192 C2
Rosalia de Castro, C de 201 F3
Rosari, C del 199 D5
Roser, C del 195 E3
Roserar, Ptge del 202 C3
Rosés, C de 198 A3
Rosic, C d'En 193 E2
Rosselló, C del 199 D2
Rossend Arús, C de 198 A1
Rovira I Trias, Pl de 201 D4
Rull, C d'En 192 B2

**S** Bolívar, Pg de 194 B4
Sagrada Família, Pl de la 201 E2
Sagristans, C dels 193 D4
Sagunt, C de 198 A1
Salvà, C de 195 E3
Salvador Espriu, C de 197 F2
Salvat Papaseit, Pg de 197 D1
San Joanistes, C de 200 B4
Sancho de Ávila, C de 197 F4
Sanllehy, Pl de 201 E4
Sant Agustí, Pl de 192 A3
Sant Antoni Maria Claret, C de 201 D3
Sant Antoni, Ronda de 195 F4
Sant Carles, C de 196 C1
Sant Casimir, C 199 E5
Sant Crist, C del 198 B1
Sant Elies, C de 200 A4

Sant Eusebi, C de 200 A4
Sant Francesc, Pas de 202 B5
Sant Fructuós, C de 194 A5
Sant Gregori Taumaturg, Pl de 199 E4
Sant Hermenegild, Ce de 200 B5
Sant Jaume, Pl de 192 C3
Sant Joan Bosco, Pas de 199 D5
Sant Joan, Pas de 201 D2
Sant Joan, Pg de 197 D4
Sant Jordi, Pl de 194 A4
Sant Josep Cottolengo, C de 201 E5
Sant Josep, Rbla de 192 B3
Sant Lluís, C de 201 D3
Sant Magí, C de 200 B4
Sant Marc, C de 200 B3
Sant Miquel, C de 196 C1
Sant Miquel, Pl de 192 C2
Sant Pau, C de 192 A3
Sant Pau, Ronda de 195 E3
Sant Pere Màrtir, C de 200 C3
Sant Pere Mes Alt, C de 193 E4
Sant Pere Mes Baix, C de 193 E4
Sant Pere Mitja, C de 193 E4
Sant Pere, Pl de 193 F4
Sant Pere, Ronda de 193 E5
Sant Ramon, C de 192 A2
Sant Salvador, C de 200 C4
Sant Sever, C de 192 C3
Santa Anna, C de 192 C5
Santa Carolina, C de 201 F3
Santa Madrona 192 A1
Santa Madrona, Pas de 194 C3
Santa Maria, Pl de 193 E2
Santa Mònica, Rbla de 192 A1
Santaló, C de 199 F3
Sants, C de 198 A2
Sants, Pl de 198 A2

**Straßenregister 207**

Santuari de Sant Josep de la Muntanya, Av del 201 D5
Saragossa, C de 200 B5
Sarasate, C de 198 C4
Sardenya, C de 197 E4
Sarrià, Av de 199 D5
Secretari Coloma, C del 201 E3
Sèneca, C de 200 B3
Septimània, C de 200 B5
Sepùlveda, C de 195 D5
Sequia, C de la 193 F4
Serra, C d'En 192 C2
Sert, Ptge de 193 F4
Seu, Pl de la 193 F3
Sicília, C de 197 E4
Sidé, C de 193 E3
Sils, C de 192 B1
Simó Oller, C de 192 C1
Siracusa, C de 200 C3
Sitges, C de les 192 B5
So, Pl del I 200 C3
Socors, C del 198 A2
Sol de Baix, Pl del 198 B3
Solà, C de 198 C4
Sombrers, C dels 193 E2
Sor Eulàlia d'Anzizu, C de 202 A3
Sors, C de 201 D4
Sortidor, Pl del 195 D3
Sostres, C de 201 D5
Sota Muralla, Pas de 193 E1
Sots-Tinent Navarro, C dels 193 D2
St Agustí Vell, Pl de 193 F3
St Agustí, C de 200 C2
St Antoni Abat, C de 195 F4
St Antoni, C de 198 B2
St Cugat, Pl de 193 E3
St Domènec del Call, C de 192 C3
St Domenec, C de 200 C3
St Felip Neri, Pl de 192 C3
St Francesc de Paula, C de 193 D4
St Francesc, Placeta de 192 C2
St Germà, C de 194 B5
St Honorat, C de 192 C3
St J Oriol, Pl de 192 C3
St Jacint, C de 193 E3
St Jeroni, C de 196 A3
St Just, Pl de 193 D2
St Màrius, C de 199 F5
St Medir, C de 198 A2

St Miquel, Bda de 192 C2
St Nicolau, C de 198 C1
St P d'Abanto, C de 194 B5
St Rafael, C de 192 A3
St Roc, C de 194 B5
St Vicenç, C de 195 F4
Sta Agata, C de 200 C4
Sta Catalina, C de 198 B2
Sta Caterina Siena, C de 202 B3
Sta Caterina, Pl de 193 E3
Sta Dorotea, C de 194 B5
Sta Elionor, C de 201 E5
Sta Eugènia, C de 200 B3
Sta Eulàlia, Bda de 192 C3
Sta Fe de Nou Mexic, C de 199 E4
Sta Llúcia, C de 193 D3
Sta Madrona, C de 195 F3
Sta Madrona, Pl de 195 D4
Sta Margarida, C de 192 A3
Sta Maria, C de 193 E2
Sta Mònica, C de 192 A2
Sta Perpètua, C de 200 C5
Sta Rosa, C de 200 C4
Sta Teresa, C de 200 C2

T Bonaplata, C de 195 D4
T de Molina, C de 198 A2
Tallers, C dels 192 B5
Tamarit, C de 195 D4
Tantarantana, C d'En 193 F3
Tapineria, C de la 193 D3
Tapioles, C de 195 E3
Taqufgraf Garriga, C del 198 C4
Taqulgraf Serra, C del 199 D3
Tarragona, C de 198 C1
Tarròs, C d'En 193 E3
Tavern, C de 200 A4
Taxdirt, C de 201 E3
Teatre, Pl del 192 B2
Tècnica, Av de la 194 C4
Templaris, C dels 192 C2
Tenerife, C de 201 F4
Tenor Masini, C del 198 A2

Terol, C de 200 C3
Tetuan, Pl de 197 D5
Thous, C de 201 F4
Til Lers, Pas dels 202 B3
Tinent Coronel, C del Valenzuela 202 B2
Tiradors, C dels 193 F3
Tòquio, C de 202 C3
Tordera, C de 200 C3
Torre d'En Damians, C 198 C1
Torre, Pl de la 200 C4
Torrent de les Flors, C del 201 D3
Torrent de les Roses, C 202 A4
Torrent de l'Olla, C de 200 C2
Torrent de Vidalet, C de 201 D3
Torres, C de 200 C3
Torrijos, C de 200 C3
Tort, C de 194 A5
Trafalgar, C de 193 E5
Tragi, C del 193 E3
Traginers, Pl dels 193 D2
Trajà, C de 194 A5
Trelawny, C de 197 E1
Tres Llits, C dels 192 B2
Tres Pins, C dels 194 C3
Tres Senyores, C de les 201 D3
Tres Torres, C de les 199 D5
Trias I Giró, C de 202 A3
Trilla, C de 200 C4
Trinitat, C de la 192 C3
Trv de St Antoni 200 C4
Tuset, C de 200 A3

Unió, C de la 192 A3
Univers, Pl de l' 194 C4
Universitat, Pl de la 196 A5
Universitat, Ronda de la 196 A5
Urquinaona, Pl d' 193 E5
Utonomia, C de l' 198 B2

Valdonzella, C de 196 A4
Valencia, C de 198 C1
Valero, C dels 199 E4
Valladolid, C de 198 B2
Valldonzella, C de 192 A5
Valldoreix, C de 201 D5
Vallespir, C de 198 B2
Vallhonrat, C de 195 D4

Vallirana, C de 200 B5
Vallmajor, C de 199 F5
Vallseca, C de 201 F4
Veguer, C del 193 D3
Ventalló, C de 201 E3
Venus, C de 200 C2
Verdaguer i Callís, C de 193 E4
Verdí, C de 200 C3
Vermell, C 193 F3
Verntallat, C de 201 D4
Viada, C de 200 C4
Vic, C de 200 B3
Vicenç Martorell, Pl de 192 B5
Vico, C de 199 E5
Víctor Balaguer, Pl de 193 D2
Victòria, C de la 193 F4
Vidre, C del 192 B2
Vidriera, C de 193 E2
Vigatans, C dels 193 E3
Vila de Madrid, Pl de la 192 C4
Vila I Vilà, C de 195 E3
Viladecols, Bda de 193 D2
Viladomat, C de 195 E4
Vilafranca, C de 201 D4
Vilamarí, C de 199 D1
Vilamur, C de 198 C4
Vilanova, Av de 197 D4
Vilar-Dell, C de 198 B1
Villarroel, C de 195 F5
Villena, C de 197 E2
Vint I Sis de Gener 1641, C del 198 B1
Violant d'Hongria Reina d'Aragó, C de 198 A3
Viriat, C de 198 B2
Virreina ,Ptge de la 192 B4
Virreina, Pl de la 201 D4
Volta dels Jueus, C de la 193 F4
Voluntaris, Pl dels 197 E2

Watt, C de 198 B1
Wellington, C de 197 E2

Xile, Av de 202 A2

Zamora, C de 197 F3

Adrià, Ferran 27
Aiguablava 164
Ajuntament 57, 58
Alt Penedès 166f
Alter Hafen
  siehe Port Vell
Apartmenthotel 35
Apotheken 186, 188
L'Aquàrium de
  Barcelona 66f
Architektur 15ff
Ausflüge 161ff
  Alt Penedès 166f
  Costa Brava 164
  Karte 162
  Montserrat 167f
  Poblet, Monestir
    de 165
  Santes Creus,
    Monestir de 165
  Sitges 163f
  Vic 168
Autofahren 34, 184
Autovermietung 34

Baixada de Santa
  Eulàlia 170
Banken 186
*Barcelona Head* 22,
  181
Barceloneta 28, 89,
  182
Barri Gòtic 56ff,
  170ff
  Ajuntament 57f
  Baixada de Santa
    Eulàlia 170
  Capella de Santa
    Àgata 56, 64
  Casa dels
    Canonges 59
  Centre Excursio-
    nista de Cata-
    lunya 172
  Església de la
    Mercè 171
  Jüdisches Viertel
    171
  Karte 170f
  Mirador del Rei
    Martí 56, 65
  Museu del Calçat
    59
  Museu Diocesà 59
  Palau de la Gene-
    ralitat 56, 58
  Palau del
    Loctinent 56
  Pati Llimona 171f
  Plaça George
    Orwell 171
  Plaça del Pi 59
  Plaça del Rei 56
  Plaça de Sant
    Felip Neri 170
  Plaça de Sant
    Jaume 58f
  Plaça Sant Josep
    Oriol 59

Placeta del Pi 59
Santa Maria del
  Pi 59
Sants Just i Pastor
  172
Seufzerbrücke
  57, 59
Spaziergang 170ff
Bars und Cafés
  29, 40
  siehe auch
    einzelne Gebiete
Basílica de Santa
  Maria del Mar
  80f
Bed and Breakfast
  36
Begur 164
Behinderte
  Touristen 188
Blanes 164
Blaue Straßenbahn
  155
Born 74f
Busse 32, 33

Caixa Forum 141
Caldes d'Estrac 164
Camp Nou 21, 29,
  157f
Canadenca 140
Capella de Santa
  Àgata 56, 64
Carreras, José 26
Casa Amatller 103
Casa Antonia Burés
  177
Casa de l'Ardiaca 55
Casa Batlló 104
Casa Bellesguard 18
Casa Bonaventura
  Ferrer 179
Casa Bruno
  Quadros 51
Casa Calvet 18, 177
Casa dels Canonges
  59
Casa Comalat 119,
  179
Casa Dolors Calm
  178
Casa Elisa Bremon
  173
Casa Fargas 178
Casa Francesc
  Cama 173
Casa Francesc
  Cama Escurra
  173
Casa Fuster 108, 173
Casa Jacinta Ruiz
  177
Casa Jaume Forn
  119, 178f
Casa Josep i Ramon
  Queraltó 178
Casa Juncosa 178
Casa Lleó Morera
  102

Casa Manuel Llopis
  179
Casa Milà 30, 105ff
Casa Museu Gaudí
  110, 112
Casa Pérez
  Samanillo 179
Casa Pere Serra 179
Casa de les Punxes
  179
Casa Ramon Casas
  119
Casa Rubinat i
  Planas 175
Casa-Taller Duran-
  camps 120
Casa Vicens 98, 109
Casals, Pablo 26
Cases Ramos i
  Carders 175
Castell de Montjuïc
  128, 140, 180
*Cava* 14, 166
Caves Codorníu
  166, 167
Caves Freixenet 167
Centre d'Art Santa
  Mònica 51
Centre de Cultura
  Contemporània de
  Barcelona (CCCB)
  64
Centre Excursio-
  nista de Catalunya
  172
Cerdà, Ildefons 15,
  24
Col.legi de les
  Teresianes 18
Cosmo Caixa 152f
Costa Brava 164

Diözesan-Museum
  59
Domènich i
  Montaner, Lluís
  16, 17, 78, 86, 102,
  108, 118, 120, 173,
  178
Drassanes 130, 132f,
  180

Einkaufen 28, 41,
  70f, 94f, 124f, 143,
  160, 186
Eintrittspreise 34
Eisenbahn 32, 185
Eixample 15f, 17, 97ff
  Bars und Cafés
    123
  Casa Amatller
    103
  Casa Batlló 104
  Casa Lleó Morera
    102
  Casa Milà 30, 105ff
  Casa-Taller Duran-
    camps 120
  Einkaufen 124f

Fundació Antoni
  Tàpies 118
Fundació
  Francisco Godia
  119
Fundació La
  Caixa 121
Gràcia 108f, 173ff
Hospital de la
  Santa Creu i de
  Sant Pau 98,
  120
Karte 99
La Sagrada
  Família 17f,
  113ff
Manzana de la
  Discordia 28f,
  102ff
Museu
  Egipci 118f
Parc Güell 28,
  110ff
Parc del Laberint
  121
Passeig de Gràcia
  98, 102, 105,
  177f, 179
Restaurants 122f
Tagesausflug 100f
Unterhaltung
  125f
Unterhaltung für
  Kinder 120
Elektrizität 187
El Raval 63
Els Quatre Gats 176
Eremitage von San
  Jeroni 167
Eremitage von Sant
  Joan 167
Església de Betlem
  49
Església de la
  Mercè 171
Essen und Trinken
  12ff, 39ff
  siehe auch
    Restaurants
Estació Marítima 66
Euro 185

Farmàcia Bolós 119,
  178
Farmàcia Puigoriol
  119
Feiertage 186
Fiestas 10f
Flughafen und
  Flughafenservice
  32, 185
Flughafentransfer
  32
Forns Sarret i de la
  Concepció 177
Fossar de les
  Moreres 80
Fundació Antoni
  Tàpies 118

**Register 209**

Fundació Francisco Godia 119
Fundació Joan Miró 25, 134f
Fußball 20f

Gaudí, Antoni 16, 17f, 25, 60ff, 87, 104, 105ff, 109, 110ff, 113ff, 156, 177
Gehry, Frank 23, 90
Geld 185
Geschichte 6ff
Gesundheit 184, 188
Gewerbestände 188
Golondrinas 66, 180, 182
Gotisches Viertel siehe Barri Gòtic
Gràcia 108f, 173ff
Casa Elisa Bremon 173
Casa Francesc Cama 173
Casa Francesc Cama Escurra 173
Casa Fuster 108, 173
Casa Rubinat i Planas 175
Casa Vicens 109
Cases Ramos i Carders 175
Mercat de la Llibertat 109
Plaça del Rellotge 108
Plaça de la Revolució de Setembre de 1868 174
Plaça de Rovira i Trias 175
Plaça del Sol 108f, 174
Plaça de la Virreina 174f
Rambla del Prat 175
Sant Joan 175
Santa Maria de Jesús 173
Spaziergang 173ff
Gran Teatre del Liceu 51, 64, 72

Haus des Militärgouverneurs 180
Hospital de la Santa Creu i de Sant Pau 98, 121
Hotels 35ff

Jardins de Miramar 180

Jardins de Mossèn Costa i Llobera 180
Jaume I 6
Jüdisches Viertel 171
Jugendherbergen 36

Kartenvorverkaufsstellen 42
Katalanisch (Sprache) 9, 189f
Katalanische Fahne 6
Katalonien 6f
Kathedrale 53ff
Kinder 87, 120, 141, 158, 188
Kino 42, 96, 126, 160
Kleidungs- und Textilmuseum 86
Klima 184
Kolumbus, Christoph 24, 54, 65
Konfektionsgrößen 186
Konsulate und Botschaften 188
Kreditkarten 185
Kriminalität 52, 187

La Font Màgica 140f
La Pedrera siehe Casa Milà
La Ribera und Port Olímpic 73ff
Barceloneta 28, 89, 182
Bars und Cafés 93
Basílica de Santa Maria del Mar 80f
Einkaufen 94f
Fossar de les Moreres 80
Karte 74f
Museu Barbier-Mueller d'Art Precolombí 86
Museu d'Història de Catalunya 88f
Museu Picasso 25, 82ff
Museu Tèxtil i de la Indumentària 86
Palau de la Música Catalana 16, 75, 78f
Parc de la Ciutadella 86
Port Olímpic 90, 182

Restaurants 91ff
Strände 23, 30, 90
Tagesausflug 76f
Unterhaltung 95f
Unterhaltung für Kinder 87
Vila Olímpica 89f
La Sagrada Família 17f, 113ff
Las Ramblas und Umgebung 28, 43ff
Barri Gòtic 56ff, 170ff
Bars und Cafés 70
Casa Bruno Quadros 51
Catedral 53ff
Centre d'Art Santa Mònica 51
Centre de Cultura Contemporània de Barcelona (CCCB) 64
Einkaufen 71f
El Raval 63
Església de Betlem 49
Gran Teatre del Liceu 51, 64, 72
Karte 45
Mercat de la Boqueria 50f
Monument a Colom 52, 180
Museu d'Art Contemporàni de Barcelona (MACBA) 63
Museu de l'Eròtica 52
Museu Frederic Marès 65
Museu d'Història de la Ciutat 64f
Palau Güell 60ff
Palau de la Virreina 50
Plaça Reial 67
Port Vell 66f
Rambla de Canaletes 49
Rambla dels Caputxins 51
Rambla de Catalunya 52
Rambla dels Estudis 49
Rambla de Sant Josep 50f
Rambla de Santa Mònica 51
Restaurants 68ff
Tagesausflug 46f
Unterhaltung 72
Les Canaletes 30, 43, 49

Lloret de Mar 164
Manzana de la Discordia 28f, 102ff
Maremàgnum 66
Mariscal, Javier 27
Märkte 50f
Medizinische Versorgung 188
Mercat de la Boqueria 50f
Mercat de la Llibertat 109
Metro 33
Militärmuseum 139
Mirador del Rei Marti 56, 65
Miramar 180
Miró, Joan 25, 51, 128, 134f, 141
Modernismus 16f, 176ff
siehe auch einzelne Architekten
Molina, Francesc 67
Moll de la Fusta 22, 180
Monestir de Pedralbes 146, 150f
Monestir de Poblet 165
Monestir de Santes Creus 165
Montjuïc und Sants 127ff
Caixa Forum 140
Canadenca 140
Castell de Montjuïc 128, 139, 180
Drassanes 130, 132f, 180
Einkaufen 143
Fundació Joan Miró 25, 134f
La Font Màgica 140f
Karte 128f
Museu Marítim 132f
Museu Militar 139
Museu Nacional d'Art de Catalunya (MNAC) 136ff
Parc de l'Espanya Industrial 23, 141
Pavelló Mies van der Rohe 140f
Plaça d'Espanya 141
Poble Espanyol 140
Restaurants 142

Sants 141
Tagesausflug 130f
Unterhaltung 143f
Unterhaltung für Kinder 141
Montserrat 167f
Monument a Colom 52, 180
Mulberry Graveyard 80
Museu d'Art Contemporàni de Barcelona (MACBA) 63
Museu de les Arts Decoratives 156
Museu d'Automates del Tibidabo 155
Museu Barbier-Mueller d'Art Precolombí 86
Museu del Calçat 59
Museu de la Catedral 55
Museu de la Ceràmica 156,157
Museu Diocesà 59
Museu Egipci 118f
Museu de l'Eròtica 52
Museu del FC Barcelona 158
Museu Frederic Marès 65
Museu d'Història de Catalunya 88f
Museu d'Història de la Ciutat 64f
Museu Marítim 132f
Museu Militar 139
Museu Nacional d'Art de Catalunya (MNAC) 136ff
Museu Picasso 25, 82ff
Museu Tèxtil i de la Indumentària 86
Museumsöffnungszeiten 186

Nachtleben 29, 30, 42, 72, 96, 125f, 144, 160
Notrufnummern 187
Noucentisme 87f

Öffentliche Verkehrsmittel 32ff
Öffnungszeiten 41, 186

Oper und Musik 42, 72, 95f, 144, 160

Palamos 164
Palau de la Generalitat 56, 58
Palau Güell 60ff
Palau del Loctinent 56
Palau Montaner 178
Palau de la Música Catalana 16, 75, 78f
Palau Reial de Pedralbes 156f
Palau Sant Jordi 8, 143
Palau de la Virreina 50
Parc d'Atraccions 154
Parc de la Ciutadella 86f
Parc del Clot 22
Parc de la Creueta del Coll 22f
Parc de l'Espanya Industrial 23, 141
Parc Güell 28, 110ff
Parc del Laberint 121
Passeig de Gràcia 98, 102, 105, 124f, 177f, 179
Pati Llimona 171, 172
Pavelló Mies van der Rohe 140
Pavellons de la Finca Güell 156
Pedralbes und Tibidabo 145ff
Bars und Cafés 159
Camp Nou 21, 29, 157f
CosmoCaixa 152f
Einkaufen 160
Karte 146f
Monestir de Pedralbes 146, 150ff
Museu de les Arts Decoratives 156f
Museu de la Ceràmica 156, 157
Museu del FC Barcelona 158
Palau Reial de Pedralbes 156f

Pavellons de la Finca Güell 156
Restaurants 159
Tagesausflug 148f
Tibidabo 154f
Unterhaltung 160
Unterhaltung für Kinder 158
Persönliche Sicherheit 52, 187
Picasso, Pablo 24f
Picasso-Museum 25, 82ff
Plaça d'Espanya 141
Plaça George Orwell 171
Plaça del Pi 59
Plaça del Rei 56
Plaça Reial 67
Plaça del Rellotge 108
Plaça de la Revolució de Setembre de 1868 174
Plaça de Rovira i Trias 175
Plaça de Sant Felip Neri 170
Plaça de Sant Jaume 58f
Plaça Sant Josep Oriol 59
Plaça del Sol 108f, 174
Plaça de la Virreina 174f
Placeta del Pi 59
Poble Espanyol 140
Poblet 165
Polizei 187
Port Olímpic 90, 182
Port Vell 66f
L'Aquàrium de Barcelona 66f
Estació Marítima 66
Golondrinas 66, 180, 182
Maremàgnum 66
Rambla de Mar 66
World Trade Center 66
Zahnradbahn 66, 180, 182
Post 186, 187
Puig i Cadafalch, Josep 16, 103, 119, 121, 176, 179

Rambla de Canaletes 43, 49
Rambla dels Caputxins 51
Rambla de Catalunya 52

Rambla dels Estudis 49
Rambla de Mar 66
Rambla del Prat 175
Rambla de Sant Josep 50f
Rambla de Santa Mònica 51
Ramblas siehe Las Ramblas
Reiseschecks 185
Restaurants 28, 29, 39f siehe auch einzelne Gebiete

Sa Riera 164
Sagrat Cor 155
Sant Feliu de Guíxols 164
Sant Joan 175
Sant Pol de Mar 164
Sant Sadurní d'Anoia 166
Santa Maria de Jesús 173
Santa Maria del Pi 59
Santes Creus 165
Sants 141
Sants Just i Pastor 172
Sardana 55, 58
Schneeflöckchen, der Gorilla 27
Schuh-Museum 59
»Schwarze Jungfrau« von Montserrat 167
Senioren 188
Seufzerbrücke 57, 59
Sitges 163f
Museu Cau Ferrat 163f
Museu Maricel 163, 164
Museu Romantic 163, 164
Skulptur 22f
Sonnenschutz 188
Spanischer Bürgerkrieg 8
Spaziergang 180ff siehe auch Port Vell
Strände 23, 30, 90
Studentische und jugendliche Touristen 188

Tamariu 164
Tapas 13, 30
Tàpies, Antoni 27, 118
Taxis 32, 34

**Register** 211

Telefonieren 187
Theater 42
Tibidabo 147, 154f
Museu d'Automates del Tibidabo 155
Parc d'Atraccions 154
Sagrat Cor 155
Torre de Collserola 145, 154f
Tramvia Blau 155
Toiletten 188

Torre de Collserola 145, 154f
Torre de Sant Jaume I 180
Tossa de Mar 164
Touristeninformation 34, 184, 185
Tramvia Blau 155
transport passes 34
Traveller Checks siehe Reiseschecks
Trinkgeld 39, 187
Trinkwasser 188

Übernachten 35ff
siehe auch einzelne Gebiete
Unterhaltung 42
siehe auch einzelne Gebiete

Versicherung 184, 188
Vic 168
Vila Olímpica 89
Vilafranca del Penedès 166, 167
Visa 184

Währung 185

Wassersport 90, 95
Websites 184
Weinfestivals 167
Wilfred der Behaarte 6, 7
Winzereien 166f

Zahnarzt 188
Zahnradbahnen 66, 180, 182
Zeitunterschiede 185, 186
Zollbestimmungen 188
Zoo 88

## Abbildungsnachweis

Die Automobile Association dankt den nachfolgend genannten Fotografen, Bildagenturen und Institutionen für ihre Unterstützung bei der Herstellung des Buches:
ALLSPORT UK LTD 20/21 (Mark Thompson), 20, 21, 27ul (Clive Brunskill), 158 (Simon Bruly); AXIOM PHOTOGRAPHIC AGENCY 44l (Heidi Grassley), 44r (Heidi Grassley); ANDREW BENSON 11o, 11u, 15, 63, 74, 119o, 177l; THE ANTHONY BLAKE PICTURE LIBRARY 12o (Phototeque Culinaire), 13o (Tony Robins), 13mu (Graham Kirk), 13mr (Tony Robins); BRIDGEMAN ART LIBRARY 47o Speisekarte des »Els Quatre Gats«, 1899 von Pablo Picasso (1881–1973), (Museu Picasso, Barcelona, Spanien/Index), © Succession Picasso/DACS, London, 2001, 61o Die Große Halle, von Antonio Gaudí (1852–1926), 1885–89 (Foto), (Palacio Güell, Barcelona, Spain), 65o Straße nach Calvary, Blanquers Altar von Jaume Huget (1415–92), (Museo Mares, Barcelona, Spanien), 82r Maria Picasso Lopez, Die Mutter des Künstlers, 1896 von Pablo Picasso (1881–1973), (Museo Picasso, Barcelona, Spanien), © Succession Picasso/DACS, London, 2001, 84/85 Las Meninas, 1957 von Pablo Picasso (1881–1973), Museo Picasso, Barcelona/Index), © Succession Picasso/DACS, London, 2001, 117u Güell-Krypta mit »schrägen Säulen«, gebaut von Antonio Gaudí (1852–1926) 1884–91 (Foto), (Sagrada Familia, Barcelona, Spanien), 139 Selbstporträt von Casas mit Pere Romeu auf einem Tandem, 1897 von Ramon Casas (1866-1932), Museu Nacional d'Art de Catalunya, Spain/Index), 149 Drummer, Kachel aus der »Palmita«-Serie, Katalanisch, 19. Jh., (Museo de Ceramica, Barcelona, Spanien/Index); CEPHAS PICTURE LIBRARY 166u (Mick Rock); COSMOCAIXA 152,153; DACS, London, 2001 130, 135; DORLING KINDERSLEY 9, FUNDACIO GODIA 119u, GETTYONE/ STONE 2(i), 5, 29l, 57, 102/103, 113, 167; GODO-FOTO 6u, 10o, 24ul, 25o, 27ul, 58u, 77o, 177r, 179; HULTON GETTY PICTURE COLLECTION 24o, 25u, 26o; INDEX-FOTOTECA 10u, 16, 26u, 54u, 82l, 83o, 121u; MUSEU NACIONAL D'ART DE CATALUNYA/Servei Fotogràfic (Calveras, Mèrida, Sagristà) 136, 137; MUSEO THYSSEN-BORNEMISZA, MADRID/Kloster von Pedralbes, Barcelona) 138; PALAU DE LA MUSICA, CATALANA 79; PICTURES COLOUR LIBRARY 22, 29r, 76o, 116o, 163; POWERSTOCK ZEFA 11ur, 48; REX FEATURES 24ur, 27o, 27m; SUPERSTOCK LTD 19; ROGER-VIOLLET 83u; WORLD PICTURES 28r, 46o, 164o, 164u, 165.

Alle übrigen Fotos befinden sich im Besitz des AA Bildarchivs (AA PHOTO LIBRARY) und stammen von MAX JOURDAN mit folgenden Ausnahmen:
MICHELLE CHAPLOW 3(ii), 6/7, 12u, 13mo, 14o, 14u, 90, 154, 161, 166or, 168, 187ur; STEVE DAY Umschlag, 2(ii), 3(i), 8, 17m, 17u, 18, 22/23, 28m, 31, 45, 50l, 50r, 53o, 54mr, 58o, 59o, 59b, 77u, 87, 88, 98u, 99, 100o, 100u, 101o, 101m, 101u, 103, 104, 106, 108r, 109o, 116u, 117o, 134, 141, 145, 147, 155, 156, 157, 170, 171l, 171r, 172, 173, 174l, 174r, 176, 178, 180, 181, 182; PETER WILSON 65u, 78, 135, 166ol.

## Danksagung des Autors
Andrew Benson bedankt sich bei Olga Pena, Carles Orriols, Maria Lluïsa Albacar and Marcel Forns Bernhardt für ihre Unterstützung bei den Recherchen für dieses Buch.

# Leserbefragung

**NATIONAL GEOGRAPHIC**

Ihre Ratschläge, Urteile und Empfehlungen sind für uns sehr wichtig. Wir bemühen uns, unsere Reiseführer ständig zu verbessern. Wenn Sie sich ein paar Minuten Zeit nehmen, diesen kleinen Fragebogen auszufüllen, könnten Sie uns sehr dabei helfen.

Wenn Sie diese Seite nicht herausreißen möchten, können Sie uns auch eine Kopie schicken, oder Sie notieren Ihre Hinweise einfach auf einem separaten Blatt.

*Bitte senden Sie Ihre Antwort an:*
NATIONAL GEOGRAPHIC SPIRALLO-REISEFÜHRER, MAIRDUMONT GmbH & CO. KG,
Postfach 31 51, D-73751 Ostfildern
E-Mail: spirallo@nationalgeographic.de

## Über dieses Buch...
### NATIONAL GEOGRAPHIC SPIRALLO-REISEFÜHRER **BARCELONA**

Wo haben Sie das Buch gekauft? _____

Wann? Monat / Jahr

Warum haben Sie sich für einen Titel dieser Reihe entschieden? _____

Wie fanden Sie das Buch?
Hervorragend ☐  Genau richtig ☐  Weitgehend gelungen ☐  Enttäuschend ☐

Können Sie uns Gründe angeben?

Bitte umblättern ...

Hat Ihnen etwas an diesem Führer ganz besonders gut gefallen?
_____
_____
_____
_____
_____

Was hätten wir besser machen können?
_____
_____
_____
_____
_____
_____
_____

## Persönliche Angaben

Name _____

Adresse_____
_____
_____

Zu welcher Altersgruppe gehören Sie?
Unter 25 ☐   25–34 ☐   35–44 ☐   45–54 ☐   55–64 ☐   Über 65 ☐

Wie oft im Jahr fahren Sie in Urlaub?
Seltener als einmal ☐   Einmal ☐   Zweimal ☐   Dreimal oder öfter ☐

Wie sind Sie verreist?
Allein ☐   Mit Partner ☐   Mit Freunden ☐   Mit Familie ☐

Wie alt sind Ihre Kinder? _____

## Über Ihre Reise…

Wann haben Sie die Reise gebucht? Monat / Jahr __ __

Wann sind Sie verreist? Monat / Jahr __ __

Wie lange waren Sie verreist? _____

War es eine Urlaubsreise oder ein beruflicher Aufenthalt? _____

Haben Sie noch weitere Reiseführer gekauft?  ☐ Ja   ☐ Nein

Wenn ja, welche? _____
_____

Herzlichen Dank dafür, dass Sie sich die Zeit genommen haben, diesen Fragebogen auszufüllen.